U0788262

最新版

GETTING THINGS DONE

THE ART OF STRESS-FREE PRODUCTIVITY

搞定 Ⅰ ✓

无压工作的艺术

[美]戴维·艾伦(DAVID ALLEN)◎著
张静◎译　李昊夫◎译校

中信出版集团 · CHINACITICPRESS · 北京

图书在版编目（CIP）数据

搞定.1，无压工作的艺术 / 艾伦著；张静译.--
2版.--北京：中信出版社，2016.5（2024.11重印）
书名原文：Getting Things Done: The Art of
Stress-Free Productivity
ISBN 978-7-5086-5479-9

I. ①搞… II. ①艾…②张… III. ①时间—管理—
通俗读物 IV. ①C935-49

中国版本图书馆CIP数据核字（2015）第208925号

搞定 I ——无压工作的艺术（最新版）

著　　者：[美]戴维·艾伦
译　　者：张　静
出版发行：中信出版集团股份有限公司
（北京市朝阳区东三环北路27号嘉铭中心　邮编　100020）
承 印 者：北京通州皇家印刷厂

开　　本：880mm×1230mm　1/32　　印　　张：14.5　　字　　数：300千字
版　　次：2016年5月第2版　　印　　次：2024年11月第38次印刷
京权图字：01-2009-7073
书　　号：ISBN 978-7-5086-5479-9 / B · 142
定　　价：42.00元

服务热线：400-600-8099
投稿邮箱：author@citicpub.com

致凯瑟琳，我出色的生活伴侣和工作伙伴

gtd

目 录

part 2 远离压力，提高效率

序　言

现在的书目林林总总，充斥着关于如何改进工作习惯、改善健康、提高工作效率、促进人生成功的各种建议。

一些建议其实不过是精心包装的老生常谈，一些则是胡说八道。就算那些值得一读的建议，人们往往在放下书之后很快就会忘得一干二净。

这本书与众不同。自首版以来，它的销量可观且稳步增长，戴维·艾伦的方案和理念感召了越来越多的读者，并且产生了国际影响力。就我而言，我在第一版面世时就曾认真拜读，之后每一两年还会重读一次，你现在读到的这个最新版本里就有我很乐意了解的内容。

《搞定》的独特性何在？我在此根据其重要性，按递进次序列举三项在相关章节明显可见的优势。

一是它的实用性，我其实是指它的模块化、宽容性方法。许多自我完善计划都根植于全有或全无理念，“从明天开始改变一切”

是其前提。如果你想减掉40磅体重，掌控你的财务命运，理顺你的家庭关系，或者追求你的梦想，你必须接受在所有生活层面开展自上而下的激进变革。

有时候，人们的确能实现这样的激进飞跃：执行节制方案，在发生严重的健康恐慌之后投身新的饮食和锻炼计划，甚至在经历一段商业生涯之后遁入空门。但对大多数人来说，宽容错误的增量方法在大多数情况下更有可能获得长期回报。因此，即使你忘掉或推迟处理某项内容，你也没必要全面放弃。

戴维·艾伦对读者寄予的厚望在某种意义上超过了其他大多数书籍。他的目标是真正帮助人们消除来自工作和个人生活的压力和焦虑，从而在自身存在的每一刻都致力于最想追求的目标。尽管如此，除了极少数例外情形——例如，他强调养成一个“收集”习惯，以确保你用笔记等形式记录自己做出的每一项承诺和承担的每一项任务，而不是苦于事无巨细的回想，他还为此坚持设置一个可靠保存此类数据的核心存储库——该体系的一个巨大优势应该是其模块性。本书给出了各种建议，如果整体接受，那么效果会更好；如果独立应用，也很奏效。

例如：即使你未能全面贯彻戴维·艾伦的GTD体系，你仍然可以发现其“两分钟规则”（即时处置义务而不推迟）的价值所在。（“两分钟规则”见第6章：“如果采取某项行动最多需要两分钟，就应在做出决定的一刹那实施行动。”）还有他在整本书中解释的一个重点，即依赖某种形式的“外脑”，此类工具可以帮助我们完成常规分类和记忆，包括保存收据的简易文件夹，以及通常放置钥匙、眼镜等物品以便随时取用的固定位置。

这些建议的提供者显然明白人们很容易忙中出错。他的作品旨在提供更多有益提示，而不是为了徒增大家的内疚或自卑感。本文的另一个成书理念是：人生循环性。事情会变好，然后又变糟。有时我们会落伍，有时我们会赶上，或者试图赶上。一旦出现波折，每个人都会淹没其中，无力应对。本书建议在这种情况下采取可执行的常规措施，重新获得从容不迫的掌控感。

本书的第二个优点，是其宽泛的适用性。戴维·艾伦思考他的工作和生活已有数十个年头，在此期间，有关个人生活的一些实际问题一直存在。哪怕我们尽量缩短睡眠时间，一天也只有那么几个小时。我们能与之保持密切联系的只有那么多人，我们一次只能做那么多事情。然而，职场生活的其他方面却发生了根本改变。当本书第一版问世时，电子邮件还是一项令人兴奋的新技术，还不会没完没了地让你因为还没完成的工作而深感愧疚。戴维·艾伦的首批技术项目包括一个“拍卖师”程序，这是一个面向早期PalmPilot（由Palm发明的掌上电脑）产品的任务管理系统。现在，Palm公司及其一度革命性的Pilot机型已经不复存在，取而代之的是iPhone和Android智能手机，未来还会有现在无法想象的其他产品相继问世。

和本书的前身一样，在这个新版本里，戴维·艾伦拥有对当代技术的充分把握。但《搞定》不像与某时期的软件或软件技术——20世纪80年代的Filofax笔记本，近期的电子表格或PowerPoint（演示文稿软件）系列——密切关联的其他管理书籍，它涉及但不依赖于任何特定的外部系统。戴维·艾伦更新了本书中的建议，旨在反映现代技术的变革以及现代脑科学所揭示的微观现象。不过，他的观点往往涉及人们管理自身注意力、情绪和创造力的一些永恒原则。如果按照我的预想，这本书的阅读价值可以持续十几年乃至几十年，那时的人们会跳过必将过时的技术引用内容，继续接受其永不落伍的人类本性观点。

第三个优点是我随着和戴维·艾伦及其妻子相知为友而获得的亲身感受，我想其他人即使未曾与之谋面，也一定能从戴维的作品中获得直观感受。那就是戴维·艾伦所提建议的完整性、真实性，以及他所提供的信息和信息对象之间的关联性。

2004年，我曾为《大西洋月刊》撰写戴维·艾伦的简介。我当时就了解到，他的人生在事业和高度方面好运连连。他曾是学生演员、辩论冠军、空手道大师和教练、侍者、出租车司机和草坪服务公司经理。继所有这些身份之后，他更有作为咨询师和工作效率顾问的数十年成功经验。无论是在所引用的真实例子方面，还是在他的不事张扬方面，我们都要吸取来自戴维·艾伦所提建议的系列经验，并且效仿他的态度。

我们在评价创新者工作重要性的时候，偶尔会忽视其个人特质。例如：史蒂夫·乔布斯被公认为伟大的设计先驱，而不是个人行为模范。另外，一个人的生活和思想的整体衔接，可以增强其所传递信息的力量。凭借与戴维和凯瑟琳 · 艾伦个人交往的一些经历，我可以证实许多读者的猜测和大多数人的期待：他在尽最大努力坦言他的生活认知。

一些人会认为他们不“需要”这本书，这种想法显然不无道理。在对GTD方法一无所知的情况下，世界各地的人们仍然世世代代过着成功和满足的生活。不过据我所知，投入时间理解本书所提供的信息及其含义的大部分读者都已从中受益。我有一些鉴定书籍的方法，其中两个是：我能不能在一两个月之后还记得它的内容，以及它是否影响了我的世界观。经这两个方法鉴定，《搞定》对我而言是很成功的一本书。我很乐意将它介绍给新一代读者。

——詹姆士 · 法洛斯

詹姆士 · 法洛斯是《大西洋月刊》的记者，著有10部作品。2004年，他为《大西洋月刊》撰写了第一篇介绍戴维 · 艾伦的文章，名为“掌控你的生活”。

gtd

最新版介绍

以下是对2001年首次出版的《搞定》第一版的重写——对，差不多是重写。我实际上从头到尾打印出了原始手稿，旨在确认并修改不完整、已过时或不理想的内容，希望确保本书继续成为一部“长盛不衰”的手册，使其既能应用于全球范围，又能在21世纪乃至更远的未来保持相关性和适用性。自《搞定》首版以来，我在以无数方式继续探索的过程中发现并学到了与本书方法有关的最重要、最有趣的东西，我也希望将这些内容纳入本书中。这些内容包括我对其影响力、微妙特征、应用范围的更深入了解，以及GTD意识何以传播到世界各地。

根据我对本书的重新评价，其基本原则和核心技术无须修改。当我创作这个新版本时，对自己此前作品的重新认识令我欣然确认了一个事实：我所描述的无压力工作效率原则乃至其大部分方法不曾过时，也不会在可预见的未来发生改变。2109年，准备登陆木星的太空探险队必定能像今天这样，运用到这些保持控制力和注意力的原则。他们仍然需要某种待定版本（随后解释）来获取具有意外潜在意义的意见，从而确认在首航期间需要重点关注的相关选项。而关于下一步行动的决策往往成为成功执行任何规模的任何任务的关键所在。

尽管如此，鉴于我们的生活和工作方式要素自首版以来发生了诸多变化，我对基础材料重新做了适当的校准，并会在本书中分享我对自认为是该领域值得关注的新生事物的认识。对于刚接触这个方法的新人，以及有可能读到这个版本并希望跟进其最新进展的GTD[①]狂热者，我还会给予相关建议。

新内容

“新内容”项下的以下关键领域影响到了我的修订：

数字技术的兴起

摩尔定律（数字处理能力随着时间的推移而成倍增加）继续对社会文化的推动发挥作用，数字世界不无惊喜地扩展到了我们的日常生活，进而淹没了我们。由于《搞定》首先涉及的是需要我们加强管理内容和意图，而不顾及其表现或呈现形式（电子或纸质形式），技术进步就和本书的方法建立了某种程度的实质性关

① GTD（“搞定”的缩写）已成为关于本书所述方法的世界通用缩略语。本版为速记考虑，会有频繁使用。

联。你会在咖啡机前遇到求助，这和电子邮件中的请求并无实质差异，需要你以同样的方式对待。

但是，这个有线/无线世界既强化又削弱了我们动用核心手段去收集、组织、评价有意义内容的潜在方式。我们现在几乎能随时动用各种超级工具和应用程序取得卓越成绩，尽管如此，选择过剩也能轻易浇灭我们工作效率的火焰。对于确保相应工作流程这个正确方向而言，维持并利用不断发展的技术优势会带来巨大的压力。

于是，我修改了此前所强调的最适合某些特定任务的工具类型，并接受了我们这个数字移动新世界的普遍存在性。我还删除了曾在首版中引用的大部分特定软件应用程序。这一领域的创新速度意味着，就在你读到任何特定软件程序的时候，它都有可能因为下一代新程序的出现而变得落伍、遭到削弱，并亟待更新。我已经基本上跳出了这个困局，转而选择一个通用模型来评估任意工具的适用性。

这一版本令我纠结的是，要在多大程度上继续关注纸质工具和材料（尤其是在收集、引用和深思方面），因为在较为年轻的群体中，很多人都认为他们根本不需要接触纸质材料。我决定冒着落伍时代的风险，在本书中原封不动地保留来自第一版的相关指导意见，因为这个新版本的诸多全球潜在读者至少还要部分依赖纸媒。具有讽刺意味的是，最先进的数字领域反而在日益恢复大众对纸媒的应用兴趣。[①]时间会告诉我们，这种可触及、可面对的媒介是否真的会被彻底摒弃。

24-7 世界

没有最新，只有更快。

经常有人问我，GTD能给这个移动、互联、始终在线的世界提供什么新建议。

对于一些历史名人而言，或许确有必要应对纷繁复杂的潜在重要数据，比如正向欧洲进军的拿破仑，正在谱写乐曲的巴赫，甚至正决定为某个画廊创作或展示作品的安迪·沃霍尔。而现在，通过数字实现连接的全世界受教育人口无不深受持续不断、俨然“重要”（或至少相关）的信息大爆炸的影响。借助技术实现信息访问的便利性，既导致其利用机会随之增多，也导致其规模、速度和可互换性不再可靠。如果你对邻居家的警声大作和宴会上对面一拨人的高谈阔论天生好奇，那么个人技术所带来的无休止的强大干扰，很容易使你沦为受害人。你在这方面的体验究竟是积极的还是消极的，主要取决于对本书方法的应用情况。

① 我写这本书时正从美国搬往欧洲，我试图将自己的有形资产减少到最低限度。于是我将自己有形文件夹（这个文件夹我用了30年）中的所有东西都进行了扫描和数字化处理。让我多次感到沮丧的是，如果我保留这个有形版本的话，处理起来会容易得多！

GTD方法的全球化

我经常被问及GTD流程能否与其他文化融汇贯通，我的回答总是很理直气壮：“当然能。”本书的核心信息与人文条件的内在关联非常密切，我甚至未在其方法应用中体会到任何文化偏见，老实说，我也没有体会到任何性别、年龄或人格类型差异。当然，每个人对其必要性及所起作用的认识是各不相同的。但这在更大程度上取决于一个人的生活状况、工作性质及其自我完善的兴趣，而不是任何其他因素。在实践中，与你在GTD方面产生更多共鸣的将会是世界各地的无数读者，而不是你的隔壁邻居甚至表弟拉斐尔！

> 需要负责处理其目前力所不能及事项的任何人，都有机会以超乎想象的方式从容不迫地完成任务。

自首版以来，对《搞定》内容的认识已经遍及全世界。第一个版本已被翻译成30多种语言，我们公司也在许多国家建立了特许经营店，以便基于《搞定》内容提供培训项目。我在撰写本书时对这种方法的跨文化一致性相当自信，之后的几年更是充分证实了这种信心。

一种包容更多读者和用户的方法

我写《搞定》的首要动力，是为我在公司培训和发展领域制定、测试并实施的方法编制一个手册。在其示例、类型、形式和感觉（封面上的我打了一条领带！）方面，本书一开始就主要针对管理人员、高管和事业快速发展的高级专业人士。我深知，本书或许对于家庭主妇、学生、神职人员、艺术家甚至退休人员同样宝贵，但当时最自觉接受我帮助的人还是那些专业人士，本书不仅能帮助他们改善自身发展，提高工作效率，还能让他们在这个过程中保持头脑清醒。他们一马当先，走在时代前列，积极处理迫在眉睫的信息洪流，以及商业领域正在经历的快速巨变，并寻求各种资源解决这些问题。

时至今日，人们普遍对松散型集中控制的潜在结果更感兴趣，认识到它并非专门针对商务人士的一次性“时间管理”建议处方，而其实是一种常规生活方式，是应对我们大多数人所面临的新领域的必要手段。世界各地的无数读者在应用GTD原则时极大改善了生活，我为此经常受到他们的赞许。这证明对这个模式的全球性需求正在日益增大，从而启发我重新构建我的诸多示例，以及作为示例支持的核心文本。

> 《搞定》并不止于搞定诸事，它涉及适当处理你的工作和生活。

从这个角度来说，我得承认即便是本书的标题也有可能导致某种程度的误解，它会让很多人认为我在某种程度上倡导更多付出、更长时间的工作，以便搞定更多事情。遗憾的是，工作效率的确隐含有事务繁重的意思。事实上，本书在支持你适当参与领域内事务方面并未过多涉及搞定诸事，而只是指导你在每一刻采取最佳行动，消除外界因素导致的干扰和压力。由此形成的明晰思维和心理空间可以惠及更广泛的群体，而不只是处于职业发展生涯的企业专业人士。

一些对“搞定”原则和技巧应用价值的最有趣赞许来自意想不到的领域。世界最大金融组织的主管，备受欢迎的美国喜剧演员，听众最多的美国电台主持人，欧洲大企业集团的首席执行官，最成功的好莱坞导演之一——他们都将自己生活和工作的巨大获益归功于GTD。来自各派宗教神职人员的反馈意见也很有意思。尽管他们负责处理的是超世俗世界的事务，但他们一直渴望从领导信众的常规事务中脱身，和教徒们更多关注精神领域。学生、设计师、医生——这个自我认同的GTD倡导者名单无穷无尽。

多年来，我发现大家在一起玩这个游戏；现在，我们有了一个扩展框架的绝佳机会，可以将全部GTD用户纳入其中。

对全面执行GTD流程所需时间和精力的更清晰认识，以及维持GTD流程需要做出的行为改变

哎！尽管真正执行我在书中建议的最佳做法很容易，但我还是明显意识到这样两种现象：（1）某些人很容易就会觉得本书的信息量和行动建议太过繁多，因而觉得无从下手；（2）对于大多数人来说，将某些基本做法培养成习惯可能要花些时间。

由于我一直在抵制“弱化”搞定模式及其细节，我不确定我能改善“信息过量”这一问题。首版《搞定》包括了关于如何在你的生活和工作中全面执行GTD方法的详细说明和建议，我在本

书中保留了这些内容。我现在意识到，对于本书的新读者来说，这些内容似乎不太适合，也不太可能同时纳入本书。不过，如果你有意“寻求”指导的话，我不能完全省略将这种方法真正融入你日常生活的相关指导意见。

> 值得实现的一切生活目标都需要付诸实践。事实上，生活本身就是一个长期实践过程，是完善我们行动的持续努力。一旦掌握了适当的实践技术，新的学习任务就会变成一种充满快乐和安宁的无压力体验，一个安排你所有生活内容、促进正确看待所有生活难题的过程。
>
> **——托马斯·斯特纳**

如果你对学习打网球感兴趣，我希望不要省略掉有关这项运动的蓝图，包括其卓越愿景，以及与实现蓝图相关的学习和实践层次。在新增加的第15章里，我试图阐明所介绍游戏的深度和广度，以便你从本书中轻松吸取你能够也愿意接受的建议，收集并执行对你而言暂时可行的任何方案。我试图在本版增加更多体谅之辞，以示对重新安排你个人实践和系统这一潜在重任的尊重。这种事情真的要循序渐进才能完成。

然而，所有情形都面临着一个关键挑战，那就是长期应用这些做法并形成习惯，从而只需要保持最低限度的刻意关注或者“聚焦”，并完全成为保持一个人良好身心状况的常规内容。我无法在改变某人习惯方面充当专家——我更多致力于探索和提炼无压工作的原则。[1]实际上，GTD的行为要素相当简单，每个人也都熟知。写下相关事项、决定下一个推动步骤、在提示清单上记录、检查清单，这种事情何难之有？大多数人都承认自己需要确立类似这样的行为惯例，但很少有人一直坚持，并形成习惯。多年来让我极为惊讶的是，一个人要想坚持采取必要行动，从而始终排除分散自己注意力的任何无益现象，其实是很有挑战性的。

来自认知科学研究的信息证实了GTD方法的效用

> 任何值得存在的，也值得被认识，因为认识是存在的反映；而细微的和宏大的事物并肩存在。
>
> ——**弗朗西斯·培根**

我不再有世纪之交时那种“独啸山林”的感觉，因为从那时起呈现的科学数据已经证实了本书指出的原则和做法。本书新增的第14章（“GTD和认知科学”）专门介绍了这方面的一些研究成果。

如果你是本书的新读者……

既然你已经读了这么多介绍，你或许有兴趣在某种程度上进行尝试。我把《搞定》做成了一种实用手册——很像一本食谱，

① 这方面的一个优秀资源是查尔斯·杜希格的著作《习惯的力量》。

它叙述了基本原则，介绍了有关烹饪和上菜的各种常识，提供了足够具体的烹饪方法，足以让你搞定无限多的未来晚宴。如果我为这个新版本所做出的出色工作让你感动，你不妨从下一章开始阅读。正如本书阐述的，GTD原则已被多方证实是一种行之有效的适用于解决生活问题的经验。或者你可以直接跳跃阅读——略读正文，随机深度阅读一两段内容。本书的写作形式也便于您跳跃阅读。

如果你在某种程度上接触过《搞定》……

这还是一本新书。这些信息多年来在以多种形式发挥作用，每当有人回过头来重翻此书时，他们总是发出这样的感叹："天呐，这些信息、观点和我以前阅读时所认识和理解的完全不同。"即便是重读原版《搞定》五次之多的读者也曾向我表示："每次读这本书，体验都完全不同！"这种体验很像是你在阅读一年前的软件手册，此时你已经弄懂了有关"巡航控制"的基本原理。你会惊奇并热衷于你自认为可以（而且本就可以）亲自应用的那些很棒的方法，然而，由于这些方法的应用需要以解决其他重大问题为前提，你意识到自己仍然无法充分认识和执行这些方法。

或许你是《搞定》首版的读者，但无论你在何时、曾经阅读此书多少次，无论你参与过哪些相关讲座、培训、在线研讨会、播客或其他报告活动，你都能在这个最新版本中体会到一种新奇、有趣的参与感。这一点我可以保证。以下几页将要呈现的是一系列新思路，旨在将你可能已经掌握的体系和工具纳入其中。

认真阅读本书，充分理解其信息，将能够帮你始终富有成效地积极认识真正重要的生活和工作问题。

《搞定》欢迎你

欢迎来到提升自我的策略宝库。在这里，你会学到如何使自己更加精力充沛，从而让你感觉更加轻松自如，在做任何事情时思路更加清晰，处理问题时沉着冷静，工作上也能做到事半功倍。你是否也像我一样，既希望出色地完成工作，又期待着享受生活的乐趣？在这里，它们不再是鱼和熊掌不可兼得的关系了。在日常的工作中，你完全有可能做到在快乐享受生活的同时，高效地处理工作中的事务。

我认为高效工作对任何人来说都是非常有价值的。你目前从事的工作，也许是重要的、有趣的，或是有用的；也可能情况刚好相反，但你还是要面对它，并尽力完成它。在前一种情况下，你会希望所投入的时间和精力能带来尽可能丰厚的回报；在后一种情况下，你会想要尽快地完成它，好让自己可以毫无顾忌地投入到其他事情中去。

无论人们做什么事情——也许是下班后与同事一道举杯畅饮；也许是夜深人静时凝视摇篮中安然酣睡的孩子；也许是忙碌地回复着源源不断的电子邮件；也许是在会议结束后抽几分钟时间与潜在的新客户攀谈——都希望保持放松的心态。要做到这一点，你需要在内心确定：当前事项正是你需要去做的事情。

> 放松精神的技巧，远离烦恼与忧虑的能力，很可能就是伟人们成功的秘诀之一。
>
> **——J·A·哈特菲尔德**

写作本书的宗旨在于：帮助你在任何必要的时候，都能达到高效和放松的境界。多年来，经过与世界各地有着不同背景的各种类型、各个年龄层的人们分享本书信息和一系列最佳做法，我可以明确保证：它的确管用。

你何以明白你在任意时间点所做的事情正好是你应该做的？所有软件、研讨会、炫酷的笔记本电脑、智能手机或是个人任务清单都不足以让你的一天超过24小时，也无法简化每天的生活内容，或者替你做出艰难的选择。

如果运用适当，这些工具可以在你做出决定时提供支持，但它们不会代替你在工作或生活中的控制和核心地位。更重要的是，一旦你学会在某种程度上提高工作效率，你就得毕业走人，或者不得不接受下一批任务和创新目标的挑战。这些新挑战主要在于掌握简单公式、时髦术语和新数字移动设备的能力，避免你在下一阶段的工作和生活中“故伎重演”。你或许已经形成了暂时性的个人习惯和方法，但是，诸如工作变动、喜得贵子、乔迁新居等重大变故将会测试其可持续性，并有可能导致严重不适（如果不是灾难的话！）。

> 方法可能不止一百万种，但原则寥寥无几。把握原则的人可以成功选择其自身方法。尝试方法而忽略原则的人必定惹麻烦。
>
> **——拉尔夫·瓦尔多·爱默生**

即使万能的技术或工具并不存在，我们还是可以通过采取一些很具体的措施来提高效率和完善管理。多年来，我总结出了一套完全可以掌握的简单方法，它们将显著提高我们应对日常烦琐事务的能力，同时仍能让人感到和更具意义的优先事项相关。而且实践证明，这些做法适用于任何人生阶段。从你12岁试图管理自己的家庭作业，到你在最后一次董事会议之后制定重组贵公司的策略，这些方法都普遍适用。

下面是我30多年来在个人和组织效率方面的研究汇总——在它的指导下，你不但能在当前工作中以最小的付出获得最大的回报，而且能在工作量日益增加、工作不断变化、工作性质日益模糊的现实世界中继续发挥作用。我（和许多同事）曾花费几十万个小时，帮助培训那些陷入工作和家庭困境的最聪明、最忙碌的人们，帮助他们收集、理清、调整手头的所有工作和任务。事实证明，我所发现的这些方法，在各种类型的企业中，在各个工作层面上，在不同的文化氛围中，甚至在家庭和学校里，都是行之有效的。在我花费多年时间培养、训练了一批最为精明干练的职场人士（还有他们的孩子！）之后，我才领悟到当今社会非常需要这样一套方法。

焦虑是由缺乏控制、组织、准备和行动引起的。

——戴维·凯克奇

长期以来，公司的高管们一直热衷于向自身、员工和企业文化灌输“铁腕执行”标准，以及如何保持其个人生活的适度平衡和表现。但我们每天看到的情况却是，一位尽心竭力的员工，在办公室里苦苦奋斗几个小时后，仍有一大堆没来得及回复的电话、要分配给他人执行的任务、会后尚未处理的事务、有待明确和约束的高层职责、缺乏管理的个人职责，以及数百乃至数千份尚未处理的电子邮件，其中可能包括数十份很重要的邮件。这些堆积在办公室和公文包中的事务若不及时处理，只会变得更加棘手，甚至引发更多的问题。而多数商业人士之所以成功，是因为他们化解的危机和把握的机遇要多于积压的事务。但是在当今快节奏的工作和生活中，要想在两者之间保持一定的平衡是很困难的。

而且，对许多人来说更严重的是，人们无法适当关注孩子们的校园表演和游戏活动，也无法与孩子适当地进行睡前人生探讨，甚至在任何地方、任何时间都表现得“心不在焉”。我们的社会普遍存在一种焦虑情绪——人们会感到没来由的怅然若失，从而产生一种无法解脱、永不停息的紧张情绪。

一方面，我们需要一些行之有效的工具，来帮助人们在战略层面和战术层面集中精力，保证不遗漏任何一件需要处理的事情；另一方面，我们需要形成思维习惯，创建工作环境，来保证那些最关切、最投入的人们不会因为不堪重负而垮掉。我们需要积极有效的工作和生活方式规范，吸引最优秀、最聪明的人才并使他们留在我们的组织里。我们需要能改善清晰度、控制权和创造力的个人和家庭惯例，以惠及我们所爱的人，更重要的是惠及我们自身。

我们知道各类企业机构迫切地需要这些知识。而学校也存在着这种需求，在那里，大多数孩子无法学到如何处理信息、如何关注成果，也不知道要采取哪些行动来实现目标。而对于每个人来说，这些知识都是不可或缺的。只有这样，我们才能充分地抓住机遇，积极、长久地为这个世界创造价值。

我在本书中介绍的这些简单和高效的工作方法，你完全可以在生活中去亲身实践（这将是一次非常棒的体验）。当你阅读或略读本书时，你无疑会受到启发，去思考如何实践我谈到的方法。一旦如此行事，你将从中受益良多，你的理解程度将因此更加深入、更具意义。你将发现理解这些模型非常有益，并可以将其转换，应用于工作和生活。

本书必须把这种动态工作流程管理艺术的精髓转换为线性格式，这是很必要的。我试图通过其组织形式向你展示激动人心的宏伟蓝图，让你即时体会到采用这些方法的直接结果。

本书共分为三个部分。第一部分扼要地介绍这个系统，解释

> 健康的怀疑态度往往是理解所介绍方法的最佳方式——质疑它；如果可能，你要证明它是错的。这将使你参与其中，而参与是理解的关键。

了其独特性和及时性，并简要介绍了这套方法的具体内容。第二部分说明了如何实施这套方法。本书就像你的私人顾问，可以指导你循序渐进地运用这些行为模式。第三部分则展开了更加深刻的讨论，描述了当你把这些方法和模式应用到你的工作和生活之中后，所产生的形式更加微妙、意义更加深远的诸多影响。

这三部分内容会有不可避免的重复。GTD核心方法相当简单，通过本书提供的相关课程，你可以理解这一方法的不同层次和细节。

我希望你加入这个行列，检验书中的这些内容，甚至提出质疑。我渴望你向自己证明，对你个人来说，我所承诺的效果不仅可能，而且触手可及。此外，我要告诉你，我提出的每一项建议都是简单易行的，甚至没有涉及任何新技能。你早已掌握了如何关注问题，如何把它们记录下来，如何判定结果和行动，以及如何回顾和选择。你还会明白，你长久以来一直凭借本能和直觉对许多问题进行的处理都是正确而恰当的。我将为你提供一些方法，帮助你充分利用这些基础技能，然后将它们推向高效的新境界。我希望能够激励你用这些方法来构建你自己的全新行为模式。

在本书中，我会不时提及我与这套方法的应用者之间的合作。在过去的30年里，我作为管理学顾问、执行教练和培训师独立工作，还和别人进行了小范围的合作，并成为一家全球培训公司的创始人。我的工作主要是围绕本书中介绍的方法，针对个人进行提升效率方面的培训，并举办各种讲座。现在，我（和我的同事们）已经和数千人进行过合作，并通过我们在世界各地的内部和公开研讨会培训了数十万人。我们将继续与全世界最优秀、最聪明的人开展合作。这也是我获取经验和真实案例的源泉。

我还是一名学生。我和最优秀的同事打成一片，把管理权抛在一边，不让自己成为核心。我同样要定期重温我在本书中提及的方法，以使自己的头脑保持最清醒的状态。正如我在第 15 章中指出的，这是一系列终身性的生活习惯，必须以更高、更成熟的水平在现实生活中加以应用。对于我从未亲身经历，从未测试其有效性，并且不会以某种形式继续应用的那些做法，我都不会在本书中分享。

我所做出的承诺，可以用客户的一封来信生动形象地加以概括："当我习以为常地采纳本书中的各项原则时，它拯救了我的生命；当我一丝不苟地运用它们时，它改变了我的一生。这是一种疫苗，可以预防日常生活中出现的临时救火现象（也就是在某个工作日中出现的紧急事件和危机）；同时，这也是一种解毒剂，能有效舒缓人们施加给自身的不平衡的压力。"

gtd

part 1

搞定：通向从容之道

第1章
新情况，新做法

你是否渴望过这样一种状态：自己虽然整日事务缠身，却仍然能够头脑清醒、轻松自如地控制和处理一切。我可以很负责任地告诉你：这是有可能实现的。极高的效率，卓著的效果，这是在生活和工作中人人渴望的美妙境界。同时，无论你在做什么，这种境界都是你的最佳表现方式，是那一时刻的最佳参与状态。纵使时光流逝，你仍能充分调动自己的注意力。你所做的事情正是你应该做的，并且完全出于你的承诺和兴趣。你时刻待命，处于“活跃”状态。

> 我们可以有所作为，投入最多的人将获得最大的幸福。我们可以全力以赴。我们可以当仁不让。我们可以……关注我们面前的机会。
>
> ——**马克·范·多伦**

现在，这是优异成功人士的重要行动风格，是所有面对过多生活问题人士保持理智的必要模式，也是令我们以最佳状态自行付出最大努力的基本形式。

这个方法所涉及的各种技能，是大部分人早已学会的，你要做的就是在适当的时间完整地、系统地运用这些技能，从而轻松面对繁忙的工作和生活。尽管本书所描述的方法和技巧都是常识性的，而且具有广泛的实用性，但大多数读者还是需要对一些已经养成的工作习惯做出调整，然后才能运用本书提及的这个系统。不要小看这些微小的调整，它们能够显著改善你处理日常工作中关键问题的方式。不过，这方面的相关研究报告显示，结果往往会发生变化。

本书中的这套方法，完全基于三个主要目的：（1）收集所有需要处理或者对你有用的事情（现在的、以后的、某一时间的；大的、小的、不大不小的），把它们统统置入一个脱离大脑意识的、条理分明的、可靠的系统中；（2）指导自己在获取任何"输入信息"（也就是接手任何任务）的前期就进行分析和决策，以确保随时拥有一套可以执行或重新协调的"下一步行动"可行清单；（3）管理、协调所有相关内容，履行你在任何时间点对自己和他人做出的各种承诺。

本书提供了一套经过实践验证的、高效的工作流程管理方法。为推动这套方法的实施，本书还列举了一些实用的工具、技巧及窍门儿。你会发现，这些原理和方法无论是在你的个人生活中，还是在你的职业生涯里都具有广泛的适用性，并且可以立即见效。[①]你可以像很多人一样：把我所描述的这种高效模式融入你的工作以及日常生活中去，让它成为你的习惯、你的生活方式，甚至成为你人生的一部分。当然，你也可以仿效另一些人的做法：只有在你觉得需要的时候，才把这套方法拿出来使用，以使自己重新掌控你的生活和工作。

问题：增长的需求，匮乏的资源

这些日子以来，几乎我遇到的每个人都在抱怨自己要处理的事情过于繁多，根本没有足够的时间来一一完成。就在前一周授课时，我就遇到两个有类似困惑的人。其中一位在一家大型投资公司任职，他承担着公司的管理工作，总是担心自己所承担的新职责会影响他的家庭生活。另一位是中层的人力资源经理，她计划在一年的时间内，把公司在该地区办事处的人员从 1 100 人扩增到 2 000 人。她每天都疯狂工作，单是电子邮件，就要处理 150 多封。因为只有这样，她才能在周末的时候享受正常的社交生活。

新千年伊始，就出现了这样一个自相矛盾的现象：人们的生活质量得到了显著提高，但与此同时又承担着自己力所不能及的

① 在我的观念中，“工作”的定义是广义的，它可以是任何需要或希望做出改变的事情。许多人把“工作”和“个人生活”严格区分开来，但我不是这样：对于我来说，清除花园中的杂草或者更新我的遗嘱都是不亚于撰写本书或者培训一名客户的“工作”。因此，本书所涉及的各种方法和技巧对工作和生活的各个领域都是适用的。也只有这样，才能真正达到提高效率的目的。

工作，结果导致他们承受了越来越大的压力。这就是俗语所说的“眼大肚子小，贪多嚼不烂”，过多的选项和机会会带给我们决策和选择压力，而绝大多数人都对怎样改善这种局面感到茫然无措。

工作不再有清楚的界限

我们感到身上的压力与日俱增，一个主要原因在于：工作的性质发生了巨大的变化，即使参加了各种培训，我们仍旧难以跟上变化。仅仅在20世纪的后50年中，在这个工业化的世界里，“工作”的性质已经由流水线装配、制造，以及搬运一类的活动，转变为彼得·德鲁克所定义的那种“知识工作”了。

以前，工作的内容是非常明确的。人们耕田种地，制造机器，装箱搬运，挤牛奶。你知道哪些工作是需要你完成的——你可以亲眼看到它。你也可以很清楚地判断一项工作是否已经完成。提高你的工作效率可以让工作流程更有效，否则只会令你的工作过程更艰难、更漫长。

现在，大多数人接手的大部分工作都没有明确的界限。我所认识的大多数人，他们手头上都至少堆积着半打的事情需要立刻处理，或者需要即刻改善他们自身的处境。即使他们付出所有的时间苦苦努力，也不可能把一切都做到尽善尽美。很可能你也正面临着类似的困境：这次会议讨论是

> 我想要一天一天、按部就班地处理事务，但是有时候几天才能做完的事情会凑在一起，同时向我袭来。
>
> ——阿什利·布里连特

否透彻？这个培训计划是否会有效？主管人员的薪酬结构是否合理？你在子女教育方面的表现怎样？你所写的博客在多大程度上趋于完美？你所安排的员工大会能否起到鼓舞士气的作用？你能实现何种程度的健康水平？你所在部门的重组计划是否行之有效？此外，还有一个值得注意的问题：要想更加出色地完成任务，我们都知道相关资料越多越好，那么现在你能够搜寻到多少相关资料呢？回答是：无穷无尽！日益发达的互联网为我们提供了丰富的信息资源，取之不尽、用之不竭。

> 只要有足够的信息，几乎每件事情都可以做得更好。而在当今的世界，你可以获取的信息是无穷无尽的。

另一方面，工作缺乏明确的界限导致每个人的工作量加大。今天，许多机构的运作都需要各部门之间的互相交流、彼此合作。企业中各部门之间的壁垒正在削弱（或至少需要削弱），任何部门都需要查看其他平级部门（市场部、人力资源部或某个专门的委员会）发来的电子邮件，即使是抄送的邮件也不能放过。此外，随着网络将你和朋友、家人之间的距离拉近，甚至老年人也开始上网，并用他们的智能手机保持联系，你对他们产生的影响力也日益增大。

全新的沟通技术使得这个事实以指数级放大，即我们的工作和生活并不存在明显界限。20世纪的第二个10年，人们对这个始终存在的难题极为关注。全球化（“我的半数团队成员位于中国香港，还有一个关键人物在爱沙尼亚”）、虚拟工作和互联网功能更是起到了推波助澜的作用，再加上我们对所酷爱的便携式设备越来越痴迷，要知道这些便携设备的功能比 1975 年满满一屋子计算机都要强大。

所以，不仅工作及其认知界限更加模糊，更加难以界定，而且我们可以（通常应该）用于工作的时间和空间也是如此，此外，能够令我们生活增值的具有潜在意义的可访问数据也在持续激增。

工作（生活）不断变化

一般情况下，我们工作中出现的参差不齐、变化万千的枝节问题，对任何人来说都是一个不小的挑战。现在，在这个基础上还要增加另一项挑战：工作职责的定义在不断变化，处于更广泛生活范围内的各种职责和利益也在频繁变化。

我经常在研讨会上提问：“你们当中，有谁从事的工作就是公司招聘你的时候要求你做的事情？在过去一年里，你们中间有多少人的个人生活从未发生任何显著变化？”很少有人举手。由于工作职责很可能既无明确的限制，又无特定的形式，因此，只有长时间从事某一任务明确的工作，你才有可能明白自己到底需要做什么、做多少、做到什么程度，才可以使自己的头脑保持清醒。而且，如果你能大体掌控自己的生活——不搬家，不改变人际关系，你和你的爱人没有健康问题或者生活方式问题，不发生资金问题，没有可激发新发展方向的推动性计划，无须被迫变换职业——你或许可以形成某种管理节奏和管理系统，从而在某种程度上使工作和生活变得稳定。

> 我们大多数人在过去 72 小时里经历的生产变革、项目规划，以及工作内容重心转移，比父辈们在 1 个月甚至 1 年中经历的都多。

但是，很少有人能有这样的好运，这主要有以下三个原因：

> 我们永远无法为那些全新的事务真正做好充分的准备。我们不得不进行自我调整，而每次彻底的调整都会使自尊心陷入一场危机：我们要经历考验，我们要证明自己能行。这需要我们充满自信，克服内心的恐惧，直面剧烈的变革。
>
> ——埃里克·霍弗

1. 组织架构现在几乎处于一种永恒的变化之中，奋斗目标、产品、合作伙伴、用户、市场、技术，以及产权人都在不断地更新变化，这必然导致各种现存的结构、模式、角色和责任的重组和调整。

2. 与从前相比，当今一般的专业人士具有更强的独立性和自由度。他们变换职业就如同父母换工作岗位一样频繁，甚至连 40 多岁、50 多岁的人也信奉时代在不断发展的信条。他们希望更全面地融入主流社会中去，投身于“包罗万象的发展大潮之中，无论是在专业领域、管理领域还是行政领域”。简言之，人们不会长期从事任何一种单一职业。①

---

① 本世纪初期的经济危机增加了不确定性，致使许多人要在传统退休年龄之后继续工作，这往往需要发现其他赚钱途径。

3. 我们在文化、生活方式、技术方面的相对变化速度，使得个人更有必要加强对其独特个人状况的掌控。照顾年迈的父母，马上辞掉工作回家照顾孩子，应对突如其来的健康问题，或者包容生活伴侣做出的某种重大改变……这些事情发生得比以往任何时候都更加频繁，其影响也更加深远。

现在很少有人能够清楚地知道要在办公室、家里、飞机上、车里和当地的咖啡馆里做些什么——无论是在周末、周一上午、凌晨三点醒来时，还是在“度假”时，也不知道到底需要多大的投入才能把事情做好。我们从外部世界获取了大量信息，同时，在内心世界形成了同样繁杂的观点，并建成了与别人或自己达成的协议。然而，我们自身还不具备相应的能力来处理数量如此庞大的事务。

在这个全球互联的高科技世界，只有最快，没有最新。在生活和工作的变化速度颇为缓慢的情况下，一旦人们突破了对新生事物的不适感，他们就会长期保持定速巡航状态。现在，大多数人都生活在一个再也无法挥霍时间的世界。你阅读本书的此时，世界正在发生变化。而且，如果你在阅读本书的同时还要分神去考虑其他生活事务，或者你觉得有必要检查电子邮件，以免漏掉新的重要信息，那么你确实患上了“不要错过火车”综合征。

旧的模式和习惯已让人力不从心

无论是我们所接受的标准教育、传统的时间管理模型，还是当今那些充斥市场、唾手可得的电子和纸质管理辅助工具，都无法全面地帮助我们应对各种新要求。如果你已经试过使用上述任意一种处理方法或者工具，恐怕你已经发现，它们都无法满足工作中不断产生和转换的各种复杂要求。要想在这个波涛汹涌但往往是非结构化的时代实现专注、轻松、良好的自我控制，人们需要全新的思维方式和工作模式。我们迫切需要挖掘出一些新方法、新技术和新工作模式，以使我们永远立于不败之地。

传统的时间管理法和个人管理法在过去的时代曾经大显身手，所以当劳动大军从工业化装配流水线中抽身出来，涌入一种全新的工作模式时，这些传统的方法为我们提供了极为有益的参考，这包括对行动对象和时机的判断。而当时间自身也转化为一种工作要素时，个人日程表随之成为一种关键性的工作管理工具。（20世纪80年代，许多专业人士就已经把袖珍日程表视为工作条理化的主要手段。时至今日，仍有许多人把自己的日程表或者他们的电子邮件、工作列表奉为重要的管理工具。）有了自由支配的时间，选择做什么事的要求也接踵而至。创建“1、2、3”优先顺序代码和每日列出的任务清单，就是在过去的实践中逐渐发展起来的帮助人们的重要选择手段。如果你拥有做出选择的自由，你就需要考虑到哪些是需要优先解决的事情。

你可能已经认识到，尽管日程表的作用不容忽视，但是实际上，它也只能对部分繁杂事物进行有效管理（至少在某种程度上如此），从而增进你对所从事事务的了解。而且，已为人们所证实的是，每天的任务清单和那些简化的优先顺序代码，远远不足以应对一个普通职业人士所面对的量大、纷繁复杂的日常事务。每天要处理几百封电子邮件和短信息的人越来越多，他们不能忽视任何一次邀请和投诉，不能对订单，或者来自公司、家庭的沟通信息不予理会。几乎没有人能够基于优先程度把所有的事务排出先后，也没有人敢在接到老板的电话、即时信息或指令后，不立即变更自己事先确定的工作日程。

“大局”与事务的本质

另一方面，大量的商业书籍、模型、研讨会和权威专家，都极力推崇把“着眼大局”作为处理复杂问题的思路。认清主要目标和价值观，为我们的工作赋予了先后次序、意义和方向。然而，在实践中，运用价值观思维方式这一良好初衷却经常达不到预期的效果。我经常看到这些努力往往都付诸东流了，主要出于下面3个原因：

1. 在处理每天、每小时要完成的事务时，有很多干扰因素分散了我们的注意力，以致我们无法集中足够的精力去关注更重要的问题。

2. 由于个人管理系统方面存在欠缺，这引发了一种下意识的抵触情绪，所以在面对那些棘手的重要项目和目标时，这种情绪就会阻碍具体行动的实施。而这种结果又会产生更加严重的干扰作用，并进一步强化压力。

3. 一旦提出了更高一级的要求和价值观，我们原有的标准和着眼点也将随之提升，这会让我们认识到有更多的事务尚待完成。这通常只会在我们的肩上再加上一把稻草，让我们不堪重负、愁眉不展。没错，审视价值观会让我们在清单上堆积更多的任务。

风浪总是偏袒最棒的航海家。

——爱德华·吉本

诚然，集中精力来关注主要目标和价值观的重要性毋庸置疑。关注主要目标和价值观能为我们提供一个必要的选择标准，让我们能就应该停止的行动、在过多选项中应该予以关注的重大事项做出时而困难的抉择。但这并不意味着我们的工作量会减轻，或者大大减少遇到的困难和挑战。恰恰相反，只是牌局中的赌注提高了，但还必须一如既往地玩下去。例如，对一位人力资源部的经理来说，仅仅通过提高工作和生活的质量以便吸引并挽留人才，并不能使自己的工作变得轻松。而作为一位母亲，在她十几岁的女儿离家工作或读大学之前仅剩的在家的时光，认识到提供宝贵经验的重要性同样于事无补。对于具有潜在相关性和重要性的管理对象而言，其工作量并不因思考质量和工作质量的提高而减轻。

长期以来，在“知识工作”的新文化中存在着一种缺陷：缺少一套连贯一致并能够在实实在在的工作中发挥卓越功效的系统和工具。这套系统必须能够从大局着眼，从小处入手，并且使二者有机地融合在一起；必须能够管理多个层面；必须能够坚持不懈地对每天衍生的众多新生事物进行控制；必须易于维护，能节省更多的时间和精力；必须化繁为简。

混乱不是问题，关键在于需要多久才能发现其内在的相关性。

——道克·奇尔德和布鲁斯·克莱尔

承诺：武术家的“一切就绪的状态”

让我们反省一下，如果你在任何情况下、任何时间内都能够随心所欲地控制自己的一切事务，情况会是怎么样呢？如果你的内心世界非常清澈，感受不到任何压力，情况会是怎么样？如果你能够把100%的精力投入到自己选择的工作中而不受任何外界的干扰，情形又会是怎么样呢？

这是有可能实现的。有一种方法可以让你紧紧掌控遍及生活各个角落的所有事情，同时保持放松，花费最少的气力完成一切有意义的工作。它能使你在这个错综复杂的世界里，体验到武术家们所说的“心如止水”的境界，优秀的运动员则称之为“忘我”境界。事实上，你很有可能已经体会到这种美妙的感觉了。

如果缺乏洞察力，生活就会将你拒之门外。无论是擦拭窗户还是撰写鸿篇巨著都是如此。

——纳迪亚·布朗热

在这种工作状态下，

你头脑清醒，积极的想法层出不穷。每个人都可能进入这种状态。要想积极有效地应对本世纪复杂多变的生活，人们就都需要这种状态，并且需求程度日益增强。对于所有人来说，如果希望使工作和生活前景保持平衡与积极稳定，那么，这种状态必将成为一种不可或缺的条件。世界级的划船运动员克雷格·兰伯特曾在《碧波上的心境》(*Mind Over Water*)一书中这样描述这种感受：

> 划船运动员们用这样一个词语来描述这种无摩擦的状态：荡秋千(swing)。这使我们回想起在后院荡秋千时的那种惬意和欢娱——一种简单的循环往复的运动，完全凭借来自秋千自身的冲力。秋千承载我们，我们丝毫不需要用力。我们荡起双腿，让秋千在空中划过的弧度越来越高，但是，这主要是地球引力的功劳。与其说我们荡秋千，还不如说我们被荡了起来。船推动着你前行，是船身渴望着快速地向前，在它的航线上，在它的自然状态中，只有速度在吟唱着。我们的任务仅仅是与船身并肩作战，拼命地挥桨加快速度，避免拖其后腿，而过于用力又会阻碍船速。如果努力变成了为努力而努力，那么结果就会适得其反，这种努力反而会在过程中又化解了自身。形形色色一心往上爬的人想拼命挤进贵族阶层，然而，他们挖空心思却只能证明自己并不身属此类。贵族们并不需要努力，他们早已经达到了这种境界。荡秋千就是这样一种“进入状态”的境界。

“心如止水”的比喻

空手道中用“心如止水”来形容一切就绪的状态。想象把一粒石子投入沉寂无声的池塘中，池塘中的水会有何反应呢？答案是：依照所投入物体的质量和力度做出相应的反应，然后又归于平静。池水既不会反应过激，也不会置之不理。

水自然存在，自然而为。它可以淹没一切，却不会被淹没。它可以静止不动，却不会寂寞难耐。它可以被迫改变流向，却依然百折不挠。这一点你是否明白？

> 你发挥能量的能力与你的放松能力成正比。

空手道中的击拳动作，其力量来自速度，而不是肌肉，即挥拳最后阶段急剧的“爆发”。这就是为什么瘦小柔弱的人，也能够学会用双手劈开木板和砖块。这并不是靠皮糙肉厚或者凭借蛮力，而是灵活地运用一种能够随着高速度而形成集中冲击的能力。但是如果肌肉紧张，动作就会慢下来。因此，在高级阶段的武功训练中，对平衡和放松状态的教学并不亚于对其他方面的要求。清除杂念、保持清净和适当反应是关键所在。

任何造成你反应过度或反应不足的事情都可能反过来控制你，事情往往如此。不能处理好自己的电子邮件、项目、未读的杂志、关于下一步行动的思考、与孩子或者老板的关系，都可能导致比预期差得多的结果。很多人对于一些事情，要么给予过分的关注，要么不屑一顾，这仅仅是因为他们无法做到“心如止水”地行事。

你能在需要时使自己进入“高效状态”吗？

回想你上一次感觉自己工作高效时的情形。很可能你当时认为自己能够控制一切，丝毫没有紧张的感觉。你全身心投入到工作中去，时间的概念似乎消失了（怎么已经到了午餐时间？），而且你还明显感受到工作取得了进展。你希望再次体验这样的感觉吗？

> 如果你的大脑空空如也，总是处于一切就绪的状态，那么它就会向一切事情敞开大门。
>
> ——铃木俊隆

如果你早已远离了那种理想状态，并感受到自己对工作渐渐失去了控制、压力重重、痛苦不堪，你是否能再次回归那种状态呢？这就是本书的宗旨所在，它将告诉你如何才能回归“心如止水”的境界，帮助你把全部的才智发挥得淋漓尽致，因此，本书将对你的生活具有重大的指导意义。许多人面临的一个挑战，是缺乏有关他们脱离工作状态的时间参考点。在日常生活中，大多数人都处于持续、漫长的半压力状态，他们不知道局面可以完全不同——还存在另一种可以改善其处境的积极状态。希望本书能促使你提高自身的承受能力，认识到你具备减轻压力的技巧。

原则：有效地处理内心的承诺

在数十年的培训工作中，我指导过数千人。在这个过程中，我发现了一个极为常见的现象，即由于人们对自己做出的承诺或者承担的义务管理不当，导致他们承受着重重压力的折磨。所以，学会对承诺事项加以控制，可以有效缓解压力。即使是那些并没有明显体验到压力的人，如果他们学会了更加有效地对生活中悬而未决的问题加以控制，那么在放松自我、集中精力、提高效率方面也会有明显的改善。

恐怕你已经与自己达成了许多协议（这一点也许你根本没有意识到）。而每一项协议，无论大小，都时时刻刻被你自身的无意识所紧密追随。这些就是“未完成的事情”或者“悬而未决的问题”。它们可能是“根除世界上的饥饿问题”这类重大事务，也可能是“雇用一个新助手”之类的一般性事件，或是“更换走廊灯泡”一类的琐碎小事。

> 任何没有找到应有的位置和恰当存在方式的事务，都会盘踞在我们的脑海中，成为悬而未决的问题。

为了能够高效应对这一问题，首先，你必须明确并收集所有那些“经常唤醒你模糊记忆”的事情，搞清它们对你而言的真正意义，然后决定如何推动它们。这看起来极为简单，但在实际操作中，大多数人都难以始终如一地坚持下去。他们缺乏认识或动力，而最可能的原因是，他们没有意识到忽略这种做法将会付出的代价。

管理承诺时的基本要求

如果希望出色地管理好所有的工作，那么，你需要做到下面几点：

第一，如果这件事总占据着你的头脑，你的思维就会受阻。任何一件你认为还没有完成的事情，都必须被置于一个客观、可靠的体系中，或者是我称为“文件夹”的工具之中——必须经常回访并予以清理。

第二，在明白你的工作到底是什么后，你还必须做出判断：需要采取什么行动来推动工作进程。

第三，一旦决定了需要采取的行动方案，你必须在某一个你会经常查阅的系统中保存好与这些行动相关的提示信息。

> 你必须利用你的智慧去清空你的大脑。

检验这种模式的一个重要训练

我建议你拿笔记下目前盘踞在你大脑中的那些最重要的工作或状况。哪一件事最让你心烦意乱？哪一种情况最容易分散你的注意力？哪一个问题令你兴趣浓厚？或者哪一种局面以哪种方式消耗了你大量的精力？也许，正是“摆在你面前的”某项工作或者某种状况必须要处理，而且越早处理越好。

也许，你马上就要背上行囊外出度假。出发之前，你还有几个重大决策要敲定。你刚刚收到的电子邮件事关部门某个亟待解决的新问题。或许你刚刚继承了一笔600万美元的遗产，而你不知道该如何处置它，等等。

明白了吗？好，请用简单的一句话来描述一下，你希望得到的理想结果是什么。换句话说，事情怎样才算得上是完成了呢？这可能非常简单，就像“去夏威夷度假”、“处理有关客户X的事情”、“与苏珊协调大学里的情况”、“弄清新的部门管理结构”、“实施新的投资策略”，或者“研究关于曼纽尔阅读问题的解决方案”。你现在都清楚了吗？好极了。

现在，请写下为了推动事情的进展，你需要采取的下一步实际行动。假设你手头没有其他事情，只有这一件事情需要立即完成，那么你下一步的具体行动是什么？你会不会给某人打电话或者发短信？会不会写一封电子邮件？会不会取出纸和笔，来一场头脑风暴？会不会去上网搜索数据？会不会去五金店买钉子？有没有可能与你的伙伴、助手、律师或你的老板面对面地谈上一会儿呢？你会怎么样呢？

你找到答案了，是吗？好极了。

你能从这短短2分钟的思考中挖掘出什么有价值的东西吗？如果你同那些在研讨会上完成此项训练的大多数人一样，那么，你就会体验到，至少你的控制力增强了一点，精神放松了一些，注意力也更集中了。此外，对于某些长久以来一团乱麻的局面，你似乎也有了动手解决它的冲动。设想一下，在生活和工作中，这种驱动力放大1 000倍时将会是怎样一番景象。

如果这个小试验能对你产生一些积极影响，请你想一想：究竟是什么发生了变化？根据你的经验，是什么促使局面得到了改

> 像实干家一样思考问题，像思想家一样付诸行动。
>
> **——亨利·伯格森**

观？形势本身并不会向前发展，至少在这个物质世界中这一点是千真万确的。有所改变的，只是你更加明确了所期盼的结果，并确定了下一步需要采取的行动方案。真正发生改变的，是有关梳理、关注与平和心态的重要因素：你如何处理自身的状况。

然而，是什么创造了这一切呢？答案不是“进行组织整理”或者“确定优先事项”，而是“思考”。你不需要进行太多思考，你只需要几分钟，就能排除无关压力，集中精力利用必要的机会和资源。人们会进行很多思考，但大多数思考只涉及某个问题、项目或者某种状况——而不涉及思考本身。如果你真的采用了书中建议的措施，你就需要构建以结果和行动为导向的思维方式，而这种思维方式需要你有意识地进行培养。因为人的反应是自发的，而思维却不是。

“知识工作”的本质

欢迎了解有关“知识工作”的真实本质和操作原则：你对工作投入的思考，应该比你现在实际付出的多，但是比你预想的要少。就像彼得·德鲁克的描述：“在知识工作中，没有人指派任务，需要由工作者自己确定。‘这项工作的预期成果是什么’是一个有助于提高知识工作者工作效率的关键性问题，这个问题可能会导致一些极具风险性的决定。通常，没有正确的答案，只有不同的选择。想要获取高收益，一定要确认预期结果。”①

行动源于思考。

——拉尔夫·瓦尔多·爱默生

要弄清人们工作和生活中涌现出的各种事务的真实面目，要决定为此需要采取的种种行动，都将消耗人们大量的精力。因此，许多人对此产生了抵触情绪。实际上，我们从来没有学过在行动之前要进行周密思考；大部分的日常活动也都以待处理事宜的形式（比如工作中未处理的公文，或者家里要洗的衣服，等等）展现在我们面前。所以大多数人认为，根本没必要（除非必须）先屏气凝神地思考，进而去确认预期结果和必要的下一步行动。然而事实上，思考结果是促使希望转化为现实的最有效的手段之一。

为什么有些事情总是萦绕在你的心头

在通常情况下，你对一些事情总是念念不忘，这是因为你希望它们的状况能有所改善，另外：

① 对于本世纪的许多人来说，“知识工作”或许是一个陌生概念，原因很简单，我们的生活内容在很大程度上包含了诸多非物质、不明确的决定对象，从而要求我们不断进行思考，做出选择。我们大多数人始终身处其中（因而浑然不觉）。但是，大多数人对于我们的必要思维过程本身并无明确认识，更不要说加以应用。知识工作似乎成了一个白领人士的专用概念。这是上世纪初始的群体行为，但任何脱离单纯生存状态的人也都有这样的切身体会。任何曾经疑惑为孩子选择何种课程或为其提供何种数字设备的家长都属于这个范畴。

- 你还没有明确地认定它们的预期结果是什么。
- 你还没有确定你下一步的具体行动到底是什么。
- 你还没有把关于预期结果和即将采取行动的提示信息存入你所依赖的系统中去。

> 持续不断且毫无成效地深陷于我们不得不处理的事务当中，是对时间和精力的最大浪费。
>
> ——**克里·格利森**

这就是为什么你忘不掉这些事情的原因了。直到你澄清了所有问题，做出一切必要的决定，并把预期结果保存到那个系统中去（同时要确保你能在必要情况下随时访问和查询这个系统），你的大脑才会放松下来。你可以骗过别人，但是你却无法愚弄自己的大脑。它能够明察秋毫：你是否已经做出了必要的决定，是否已经把有关预期结果和行动的提示信息寄存于一个安全可靠的地方，以便这些信息能在恰当的时候提醒你采取行动。[①]如果你没有做好这些工作，那么，你的大脑就一分钟也不会停止运转。通常情况下，当你对某件事还没有依照上述的处理方法处理时，你的某根神经仍然会持续不断地对你施加压力，这只会增加你的精神负担。

你的大脑并不总是那么管用

有趣的是，你的大脑中至少有一部分是相当愚蠢的。如果它

① 参见第14章引用的鲍迈斯特的验证研究。

够聪明且符合逻辑的话，它就应该只在你需要处理某件事的时候才提醒你。

你有没有一支电池耗尽了的手电筒？而你的大脑一般是在什么时候，才提醒你该买电池了呢？你又是在什么时候，才发现电池没电了呢？这不能算是反应灵敏的表现吧。如果你的大脑天资聪颖，它就应该当且仅当你在商店里看到电池时才给你提醒，而且能一并告知你相应的电池型号。

从你今天早晨醒来到现在，你是否想到了一些需要处理但还未动手解决的事情呢？你是不是不止一次地想到了它们呢？为什么？不断地考虑那些毫无进展的事情纯粹是浪费时间和精力，而且这往往只会使你更加焦虑不安。

> 要么控制你的头脑，要么由它来操纵你。
>
> ——**贺勒斯**

许多人的脑子里总在接连不断地放电影，特别是当我们谈到有许多事要处理时，这种现象会更加严重。人们把许许多多悬而未决的问题委托给大脑来处理，但你的大脑却无法有效处理它们。研究现已证明，你的大脑会不由自主地帮你记录所有的未尽事宜，即便大脑记住了所有未尽事宜，它也不会（像最初设想的那样）主动给你准确的提醒，反而会给你希望思考的其他事项带来干扰，继而会降低你的工作效率。

“材料”的转化

我是这样定义“材料”（stuff）的：进入你的精神或现实世界中但尚未找到归属的任何事情，你尚未确定它对你的真正意义、预期结果和下一步具体行动的所有事情。对很多人来说，他们的组织整理系统没有发挥应有的功效，原因在于没有首先完成对“材料”的转化。只要它们还保持着“材料”的身份，人们便无法加以控制。

> 我们需要把收集和积累的所有“材料”都转化成包含重要行动、项目和有用信息的明确清单。

多年以来，我所见过的几乎所有任务清单纯粹都是一些列举“材料”的单子，而不是显示必须完成的实际工作的清单。它们仅仅代表着尚未解决事项的部分提示信息，而这些事项也有待转化为预期结果和行动方案，即真正意义上的工作提纲和工作细节。

你会在任务清单上看到的典型事项包括：“妈妈”、“银行”、“医生”、“保姆”、“营销副总裁”等。看到这些事项后，你往往会感到压力更大，而不会变得轻松。这是因为，尽管这种做法可以促使你付出努力或做出决定，但它同时会发出心理召唤：“要考虑我！”如果你此时没有精力或兴趣去思考或做出决定，它只会令你不知所措。

材料的存在本质上并不是一件坏事。就其本质而言，如果某些事情吸引了我们的注意力，那么，它们往往以材料的形式表现出来。但是，一旦我们允许“材料”进入我们的生活和工作中，就需要对其定义并做出解释。在专业领域里，我们的工作需要我们以分钟为单位，就电子邮件或者我们的战略晨会记录进行思考、评估，做出决定并付诸执行。这是你的固有工作内容。如果你无须思考这些事情，你就可以忽略这些要求。就个人而言，我们可能会自欺欺人，容忍日常生活方式问题（家庭、家族、健康、财务、职业或关系问题）安然存在于我们的意识中，这是因为我们未能对所需要的特定结果和必要行动进行定义。

当想法对行动具有推动作用时，它就是有益的；当想法成为行动的替代品时，它就会成为行动的障碍。

——比尔·雷德尔

在一次研讨会临近结束时，一家生物工程公司的资深经理在重新审视她最初列出的任务清单时感叹不已："天哪，这简直是一堆根本无法完成的工作，毫无章法可言！"就大多数个人管理系统中所谓的计划清单而言，这是我听到过的最生动形象的描述了。绝大多数人一直在调整那些性质原本模糊不清、内容残缺不全的任务清单。但是，他们仍然没有认识到，到底需要整理多少内容，管理哪些细节，才能获得真正的回报。如果他们希望自己的组织整理工作富有成效，就应该收集一切有待考虑的问题，然后完成思考过程。

过程：管理你的行动

你几乎可以像训练运动员那样来训练你自己，在处理必要事项时表现得快速、敏捷、积极主动和精力集中。你可以更加积极有效地思考问题，轻松自如地控制事态的发展。你可以将工作和生活中各个层面的事务都收集起来，完成更多的工作，同时消耗更少的精力。此外，你还可以针对收集到的全部“材料”进行前期决策，为你的工作和生活制定出一套标准的事务处理模式。

然而，在你达到这个境界之前，你首先需要培养一个习惯：清除大脑中的全部事务。正如我们看到的那样，单纯的时间管理、信息管理或者优先事务管理都无法实现这一目标。毕竟：

- 你不可能通过管理时间，把5分钟变成6分钟。
- 你无法管理大量的信息，过量的信息只会被遗忘和忽视——否则，当你走进图书馆或者上网的时候，脑子非爆炸不可。
- 你无法管理事务的优先级，因为事务是否优先完全是你的主观决定。

事实上，管理你的行动是管理好你全部“材料”的关键所在。

> 开始就意味着成功了一半。
>
> ——希腊谚语

管理行动的重要性

你想利用自己的时间做什么事情？你要把获取的信息运用到哪件事情上？你要把有限的精力花费在哪件事情上？这些是人们分配有限资源的时候必须做出的选择。这些问题的本质是，在某个时间，你应该做什么。也就是说，我们要如何管理行动。

这似乎是显而易见的。然而，就你所关心的项目、事务、未尽事宜的具体行动来说，其数量之大往往会令你震惊，更别说那些有待识别和决定的方案了。实际上大部分人都有很多自己没有意识到的事务在等待他们完成。常常听到有人抱怨“我没有时间去……”，这是完全可以理解的，因为许多任务似乎势不可当地向你涌来。之所以有这种感觉，是因为没人能执行任务！你所能做到的仅仅是执行这个任务中的某一个具体行动步骤。在多数情况下，那些具体的行动步骤可能只需要一两分钟就可以完成，而正是这些不起眼的行动在推动整个任务的完成。

在培训成千上万名专业人士的实践中，我发现，他们的突出问题并不是缺乏时间（尽管他们自己这样认为）。问题的关键在于，他们无法断定到底要干些什么，下一步需要采取哪些行动。就像在用雷达监视敌情，你应该在发现异常的第一时间做出反应，而不能等到问题严重了才手忙脚乱地处理。认识到这一点，会让你在行动管理中受益颇丰。

> 事务极少会由于时间匮乏而受阻，它们陷入困境往往是由于未能预先明确下一步的行动而造成的。

搞定事项分为两类：（1）“已做好”（结果）和（2）“正在做”（行动）。对于大多数人的大多数关注对象而言，这些内容很难自行凸显。

采用自下而上的方法

经过多年的观察，我发现自下而上的工作方法——即从当前活动和任务的最底层入手来处理事务——对提高个人工作效率最具实用价值。一般观点认为，最恰当的做事方法应该是自上而下地进行处理：首先确定个人或组织的目标和前景，然后定义工作的主要目标，最后把焦点集中到实施计划的细节问题上。然而实际情况是，大多数人总是陷于日常繁杂的事务中难以脱身，进而严重阻碍了他们去集中精力总揽大局，所以自下而上的方法反而更加行之有效。

完全掌控各种事务（无论是文件夹中的还是脑海中的），并且采取一切有效方法保持这种清爽的状态，将成为拓宽视野的最佳途径。如此一来，你的创造力就获得了解放，它将更加有力地支持你着眼于新的高度，使你更有信心进行开拓创新。这是一种自由、舒展和精神振奋的奇妙感觉，只有采用自下而上的方法处理事务的人才能体会到。

一旦处理底层具体行动的做法融入你的日常事务处理模式中，你就为进行更高一级的思维活动做好了充分准备。事实上，在你的日常工作以外，有更多有价值的事情在等待你思考。但如果你在底层具体行动方面的控制管理能力不够的话，就很可能无暇旁顾了。这就像穿着宽大的泳衣游泳——你不得不用手提着泳裤防止它掉下去，根本无心抬头打量方向是否正确。

> 仅仅怀有对前景的展望是远远不够的，它必须与大胆的行为结合起来。仅仅靠双眼盯住阶梯是不够的，我们必须勇于跨上阶梯。
>
> ——瓦茨拉夫·哈维尔

我接触过许多经理人，他们在白天处理着各种繁杂琐碎的事务，到了晚上，头脑里仍塞满了对公司前景以及个人前途的考虑和展望。这是没有妥善地管理工作流程的必然结果。

对行动的横向管理和纵向管理

你需要从横向和纵向两个角度，来控制各种事务、项目和行动。横向控制是把你涉及的所有行动都管理起来，保证毫无遗漏地加以执行。这就好像是一部进行不间断、全方位扫描的雷达，它的对象是一天里任何一件能够吸引你关注的事项：药店、女儿的男朋友、董事会会议、玛萨姑妈、一条呼入短信、战略计划、午餐、办公室里枯萎的植物、一位抱怨不停的顾客、需要擦的皮鞋、你要去买邮票、构思明天的演示内容、存支票、预订旅馆、取消一次员工会议、晚上去看一场电影，等等。你也许会对自己在短短一天时间里需要考虑和处理如此之多的事情感到惊讶不已，因此，你需要配备一个完善的系统来辅助你记录这些事务，并在需要时及时给出必要的提示，从而确保你能够轻松、快速地将注意力从一件事情转移到另一件上。

相比之下，纵向控制则是对每个具体主题或项目进行思考和协调，并跟踪其进展情况。比如，吃晚饭时，你和你的配偶谈论起下一次度假，这时，你内心深处的“监控雷达”开始锁定这一信息——你们将去哪里，什么时候去，将做些什么，要做什么准备等；或者你的公司即将进行部门重组，你和老板需要商讨一些决策；或者你仅仅需要挑选一个日期，在那天给一位顾客打一个电话。从广义上讲，这就是“项目规划”，它的焦点聚集在某一事务、状况或某一个人身上，勾勒出执行过程中的一切（至少对目前来说）必要想法、细节、重要环节，以及事情的先后次序。

横向控制和纵向控制的目标是一致的：解除你的心理负担，并把事情做好。恰到好处的行动管理能让你轻松自如地游历于广阔的工作和生活天地中，同时，对项目的适度关注能让你彻底了解和掌控项目所需的具体环节。

最重要的技巧：把一切事务赶出大脑

如果你把所有事务都存储在大脑里，那么，你就无法真正地获得我承诺的那种轻松控制感。你将发现，这套方法中包含的那些行为和技巧是你早就掌握的。但与其他方法不同的是，必须将“材料”全部存入文件夹中，而不是遗留在大脑中。这套方法适用于一切事务——重大的或者微小的，私人的或者工作上的，突发的或者常规的，绝无例外。[1]

> 通常，盘踞在你脑中问题的数量与解决问题的效率成反比。

我想你可能有过这样的经历：当你的工作（比如某个庞大的项目）或者生活达到某一个阶段时，你需要坐下来平静一下，拿起纸和笔列出一张清单来帮助你进行分析和思考。然后，你会觉得生活或工作更有重点，也更容易掌控。如果你这样做过的话，对于我所讲的方法你就能有所体会。你的外部世界没有发生任何改变，而你对此感觉尚好。真正显著改变的，是你对待自身内部世界的方式。一旦你的头脑中涌现出具有潜在意义的事情，这种情形就会发生。然而，大多数人只有在生活、工作变得一团糟，令他们难以忍受、不得不采取措施时，才会开始草拟工作清单。尽管如此，这个清单通常情况下也仅仅涉及使他们备受折磨的那些具体问题。但是，如果你能够把这种做法转化为你现在生活和工作中运行模式的一种常态，并使之贯穿于你生活中的各个领域（不仅仅在处理“紧急情况”时如此），那么，你才算达到了我所描述的“心如止水”的境界。以我的经验来说，这个过程通常能完善我们的观点和经

① 并非真的绝无例外。我的大脑在大部分时间里处于“琢磨”状态——关注或思考事情，从而可能形成关于某种事物的成熟理解。我不会记下自己每天涌现的数以千计的想法。它们本身差不多都是完整的想法。正是这些想法构成了我头脑中的某种未尽事宜——我读到介绍资料后很想去品尝的那家餐馆，有关本书潜在修订内容的一个主意，我想为妻子做的某件事情，我要问会计师的一个问题，我要去五金店购买的一样东西，等等。

验。还等什么？

> 对一件事情不需要进行两次相同的思考，除非你喜欢重复思考。

在实际行动过程中，我尽量让自己凭直觉去挑选要采取的行动，而不是重新思考那些事务的来龙去脉。因为我早已对事务进行了周密严谨的斟酌，而所得的结果都是纯粹可执行的行动。所以我不会再次浪费时间进行思考，否则，就是徒劳无益地耗费创造力，徒增挫折和压力。

任何要办理的事务都需要你进行思考，这是无法回避的，你的大脑会紧紧地抓住那些未经思考的事情不放。但是，大脑负载这些未尽事宜的能力是有限度的，一旦超越了这个限度，它的思考效率就会急剧下降。

> 任何仅存在于内心的“将会、可能或应该”性质的承诺，都会造成非理性和无法排解的全天候压力。

大脑中肩负短期记忆的那部分组织——往往负责存储不完整、尚未决定和没有组织安排好的材料——其功能类似于个人计算机中的RAM（随机存储器）。你的意识就好像是计算机的CPU（中央处理器），是一个负责处理的工具，而不是一个存储场所。你每次只能考虑两三件事情。但是那些未处理完的事务仍然存储于短期记忆空间里。大脑保存材料的能力是有限的。要想让大脑高效工作，就像让CPU高速处理任务一样，必须保证RAM里的排队任务尽量减少。很多人终日忙忙碌碌，大脑的存储空间早已不堪重负。他们时常感到心神不宁、坐卧不安、执行能力减弱，这是因为在他们内心深处，超负荷的精神负担无时无刻不在侵扰他们的注意力。现在，认知科学方面的最新研究已经证实了这个结论。研究表明，因为缺乏可信赖的任务解决计划或系统，努力跟进我们承诺完成的事务会让精神不堪重负，并使得我们的思维过程受阻。

现在让我们暂停一下，审视一下你自己。在刚刚过去的几分钟里，你是不是已经走神儿了，脑子里冒出一些与你现在的阅读内容毫不相干的事情了？你的大脑很可能开了小差，跑到一些未处理完的事情上去了。这些事情从你大脑的RAM里一跃而起，冲着你大吼大叫。而你又是怎样做的呢？除非你把它记下来，放在一个可靠的收集工具中（“可靠”是因为你知道自己将很快回头处理这个问题），否则，它只会跟你纠缠不休，或者至少会加剧某种未被平息的紧张状况。那将导致最糟糕的结果：事情毫无进展，而压力徒然激增。

糟糕的是，你的大脑是个认真负责的器官，虽然你对某些事情感到无能为力、无可奈何，可你的大脑仍然会毫不懈怠地一个劲儿地提醒你。大脑中从来就不存在过去或者将来的概念，也就是说，一旦你告诉自己有些事情需要处理，并把这一信息传递到你的RAM中，那么大脑中的某些区域就会立即认定：你应该自始至终努力完成那件事情。对于任何你应该去解决的问题，大脑都会自动认为你应该立刻着手办理。一旦你把两件事同时放入大脑，那你就注定会失败，因为你根本无法同时对付它们。就这样，无孔不入的压力一下子冒了出来，而这种压力却常常会让你丈二和尚摸不着头脑，更别说顺利解决了。

> 思想上开小差，将是你最难战胜的敌人。
>
> **——萨莉·肯普顿**

大部分人处于这种精神状态的时间太久了，反而习以为常，殊不知这种状态是不正常的。就像万有引力无时不在，以至于万有引力的感受者们甚至意识不到引力的存在。只有当人们彻底摆脱了这种压力的束缚，获得一种完全不同的体验时，他们才可能认识到自己曾经承受着多么大的压力。这就像房间里持续存在的嗡嗡声，不停下来的话你根本注意不到它们。

那么，有摆脱这种压力和噪声的办法吗？当然有。以下章节将告诉你具体做法。

第 2 章 掌控生活：横向管理工作流程的 5 个步骤

轻松掌控知识工作的核心方法，是熟练掌握工作流程管理的 5 个阶段，这 5 个阶段也是我们经验的总结和体现。无论在什么情况下，我们在处理生活和工作中遇过的问题及持续发生的新事务和变化时都将经历这 5 个独立阶段。无论是私事还是公事，要想使事务处于你的控制之中，都需要经历这些阶段。而这些不同阶段各有其最佳方法和管理工具。它们必须作为一个整体发挥作用，你才能在复杂的工作环境中呈现出最佳状态，提高工作效率。这些管理方法不只限于“组织整理”或者“确定优先事项”，这些方法固然很好，但它们只是应用这 5 个阶段所获得的结果，而不是阶段本身。我即将描述的这些阶段应该作为一个整体发挥作用，它们所产生结果的便利性和挑战性将出乎你的意料。

别让生活成为你的拦路虎。

我们：（1）收集引起我们注意的事务和信息；（2）理清每个项目的意义和相关措施；（3）组织整理结果，提出选项；（4）进行思考回顾；（5）选择行动。这些阶段共同构成了我们生活中的横向管理系统，而且我们还可以随时向其中添加需要考虑的新事项。

> 只有在人类生活的主要领域，即人们训练自身反应、学习控制自身环境的过程中寻求自由的原则，才能得出有用的自由定义。
>
> ——沃尔特·李普曼

这些并非主观或纯粹理论性的建议，当我们想控制并稳定某些事情，令其发挥建设性作用时，大家都会这么做。如果你打算为朋友做顿饭，但到家时发现厨房一团糟，你会怎样处理？首先要确认摆放不到位的所有东西（收集）；决定保留什么，扔掉什么（理清）；把东西归位——放回冰箱、扔进垃圾箱，或放进水池（整理）；然后核对你的食谱，以及已有的食材和厨具（回顾），然后把黄油放进锅里融化，开始做饭（行动）。

这几个步骤的原理很简单。可能你没有察觉到，不过这确实就是我们习以为常的处理事情的方法。但是根据我的经验，大多数人在这5个阶段中，都还有很大的效率提升空间。我们对工作流程的管理包括了5个环节，并且管理的效果通常取决于这5个环节中最薄弱的一环。因此，除非所有环节都紧密结合，并按统一标准加以管理，否则，其最终效果将难以保证。

在生活和工作大背景下，大多数人都在管理工作的过程中效率严重低下，不过，在这个新世界带来的种种压力面前，这些不足之处正变得没那么突出。就在你阅读本书的时候，唾手可得的信息和不断发生的变化，使你的生活和工作变得更加复杂。只需打理杂乱的厨房，就能起到缓解作用！随着压力的增加，小疏漏会变成大问题。错过电子邮件、不履行承诺或是避免做决定都会扩大后果的影响力。由于相关待办事项数量不减，新任务的增加速度亦无放缓，如果不能掌握工作流程控制方法的话，无异于自讨苦吃。

大多数人在收集阶段存在着诸多纰漏。他们的大多数行动承诺只是想想罢了。人们的大脑会记录各种事务，包括必须做、应该做和想要做的事情，其数量之多超过了他们在其他任何地方所做的记录。

许多人收集了大量信息，但未能真正理清其中的内涵，也没能对于采取何种针对性行动（如果必要的话）做出决定。随处可见的随机清单，会议记录，以及贴在冰箱上、显示在电脑屏幕上或数字设备“任务”功能项下含糊的项目清单，实际上，这些清单上的待办事项并未付诸行动，并且会使人们变得麻木。这些清单本身制造的压力往往超过它们所能缓解的压力。

另一些人虽然及时做出了妥善的决定，但因未能有效组织整理相关成果，从而使其决定丧失了预想价值。他们确定应将某事告知老板，但这个决定只停留在他们的大脑深处，无法在适当的情形下以可靠的形式加以施展。

还有一些人虽然拥有良好的管理系统，但却未能持续回顾相关内容，以使其发挥作用。他们可能拥有各种有效的清单、计划和备忘录（通过收集、理清和组织生成），但未能及时对其进行更新或充分利用。许多人并不能持续跟进所要处理的重大事项，不能及时更新待办事项和截止日期，难免变成最后一分钟焦虑的受害人。

> 问问你自己："我需要以何种方式在何时将想法付诸行动？"你建立管理系统是为了让它发挥作用，而不是单纯为了拥有它。

最后，只要上述步骤出现任何一个薄弱环节，那么无论选择在哪个时间点采取的行动，都不甚理想。大多数关于行动和关注的决定都是由最新和最突出的事务促成的，并且是基于预期而不是信任度。人们有一种持续的不满足感，觉得自己所从事的事情不是自己应该做的，觉得自己"没时间"执行具有真正意义的关键行动，觉得自己无法理解有关无压力工作效率的重大实质性行动。

了解了这 5 个步骤的本质和相互关系后，还需要运用一些有效的技巧和工具，才能顺利完成各阶段的工作任务。我发现，如果将这 5 个步骤分开来做，会取得更好的效果。有时候，我只收集各种信息，而不做进一步处理。而有时，我又只进行分析和处理（比如利用会议后的间隙，整理会议笔记）。我还会利用长途旅行的路上时间，对收集和分析处理后的材料进行组织整理。还有一些时候，我会查看我的工作清单，回顾检查我的工作状况。很显然，大部分时间我都会充分利用起来，去做我该做的事情。

许多人无法把工作安排得井井有条，主要原因是他们试图一口气完成这 5 个阶段的工作。当他们坐下来开列工作清单时，大多数人试图按照重要性和紧急程度来罗列“最重要的事情”，但他们却没有拟订任何具体的行动方案。如果你因为某些事情（比如秘书的生日）目前“并非那么重要”，而暂时将它搁置一旁不做任何考虑，那么这件事就成了一个悬而未决的问题。而它也将时刻消磨你的精力，阻碍你集中精力思考那些真正重要的事情。

本章将从总体上阐述这 5 个阶段的内容。在第 4 章到第 8 章，会分别讲述各个阶段的内容。这些章节针对每一阶段介绍了具体的管理方法，并且附有大量经典案例和最佳实践。

收集

我们首先需要了解该收集哪些信息，以及如何有效地完成这一工作，这一点非常重要。只有这样，你才能有效进行下一步的处理。为了把大脑从那些低层次的、希望抓住一切事务的意识中解放出来，你必须（利用文件夹）百分之百地收集一切“未竟之事”或者至少决定去做的事情。而且在将来的某个时间，你还将处理和回顾这些“未竟之事”。

百分之百地收集一切“未竟之事”

你需要寻找和收集你的一切未竟之事，无论大小、轻重、缓急，只要是那些等待处理的、需要改进的、引起注意的事务，都要收集起来。

在你读到这里的时候，许多事务正处于收集之中。信箱里收到了有形和无形的新信件。你或许还在家里等着收取包裹和信件。你的文件夹里仍有有形邮件，你的数字设备里则有电子邮件、短信和语音邮件。但与此同时，你也正在从周围的环境中收集引起你注意的信息，并储存到自己的大脑，而且大脑还会不停地思考，时不时形成一些想法和主意，它们也需要你的关注。这些信息不像电子邮件那样醒目，但它们也是“材料”，需要用某种方法对其进行处理，所以也是收集的对象。比如，在记事簿上记录的某些决策，应该尽快付诸实施；在你书桌的抽屉里，某些不好用的文具需要修理一下或者干脆扔掉；在你的咖啡桌上，放着一些过期的杂志——这些全都属于“材料”的范畴。

一旦你给某项事务贴上“需要做”或者“应当做”的标签，它就变成了一件“未竟之事”。比如，如果你还在犹豫某件事是否需要完成或如何完成，那么它就是“未竟之事”。这包括全部的“我将要……”，也就是那些你已经有所计划，但是尚未付诸行动的事情。当然，未竟之事还包括所有正在处理中、尚未结束的事务，以及那些你已经实施但尚未最终确认完成的事务。

> 悬而未决的事务存在两个地方，即任务所处的实际位置和你的大脑。大脑中的未竟之事会折磨你的心志，从而分散你的注意力。
>
> ——卜拉马·库马里斯

为了正确管理这些“未竟之事”，你需要暂时把它们全部放入一个“存储器”中。等到有时间的时候再来确定它们到底是一些什么样的问题，需要如何处理和解决。为了确保这个收集工具的有效性，你必须定期清空这些“存储器”。

如果你将大脑也当作一个“存储器”来看待的话，那么很可能对你而言具有潜在意义的各种“未竟之事”现在就已经被你收集起来了。但是如果无法找到一个可靠的外部系统对它们进行直接管理，那这些事情必定会藏匿于你脑中的某个角落，并且无法定期有效清空。事实上，如果你没有把某项任务放入你的文件夹，那它就必定存在于你的大脑中。我们在这一阶段所要做的，正是要确保一切必要的事情统统得以收集，并且存储在你大脑之外的某个地方。

收集工具

有很多工具，无论其科技含量高低，均可用于收集那些未竟之事。下面列出的几种工具可以用于收集你的想法以及从外部获取的资料：

- 有形文件夹
- 纸质记事簿
- 电子记事簿
- 录音设备
- 电子邮件

有形文件夹

标准的塑料篮子，木制、皮革或金属编织的篮子，都是多年来最常见的、用于存放纸质和其他有形资料的工具，其他任何需要处理的物品也可以存放其中，如信件、杂志、会议记录、公司报告、票据、收据、存储卡、名片，甚至包括没电的手电筒！

书写用的纸张或记事簿

活页及装订式笔记本、卡片和便笺簿，都可以随时记录你的想法、搜罗来的信息，以及有待处理的事情等。只要能满足你的习惯和需要即可。

电子产品

计算机、平板电脑、智能手机和每天涌现的移动技术新设备都可以用来收集有待随后处理的信息，临时记录需要你记得处理的事情。

电子邮件和短信

如果你通过电子邮件和短信与外界保持联系，那么，你的计算机中会有一些区域，用于保存收到的信息和文件，以备日后浏览、阅读和处理。

组合使用

数字世界的演变增加了自动集成各类渠道的可能性。我们可以即时记录、确认纸张和白板上的书面笔记，然后将其输入存储系统。语音设备可以用来记录信息，可以对该信息进行数字化处理并打印出来。你可以通过移动设备给你的邮箱发送简短的邮件。

无论是否属于高科技，我所描述的所有工具和设备都可以视为工作篮，可以用来收集具有潜在重要性的信息、任务、想法和行动安排。

影响成功收集的因素

遗憾的是，仅仅有合适的收集工具，并不能保证顺利完成所有收集工作。大多数人都拥有某种形式的收集设备，但是，这些设备或多或少存在失控的情况，或者根本得不到充分利用。我们一起来看看成功收集的3个必要条件：

1. 每一件悬而未决的事情都必须存储在你的收集系统中，而不是在你的大脑里。
2. 你应该尽可能地控制收集工具的数量，越少越好，够用即可。
3. 你必须定期清空这些设备。

1. 把一切赶出你的大脑

如果你还在利用自己的大脑来追踪多个事务的进展，那么你自然会丧失使用和清空工作篮（或者其他收集工具）的动力。大多数人之所以并不把这些收集工具放在心上，是因为他们知道，这些工具所收集的事务并不完整。在他们的工作篮和大脑中，都存放着一部分未竟之事，因此，他们无法完全信任其中的任何一

> 清空你的大脑，这比清空你的胃更有好处。
>
> ——米歇尔·埃克姆·蒙田

个。这就导致他们的大脑处于两头兼顾、疲于奔命的状态之中。就像在漏洞百出的弹球台上玩弹球一样，弹球非常容易掉入洞里，让人根本没有兴趣继续玩下去。

应该让收集工具成为你生活方式的一部分。你应该尽量在身边保留这样的工具，这样一来，无论你身在何处，都可以记录下各种灵光一闪的想法。把它们视为你生活中不可或缺的一部分，就像你的钱包、驾驶执照或眼镜一样。确信不会遗失任何具有潜在用途的东西，这种感觉能让你天马行空地去构想更多好主意。

> 要么将所有事情留在头脑中，要么将其清空。如果走中间路线，两头都不可靠。

2. 尽量减少收集工具的数量

你需要多少个工作篮，就应该设置多少个，但要限制在你可以应付的最大数量以下。由于你需要收集的信息可能随时随地冒出来，因此，在任何情况下，你都需要能够发挥功效的收集工具。然而，如果收集工具的种类和数量过多，你可能无法对这些分散的信息进行妥善处理。

在高科技含量和低技术含量领域，很容易发生收集工具过剩的情况，尤其是那些低技术含量的工具（如记事簿和工作篮）更容易出现这类问题。比如别人给你的便条，就应该好好整理，而不是随心所欲地把它们堆在一起、夹在记事簿里或塞进抽屉中。其他类似的纸质和有形文件也应该井然有序地放进工作篮，而不能乱七八糟地堆积到各个角落里。在高科技领域，随着社交媒体、多样化的联网设备和无处不在的电子邮件纷纷涌现，需要进行评估和处理的潜在“材料”来源急剧增多。现在，人们往往有不止一个电子邮件账户，活跃于至少一个甚至多个社交媒体，并且同时操作众多数字设备。奇怪的是，数字革命使我们的生活更加便利，但大量随机产生的待处理的新问题，其积压趋势却在不断加剧，因此而感到焦虑的人数也在迅速增多。

随着生活和工作变得日益复杂烦琐，采用标准化的工具和手段来捕捉想法和信息就显得尤为重要。在你的职业生涯当中，你也许会发现，一些工作上的好点子往往不是在工作时间产生的（通常是在你休息的时候产生的）。如果能够利用高效的收集工具来辅助你的思考，那么你便获得了掌控自己世界的法宝。

> 通过最少的收集工具收集具有潜在意义的所有新事务，可以使你轻松审查并评估这些新事务的性质。

3. 定期清空收集工具

保证收集阶段成功的最后一个因素是显而易见的：如果不定期清空收集工具，处理里面盛放的“材料”，那么它只是一间装满杂乱资料的仓库。我们这里说到的清空并不意味着完成，这里并不要求你完成存放在语音信箱、电子邮箱或工作篮中的全部事务；其实，它仅仅要求你把资料从存储器中取出来，判定这些事情的实质是什么，应该采取什么具体行动才能推动它的发展，如果你无法立即完成它，那么把这些行动组织整理到你的系统中就行。千万不要把它丢弃，或者再次放回到工作篮中去！不清理你的工作篮，简直就和不倒垃圾桶和不处理邮箱一样——你只能不断购买新的容器，来盛放那些新产生的垃圾。

不过，为了定期完成工作篮的清理工作，你得有一个集成性的生活管理系统。如果没有有效的"输出"，工作篮（有形和数字的）里容纳的材料自然会堆积如山。一般来说，对于那些你无法立即处理的事情，把它们留在"工作篮"里以便给自己提个醒，这确实是简单易行的办法。（特别是对于纸质文件或者电子邮件之类的信息尤其方便。）但问题是，当工作篮（或电子收件箱）中存入过量的资料和信息时，就只会让你感到面临崩溃的危险，根本无法起到提醒的作用了。

> 阻碍任何事物的流动，会削弱在该领域的存在、更新和创造能力。

当你掌握了下一个阶段的技巧，学会如何轻松快捷地处理和安排那些乱七八糟的未竟之事时，"工作篮"就可以被顺利清空了。让我们一起来看一看，要怎么做才能在不立即完成具体工作的情况下，清空你的工作篮和电子邮箱吧！

理清

对于参加这个课程的所有人来说，我帮助他们所做出的最大改进，恐怕就是指导他们按部就班地对每一项工作进行思考，并最终清空他们的工作篮。当我与某家跨国公司一个主要部门的经理共同清空了她的“工作篮”以后，她坐在那里，感到前所未有的轻松。此前，她为了减轻大量会议带给她的繁重压力，便通过工作日程表来提醒自己会议日程，效果还不错。在我的帮助下，她对工作的其他方面也进行了归纳和整理，从而使自己工作的各个方面都变得井井有条了。现在，我们已把她需要提醒自己的行动和信息分门别类地逐个确定，并存入一个看得见、摸得到的具体系统中。

> 出错好过模棱两可。
>
> **——弗里曼·戴森**

对于你所收集到的每一封电子邮件和语音邮件、每一条备忘录或者每一个自然萌生的念头，你该如何处理呢？这是行动管理过程中的一个组成要素，它是整个个人组织整理体系的基础。许多人试图把一切安排得井井有条，但是他们却错误地直接整理那些收集到的、不完整的材料。你无法有效地组织和整理“材料”，你只能对它们进行收集和处理。分析和处理这些材料后产生的下一步行动，才是真正的组织整理的对象。在事务处理的工作流程图中（见下页图），处理和组织整理这两个阶段是整个过程的主干部分。

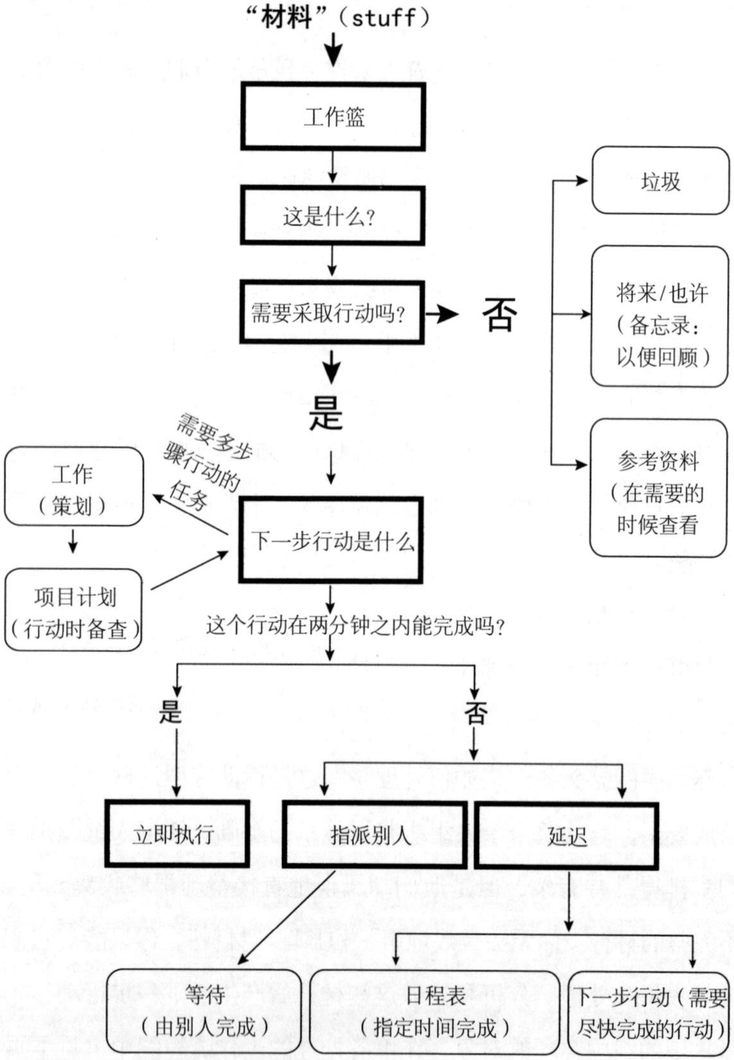
“材料”（stuff）
工作篮
这是什么？
需要采取行动吗？
否
垃圾
将来/也许（备忘录：以便回顾）
参考资料（在需要的时候查看
是
需要多步骤行动的任务
工作（策划）
项目计划（行动时备查）
下一步行动是什么
这个行动在两分钟之内能完成吗？
是
否
立即执行
指派别人
延迟
等待（由别人完成）
日程表（指定时间完成）
下一步行动（需要尽快完成的行动）

工作流程图——理清流程

它是什么？

这个问题并不愚蠢。我们前面已经讨论了收集工具以及收集的材料。但是，我们还没有讨论过这些材料到底是什么，需要我们如何处理。比如，我们从上级主管处接收的很多信息，往往因为含糊不清，很容易被我们的个人组织整理系统漏掉，我们是不是应该先搞清楚这些信息的含义呢？当我们收到人力资源部门发来的电子邮件，通知我们有关某某政策的某某情况时，我们是不是也需要先看清楚邮件内容？我曾经从客户堆积如山的文件中，挖掘出十多条有价值的信息，这仅仅是由于他们当时不愿意花上几秒钟的时间来搞清楚文件内容就随手一扔造成的。搞清楚了这个问题，我们也就可以了解下一步决策的重要性了。

是否需要采取行动？

对于这个问题有两种回答：是和否。

不需要采取行动 如果答案是“否”，也就是“它”不需要我们采取任何行动，那么就有三种可能的情况：

1. 无用的垃圾，根本没必要保留。
2. 目前不需要，但日后可能需要处理（孵化）。
3. 项目具有潜在有用信息，日后可能会派上用场（参考）。

这三种情况各有一套处理方法，我们将在后面的章节中详细介绍。就目前而言，对于要删除的东西，你需要的就是一个垃圾箱和删除键；对于那些需要在日后处理的事情，就将它们写在备忘录或者日程表中；对于那些有潜在价值的参考资料和信息，把它们放在一个完善的归档系统中保存就可以了。

需要采取行动 这一类材料需要我们亲自着手处理。典型例子可能是一封电子邮件，要求你提供拟在某个午餐会上发表的讲话概要；或者可能是与集团副总裁会面后放在工作篮中的备忘录，内容涉及聘请顾问这个重要的新项目。

面对这类需要着手处理的材料时，你必须决定两件事情：

1. 你承诺完成哪些工作？达成哪些目标？
2. 下一步需要采取什么行动？

如果它代表一个项目 如果手头的事情需要一系列的行动才能实现它的目标或结果，你就可以将其视为一个项目并将它列入“项目”清单中。这如同在地上树起一个树桩，不断提醒你有些目标尚未达成，直到全部完成。每周回顾一下这个清单（参见后文）会帮你想起这个尚未解决的问题。这些目标会一直保存在你的管理系统（而不是大脑）中，直到你达成或者放弃这个目标。

> 做事情时，并不需要花费很多心力，但是在决定做什么时，却要投入大量的精力。
>
> ——阿尔伯特·哈伯德

下一步要采取什么行动？ 对于你所收集到的任何材料来说，这都是一个关键的问题，如果你能

给出合适的答案，你便拥有了下一步组织整理工作的基本原料。“下一步行动”是指那些可执行、可操作的具体行动，并且只有将其完成之后才能推动整个事情向着既定目标发展。

“下一步行动”的几个例子：

- 给弗雷德打个电话，问他推荐的那家修理厂的电话号码。
- 起草预算会议的具体议程。
- 与安吉拉谈论我们需要建立的文件归档系统。
- 上网了解本地的水彩画课程。

这些都是需要我们实施的真实而具体的行动，这些行动的提示信息将对个人管理系统是否有效起到决定性作用。

立即执行、指派他人，或者延迟处理 一旦你决定了下一步行动，紧接着，你就会面临以下三种选择：

1. 立即执行。如果行动能在两分钟内完成，那么你就应该立刻执行。

2. 指派他人。如果处理这件事情需要花费的时间不止两分钟，那么，你应该问一问自己是不是解决这个问题的最佳人选。如果回答是否定的，那就委托给一个合适的人员去办理。

3. 延迟处理。如果预计花费的时间超过两分钟，而你又恰恰是最佳人选，那么这时，你就不得不推迟行动，把它记录在“下一步行动”清单上，等以后再来完成。

组织整理

在工作流程图的外围，是8个独立的处理方向，涵盖了处理“材料”后可能遇到的所有情况。将它们综合在一起，就构成了一个完整的系统。这个系统可以组织整理你的当前工作，也可以随时接纳新内容。

> 组织整理就是指事情所处的位置与其意义相匹配。

对于那些无须采取行动的事务，可以将它们丢入垃圾桶、保存为等待分析的资料或归档为参考资料。如果无须针对某事项采取行动，你可以把它当成垃圾丢掉，也可以“存入备忘录”以备日后再次评估，还可以归档保存起来以备日后随时查阅。对于那些可以付诸行动的事务，你则需要：一个项目清单、一个保存项目规划和资料的存储系统、一个日程表、一个下一步行动清单，以及一个等待清单（清单中包含的内容是那些等待别人完成的任务）。

由此可见，这8类事务都可以（而且也应该）分别放入几个客观存在的容器中。本书中我们将这种容器统称为“清单”，意思是可供人们经常查阅的一组提示信息。这个清单可能是纸质的备忘录手册，也可能是一个电脑程序，还可能是塞满纸质文件的文件夹。举个例子来说吧，一个当前项目清单，可以是活页记事本中写满个人目标的一页纸，可以是保存在某个软件应用程序的“任务”功能分类中的电子清单，或者是个贴着“项目清单”标签的塑料文件夹。提示信息（如“3 月 1 日后，与我的会计师联系，约定一次会面”）可以保存在书面形式的备忘录、“待办事项”文件夹或者电子日程表内。

项目

我是这样给项目下定义的：任何一个需要多个步骤才能完成的任务。这就意味着你的“项目清单”中会出现一些你以前不会视为项目的小事情。我对项目如此定义的根据是：如果某项工作不能一步完成的话，那么，你就需要建立某种机制来提醒自己还有事情尚未处理。如果你没有建立这样一个提醒机制的话，这件事情很有可能会回到你的大脑中，重新成为一个盘踞在你大脑中的悬而未决的问题，并时刻干扰你的工作。另外，我们也可以将项目视为一系列未竟之事。

项目清单的内容范例

安排新的董事会成员	研发合资视频项目
8 月份度假	聘用一名宣传人员
安排一次员工外出静思会	春季植物园
出版书籍	研究视频项目来源
完成计算机升级	确定明年的会议安排
更新遗嘱	达成就业协议

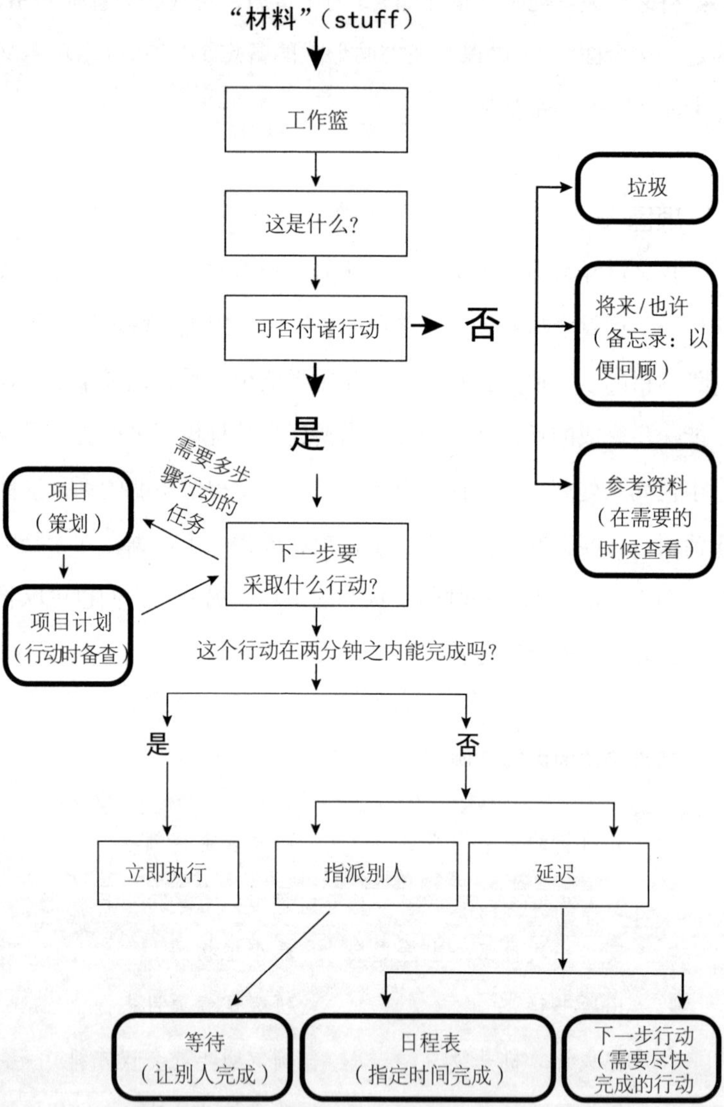
"材料"（stuff）
工作篮
这是什么？
可否付诸行动
否
垃圾
将来/也许（备忘录：以便回顾）
参考资料（在需要的时候查看）
是
需要多步骤行动的任务
项目（策划）
项目计划（行动时备查）
下一步要采取什么行动？
这个行动在两分钟之内能完成吗？
是
否
立即执行
指派别人
延迟
等待（让别人完成）
日程表（指定时间完成）
下一步行动（需要尽快完成的行动

工作流程图——组织整理

敲定预算	安装新的走廊照明灯具
完成新产品提议	添置一张新餐桌
学习新的CRM软件	玛丽亚进入中学读书

这些项目不需要从一开始就按照某种特殊的顺序（如规模或重要性）进行排列，你只需要把它们列在一张主清单上便足够了。这样你就可以经常回顾它们，以确保你针对每个项目制定出恰当的“下一步行动”方案。

事实上，你不可能直接执行一个项目，你所能执行的是与项目相关的下一步行动。当你完成了足够多的正确步骤以后，才能达成项目的预期目标。实际上，这个项目清单就是一份罗列了我们面前的各种终点线的实用手册，它保证我们所采取的每一步行动都能将事务朝着正确的方向推进。

或许你可以基于自己关注的不同领域将你负责的项目进行详细分类，但最好从一开始就创建一个囊括所有项目的总清单，这会便于你建立一个完善的管理系统，从而在日后的应用过程中更加得心应手。

项目的辅助性资料

通常，我们会为大部分项目积累大量的相关信息，这些信息都应当按照主题、题目或项目名称组织整理起来。这时，“项目”清单便成为一个索引。各个项目所对应的细节、计划、辅助资料都应该分门别类地存放于独立的文件夹中，或存入电子文档、笔记本或者活页文件夹中，以便你在处理各个项目时可以方便地查阅取用。

辅助性资料与参考资料 一旦你把项目的辅助性资料按照主题或者题目分类组织整理时，你会发现，它们与你的参考资料非常类似，甚至可以将它们一起保存在同一个系统中（例如，“婚礼”文件可以保存在常用参考资料文件夹中）。它们之间唯一的区别是，对于正在进行中的项目，那些项目的辅助资料可能需要更频繁地查询，以确保项目的顺利完成。

我通常建议人们将项目辅助性资料保存在视线之外的地方，但是，如果你拥有一个运行良好的参考文件归档系统，而且它就在你触手可及的地方，那么将项目资料保存在这个视线内的系统中会更加简易和高效。项目辅助性资料有时需要频繁查阅，将资料放在抬眼就可看到的地方会更加方便快捷。在这种情况下，这些纸质的资料通常可以放在桌面的文件筐里或者抽屉中。

荒谬的是，数字世界已经令参考和辅助材料的组织工作变得既简单又复杂。从某个地方捕获某些东西并将其复制到其他地方很容易，但是，由于我们可利用的材料保存位置过剩，加上他人或自己可利用的信息来源过多，要决定这些材料的去向可能没那么容易。最好的做法是尽量简化你的数字信息存储，并进行持续的回顾和清理。

下一步行动的归类

如同工作流程图所显示的那样，下一步行动的决策是最核心的环节。对于每一个悬而未决的问题，下一步行动都应当是可执行的、一目了然的、没有歧义的具体行动。

那些不到两分钟即可完成的工作和那些你早已完成的工作是已经过去的行动，你就没有必要继续跟踪了。需要紧追不放的是：那些将要在某一个特定时间或日期执行的行动（把它们记入你的日程表），那些需要尽快完成的行动（把它们添加到你的“下一步行动”清单中），以及那些等待他人去办理的事情（把这些纳入“等候”清单）。

日程表

行动的提示信息可以分为两类：一类是需要在某一指定日期或时间里执行的行动提示信息；另一类是应该尽快完成的行动提示信息。而日程表所负责记录的就是第一类行动提示信息。

你的日程表上应标注三种情况：

- 需要在指定时间执行的行动。
- 需要在指定日期执行的行动。
- 需要在指定日期获取的信息。

需要在指定时间执行的行动 这其实是给日程起了一个花里胡哨的别名。比如说，某项目的下一步行动是参加某日某时召开

的会议，你只需把它标注在日程表的对应时间点上就可以了。

需要在指定日期执行的行动 一些事情需要在某个特定的日期进行，但不一定非得苛求于某一个确定的时间。也许你告诉玛丽星期五会给她打电话，问问你给她的报告有没有问题。因为她星期四才可能拿到报告，而星期六又要出国，因此星期五是采取行动的最佳时机，但在这一天的哪个时间采取行动是无关紧要的。那么，只要标注在那一天的工作日历中就行了。所以，将指定时间的行动和指定日期的行动在日历中分开标注是非常实用的。

需要在指定日期获取的信息 有时候，你需要在特定的日期了解某些信息，但是并不一定要采取行动，这样的事情，也可以记录在日程表中，用以提醒自己。比如有关安排约会的注意事项，他人（家人或员工）的日程安排，或者是其他对你有用的信息。同时，你也可以在日程表中记载一些短期的提示信息，如提醒自己等某人度假回来以后，给他打个电话等。你也可以在此保存重要提示，在某个确定时间提醒某件事的最后期限，或者某件事需要在何时启动（若该事项尚未启动）。

不再需要“每日工作清单” 在我的做法中，只有上面那三种情况才被允许记录在日程表中，其他的一概免谈！我知道，这对于上世纪的时间管理方法来说，简直如同异端邪说。按照传统的时间管理方法，“每日工作清单”就是一剂百试不爽的灵丹妙药。但实际上，这种日程表嵌入型工作清单的收效却令人大失所望，这主要有以下两个原因。

首先，由于会不断出现新的问题需要处理，工作的重点也可能不断地转移，每天的工作安排也必将随之做出相应的调整，因此，人们不可能100%提前确定每日工作清单。制定一个工作清单作为工作参照自然是有益处的，但是，实际情况是这个工作清单可能不得不随时进行调整。如果你在日程表相应的日期处记录一串长长的任务，一旦无法执行，又不得不将它们的内容逐项重新抄录到另一个日期处，这未免有些令人泄气，同时也浪费了宝贵的时间。我提倡使用的“下一步行动”清单能够容纳所有行动的提示信息，甚至是那些有严格时间要求的行动。这样就避免了每天在日程表中重复抄写同样的任务了。

其次，如果日程表上的某一项工作不一定非要在这一天中完成，那么，它将对其他工作起到弱化作用，并造成一定的负面作用。比如说，我必须在星期五给某人打个电话（因为我只有在那一天才能找到她），然而同时，我又在那一天的日程安排中挤进了其他5个电话，它们无足轻重，也不存在严格的时间限制。如果那一天我忙得晕头转向的话，就可能把给某人打电话的事情给抛到九霄云外了。这样就必须让大脑提醒自己：这个电话必须要打，否则我不可能再有其他的机会了。依我看，日程表是一块神圣的领地。一旦在那里标记了某个行动，你就必须在那个特定的时间完成，而在别的时间则根本不用考虑这个行动。只有在约会本身发生变动的时候，才允许在日程表中进行相应的变更。

尽管如此，从你的“下一步行动”清单中挑选那些“如果我工作安排越有弹性，人们越能承担繁重的工作。

——迈克尔·麦格里菲，医学博士

有时间，一定会去做”的事项，然后为其创建一个便捷的非正式候选清单，这么做绝对没错。只不过不应将它和你的“必做事项”清单相混淆，而且这个清单应该便于处理，以便在当天发生不可避免的意外情形时，你能迅速对清单所列事项做出取舍或变更。

“下一步行动”清单

你所有的行动提示信息应该记在哪里呢？答案是“下一步行动”清单。它和日程表一起，构成每日行动管理组织和导向的核心结构。

任何已经确定的需要两分钟以上才能够完成，并且无法指派其他人完成的行动都应该记录在某个地方。“给吉姆·史密斯打电话，谈谈预算会议的事情”，“通过电子邮件把家人的最新情况告诉朋友们”，以及“为年度销售会议起草计划”都是这类行动。这些行动的提示信息需要在适当的列表或工作篮中加以保存，以便我们在日后完成。

如果这类行动的数量是 20 或 30 项，那么你完全可以把它们统统列进一个“下一步行动”清单中，这样你什么时候有空都可以浏览一遍。然而，对于我们大多数人而言，这类行动很可能会有 50~150 项之多。在这种情况下，把“下一步行动”进一步细分不失为一个明智的做法。比如当你有空且手头有电话时，你可以拿出要打的电话清单，或者当你在电脑旁边时，可以选择通过电脑来执行的任务。

> 任何事情都应该做到最简单，而不是相对简单。
>
> **——阿尔伯特·爱因斯坦**

无须付诸行动的事务

如同处理那些需要付诸行动的工作一样，对于一些不能够立即落实的事务，你同样需要一个组织良好、自成一体的系统。这个系统中的事务可以进一步划分为三类：垃圾、需要酝酿的资料和参考资料。

垃圾

对垃圾的处理不用多说，一切没有行动价值或者参考价值的东西都应统统扔掉、粉碎或回收。如果你继续保留这些东西并与其他资料混在一起，那么这些垃圾就只会对系统的正常运转和环境清晰度造成损害。

需要酝酿的资料

除了垃圾以外，还存在其他两类情况。它们无须立即投入行动，但是你仍然希望保存这些材料。再重申一次，把那些不必立即付诸实施的事情与需要尽快解决的问题区分开来是至关重要的。

否则，面对堆积如山的工作，你会逐渐变得束手无策，不知道该从哪里切入，或者不知道要做些什么。

当你浏览一个新闻稿时，偶然获得了一点启发，但是你不打算立即执行，而是在以后的某个时间里再付诸行动。而你也希望今后能够再一次得到提醒，以便日后再评估行动方案。或者你注意到本地交响乐团的演出季节即将开始，而且你发现自己对演出的曲目颇有兴趣，但是距离演出还有 4 个月的时间——时间太长了，不可能立即确定行动（你还无法确定 4 个月后的行程安排）。但是，如果到那时你还留在城里，你很可能会去观看演出。在这种情形下，你应该怎么办呢？

目前，有两种酝酿工具可以应付这一局面，即“将来/也许”清单和备忘录系统。

“将来/也许”清单 这类清单可以用于保存一些目前你不打算实施，但又希望在将来某个时候处理的工作。拥有这样一个清单不仅具有实用价值，而且令人备受鼓舞。这就好比是一座“停车场”，用来保存那些你当前无法处理，却又不打算彻底遗忘的事情。这样一来，你就会定期得到提醒。

比较典型的“将来/也许”清单

弄一条帆船	建造一座酒窖
学习西班牙语	到托斯卡纳待一个月
学习水彩画课程	创建自己的网页

翻修厨房	为孩子们建立一个基金
建造一座健身游泳池	买钢琴
乘热气球	出版我的回忆录
获得潜水认证	举办一次邻里聚会
跳探戈舞	建造一个锦鲤池塘
学习制陶	

这些项目属于这一类："这是我希望去做的项目，但不是现在……不过我希望能经常收到提醒"。如果你想最充分地利用这类清单，你就得经常回顾清单上的内容。我建议你在"每周回顾"（见后文）时浏览相关内容。

你或许还有类似于"将来/也许"类型的其他清单，上面所列内容可能只需你在有意采取行动时加以回顾。例如下列清单事项：

- 想要读的书
- 要品尝的葡萄酒
- 要尝试的食谱
- 想租借的影片
- 打算在周末参加的外出旅行
- 孩子们想做的事情
- 打算参加的研讨会
- 网站冲浪

这类提示可以大大拓宽“将来/也许”清单上所列事项的选择范围。拥有一个可方便制作临时项目清单的管理工具是很值得的。

“备忘录”文件夹 第二类应该纳入备忘录的内容，是你不愿意去做的事情，或者需要在未来某个指定时间之前持续收到提醒的事情。在保存备查资料的所有工具中，堪称上品的当属“备忘录”。有时，我们也称之为“悬而未决”或者“有待继续跟进”文件夹。实际上，有了这个系统，你就可以在未来的某个时刻收到提醒。

你的工作日程表也发挥着相同的功效。比如，日程表在3月15日处提醒你还有一个月就该交税了，或者在9月12日那里记录着6周后芭蕾舞团将在市内剧院上演《天鹅湖》。

在第7章，你将会看到更详尽的介绍。

参考资料

你收集的很多资料并不要求你付诸任何行动，但是它们都是具有重要价值的信息。你希望保存这些信息，并能在需要时进行查看，所以你可以先把这些信息以书面或者电子形式加以保存。

书面形式的资料——可以是当地一家餐馆的外卖菜单，也可以是一项环境美化工程的计划书、某些草图或者供应商信息——最好存储在一个有效的有形或无形的收集装置中。这些装置形式多样，你可以用一个活页夹或几页笔记，来记录你所偏爱的一些饭馆的名字或者学校委员会成员的电话号码，也可以启用整个文件柜来存放有关公司合并的一切资料。尽管越来越多的信息是以数字形式显示，但有时打印版本仍是有效的存储和查看形式。

电子存储器的种类更是包罗万象，可以是基于云计算的数据存储，也可以是通信软件中的存档文件夹。

这里要特别提醒的是，保存的参考资料要能够在需要时毫不费力地查寻到。一般情况下，参考资料系统有两种形式：（1）按特定主题或特定领域分类存储的系统；（2）一般性参考资料归档系统。第一种通常按照资料的内容进行分类保存——比如，某个文件夹专门用来存放按日期顺序排列的合同文本，而另一个文件夹仅用于保存有关雇员赔偿问题的机密文件；还有几个文件柜专门用于保存已经了结的法律案件档案，以便日后查阅；另外，还保存有面向客户的客户关系管理（CRM）数据库和历史展望资料。

一般性参考资料归档系统 参考资料系统的第二种形式，是将资料保存在触手可及的地方，常备几个文件夹用于收集那些没有指定类别的信息。你总是需要有一个地方来存放厨具的使用说明手册、某个特定工程的手写会议记录，以及你上一次去东京旅行结束时没来得及兑换的几个日元（下次去时还可以使用）。

对于个人行动管理系统来说，一个不能高效运行的一般性参考资料归档系统，通常会成为整个系统的最大瓶颈。如果归档的程序烦琐而缓慢（甚至枯燥乏味），那么，你很可能不会对参考资料进行存档，而只是堆叠放置在某个位置，或以电子形式积压在数字设备中，而不对其进行妥善处理。如果你没有给参考资料设定清晰可辨的界线，那就无法区分哪些是可以采取行动的事件，哪些是暂时无法处理的工作。大脑在面对这种局面时，会失去正常的思考能力，变得混沌麻木。因此，针对这类资料建立一个运行良好的系统，将是我们推行轻松高效行事方法的一个重要保障。我们将在第 7 章详细阐述。

回顾

在纸上记下你“需要牛奶”是一回事，而在商店里回想起“需要牛奶”就是另一回事了。同样，把“给朋友打电话，询问他在经历某件人生大事之后的情况并表示祝福”记录下来，有别于当你守着一部电话无事可做的时候，唤起对此事的回忆。

你需要每隔一段时间，全面回顾自己的总体生活和工作情况，并对拟采取的具体行动进行详细检查。对于大多数人而言，工作流程管理方法的神奇之处恰恰就是在不断对过去进行回顾的过程中体现出来的。也就是说，你至少需要每周浏览一次那些未完善的工作和悬而未决的问题，这非常重要。在后文中，我将其称为“1 楼视野”（见下文）。你应该把握住这个机会，快速地清理自己面临的行动和抉择，以便从根本上对需要在某个时间处理的工作给出有效判断。

你的生活比任何单一系统的描述或归纳都更复杂，但是，GTD 方法创建了一个保存关键要素的相关模型，你需要关注并持续更新这个模型，并以适当的方式对其进行检查。大多数人都会在各种地方记录这类简单要素，但其内容和效用都是基础性的。

回顾的内容和时机

如果你按照我所推荐的方法建立起个人的组织整理系统，那么拥有一个“项目”清单、一个日程表、“下一步行动”清单（一个或多个）和一个“等待处理”清单就是回顾的全部内容。

这其中，浏览最为频繁的大概要数日程表了，它会提醒你这一天里的“必做任务”（当天必须处理的事情）。这并不意味着这些写入日程表的事情就是最为“重要”的，其实，它们只不过是必须在当天完成的事情。在任何时候，只有在对不得不完成的事情和其要求的时间都了如指掌的情况下，你才有可能更加机动灵活地安排其他工作。处理日程表的最好方式是，将上面罗列的任务（如开会、打电话、完成到期报表的最终稿等）逐项完成，不要遗漏。

完成了对日程表的查看以后，就该转向你的“下一步行动”清单了。这类清单的内容是一些预先确定下来的具体行动，一旦时间允许就应该予以实施。如果你将这些任务按照不同情境编入不同的清单（比如“在家里”、“在电脑旁”、“与领导开会时”），这样一来，遇到合适的情境就可以按照对应的清单来完成行动了。

对于“项目”、“等待处理”和“将来/也许”清单，根据你的

根据你的需要，以必要的频率回顾你所列出、概括的任何事项和规划图，把相关内容赶出你的大脑。

需要进行定期查阅，只要能保证你不会在心中对其中的内容念念不忘就行，因为那会影响你的工作效率。

成功的关键因素：每周回顾

一切需要采取行动的事情，我们都应当对其进行定期的回顾，以使我们的大脑不再花费精力来记忆和回想这些事情。我们无时无刻不在凭借我们的直觉对某些行动做出快速的判断，要保证这些判断的正确性，我们也必须有机会从更高的角度俯看全局。根据我的经验（这也是成千上万人总结出来的经验），使这些事项转化为行动的关键就是：每周回顾。

生活中的大多数事务之间都存在复杂的联系。如果不考虑这种联系而一味孤立地处理问题，肯定无法得到满意的结果。

——詹姆斯·费尼莫尔·库珀

所有悬而未决的事务："项目"清单（包括现行项目规划）、"下一步行动"、"议事日程"、"等待处理"，甚至"将来/也许"清单，都应该每周回顾一次。你自己也同时得到一次机会，确认大脑中无牵无挂，而且过去几天中的零星琐事已经统统被收集、处理并组织起来了。

如果你同大多数人一样，那你就会有这样的体验：在经过几天特别忙碌的工作之后，你对周围的工作就可能失去了控制。这没有什么值得大惊小怪的，但是，随着你始终保持忙碌状态，这种状况会持续加剧。你当然没有必要为了保证整个系统的井然有序，而随时中断手头上正在进行的工作。但是，为了保证整个系统健康正常地运转，你确实需要清理房间，每周更新一次内容。

每周回顾应该完成以下任务：

- 收集和加工处理所有的“材料”。
- 回顾整个系统。
- 更新各类清单。
- 做到彻底、清楚、实时和完整。

大多数人并未真正拥有一个完善的、没有疏漏的系统，他们之所以无法从回顾中真正有所收获，正是因为他们无法做到总揽全局。他们总是模糊地感觉好像还有些事情被漏掉了。而一个完善的系统，将形成一个良性循环：你建立的系统越完备，你就越信赖它；你越信赖它，你就越有坚持运行这个系统的内在动力，而每周回顾则是保持系统完善性的关键步骤。

> 你必须想办法清空自己的大脑。

大多数人在年假开始的前一个星期里，总是感觉事事遂心，但这并不是因为他们要去度假。你在远游出行之前的一周里会做些什么呢？你会彻底清理一切琐碎事务，能了结的就了结，并且会重新协调部署各种安排。只有这么做，你才能在休闲时心无旁骛，才能轻松地在海滩、高尔夫球场或者山坡上放松身心。在这里，我建议你每周做一次这样的清理工作，而不是每年一次，以便将这种“活在当下”的状态带入你的日常生活中。

执行

> 每一个行动决策都是凭直觉做出的。问题在于，如何从希望这个选择是正确的过渡到对它的正确性深信不疑。

这个工作流程管理系统的基本目标是，为你任何时候所能做出的正确选择提供支持。星期一上午10点33分，你正在犹豫是给桑迪打个电话处理某个提案，还是清理你的电子邮件呢？一切跟着感觉走。但是，如果事前已做了计划，你对自己的决定就会表现出十足的信心。你对自己行动的态度将从期望升级为信任，由此将大大提高你行动的速度和效力。

选择行动方案的三种方法

让我们假设一下，出于安全考虑或者是怕耽搁工作，你对所有的“事情”都可能抱着来者不拒的态度。因此，在你面前总是摆放着一份长长的事务清单，而你总是找不到充足的时间来处理。在这种情况下，你是如何决定做哪些工作和不做哪些工作的呢？

答案是：靠你自己的直觉。如果你面前的事务都经过了收集、处理、组织整理和回顾这几大步骤，那么，你就已经完成了对工作和自身价值的全面思考，这会在无形中大大激发和强化你的感性判断。

我已经建立起三种选择模式，可以对你的决策过程有所帮助。它们不会直接告诉你以下问题的答案：你是否应该给马里奥打一个电话，是否需要给上学的儿子发一封电子邮件，或者是否去跟你的秘书进行一次非正式谈话。但是，它们将帮你进行更加明智的决策，而这正是那些简单的时间管理法和优先事务管理法做不到的。

1. 确定某一时刻具体行动的“四标准法”

在星期三下午 3 点 22 分时，你如何选择下一步行动呢？这个时候，你可以按顺序采用下面四个标准：情境、有多少时间、有多少精力和重要性。

前三个标准描述了你每次采取行动的制约因素，第四个标准则是评估行动的价值大小。

情境 每时每刻，你都受限于自己的行动能力。只有很少一部分事情对地点没有特别要求（像拿一支钢笔和一张纸就可起草对一个项目的想法），但是，大多数事情都只能在特定的地点完成（在家或办公室），或者需要借助某些特定的工具（如一部电话、一台电脑），而这正是限制我们行动选择的首要因素。

有多少时间 你所能支配的时间长短也是一个重要的限制因素。如果 5 分钟后你就必须去开会，你现在就不可能去执行那些

> 事情总是多得做不完，你可以每次只做一件事。无论是否已经采取行动，关键在于使自己保持良好的状态。

耗时更久的行动。

有多少精力 你有多少精力呢？某些事情需要你头脑清醒、思路清晰、富于创造力，而另一些则要求你具备充沛的体力。还有一些事情则对这两方面都没有特别要求。

重要性 当你考虑了情境、时间、精力这三个条件后，最后你就要判断哪个行动选项会给你最高的回报了。现在，你有1个小时的时间，你坐在办公室里守着电话和电脑，你的精力指数为7.3（最高为10）。你应该做些什么呢？给客户回一个电话？考虑一下新的提案？处理一下语音信箱里的留言和电子邮件？或者联系一下你的配偶，看看她/他这一天过得怎么样？

这时，你可以借助你的直觉，并依赖你此时此刻的判断力。为了进一步探究这个问题，我们再来讨论一下另外两种模式，看一看怎样找到目前最重要的事情。

2. 确认每日工作的“三分类法”

当你着手处理事务，也就是人们在一般情况下提到的“工作”时，你可能是在从事以下3种不同类型的活动：

- 执行事先安排好的工作。
- 处理突发事件。

- 安排自己的工作。

执行事先安排好的工作 当你执行事先安排好的工作时，你实际上是在按照“下一步行动”清单和日程表，不断地向前推进着去落实那些你早已经确定了的行动，或者控制工作流程的运转。例如，按照电话清单拨打电话，记录头脑风暴的成果，参加会议，或者起草要同律师磋商的问题清单。

处理突发事件 通常会有一些预料之外的事情突然冒出来，你可能不得不放下手头的工作来应对这些紧急情况。例如，你的合作伙伴走进了你的办公室，希望同你谈一谈新产品发布的安排情况，结果你就放下手头正在处理的工作同她聊了起来。每天你都会碰到一些突发事件，你肯定会为此付出一定的时间和精力。但如果你转而处理这些突发事件，那就证明你认为这些事情要比你此时必须完成的那些工作更加重要。

安排自己的工作 安排你的工作，这包括清空你的工作篮，处理你的语音信息和电子邮件，整理你的会议记录，并把一项项新工作分解成多项具体的、可操作的行动。在你加工这些信息的过程中，毫无疑问，你随手解决了那些用不了两分钟就可以完成的事情（处理突发事件的另一种形式），同时把其他事情分类归档。在这个过程中，相当大的一部分工作是明确那些需要去做，但不能立刻执行的行动，并将它们分门别类地编入你的行动清单。

一旦你完成了对工作的安排，你也就完成了行动清单的更新。

有了这些行动清单，再根据情境、时间、精力进行筛选，你就能得出需要着手处理的具体任务了。

最后，我们还要考虑的问题是：工作的实质是什么，工作的目标和完成的标准又是什么呢？

3. 总体检视工作的“六层次法”

事情的重要性是决定你行动选择的基本根据。但是，并没有一个可靠的模型或工具能够帮你确定实际工作中各项任务的优先级别。为了明确到底哪些工作才是最重要的，我们必须首先搞懂我们工作到底是为了什么。至少可以从六个不同的层次对此进行审视。我们可以用视野即知觉距离的概念进行类比。就像从一幢建筑物里往外看，你会在不同的楼层看到不同的景象。

- 5 楼视野：目的和原则。
- 4 楼视野：愿景。
- 3 楼视野：目标。
- 2 楼视野：关注点及责任范围。
- 1 楼视野：当前项目。
- 地面：当前行动。

让我们由下至上入手。

地面：当前行动 在你的行动清单上，堆积着需要处理的一切事务：所有你需要打的电话，所有等待回复的电子邮件，所有

要外出处理的事情，还有你打算向老板汇报的日程安排，以及希望同生活伴侣交流的信息。即使地球停止转动、你不再接收更多的任务和信息，你大概也要处理超过 100 件这样的事项。

1 楼视野：当前项目 当前需要完成的工作，通常数量在 30~100 项之间。这些都是你希望在相当短的时间内取得成效的事情。例如，为家里购置一台电脑，组织一次销售会议，把公司总部迁往新址，去看牙医等。

2 楼视野：关注点及责任范围 你的兴趣及承担的责任和义务，让你承担了之前的各种工作。在生活和工作的重点领域里，你希望各个方面都能取得一定的成果或者保持一定水准。在工作方面，你的责任可能包括若干方面，如战略计划、行政支持、员工培训、市场调研、客户服务或者资产管理。此外，你的个人生活中也有很多领域需要你关注：健康、家庭、财务收支、住宅环境、宗教信仰、娱乐休闲等。这些并不是必须完成的事项，可以将其作为评估我们的经验和行动的标准，以使我们在工作和生活方面保持均衡和可持续发展。将这些责任和义务一并诉诸文字，并经常回顾检视，将有助于你更加全面地对自己的项目清单进行分析和评估。

> 完成你的项目，履行你的义务，兑现你的承诺——然后，你的潜意识和意识都会获得成功，从而令你获得满足感、自尊感和唯一感。
>
> ——约翰·罗杰

3 楼视野：目标 在生活的不同领域，你希望有哪些新的体验？通过 1~2 年的努力，要为自己的工

作开创一个什么样的新局面？随着一些新的责任和义务的产生，你需要经常调整自己的工作重心，以完成所制定的目标。在个人生活领域，情况也大同小异，你希望某些事情尽快完成，这将增加你对生活中某些方面的关注，同时减少对其他方面的关注。

4楼视野：愿景 展望未来3~5年的发展前景，你必定会从一个更加广阔的角度着眼：管理策略、周边环境发展的趋势、事业和生活转变的条件。内在的因素包括事业、家庭、财务以及生活质量诉求和考量方面的长期目标；外部因素包括技术进步、全球化进程、市场趋势及竞争等，这些势必都会影响到你的工作和组织整理方法。而在这一层面的决策将会影响前述各个层面的内容。

5楼视野：目的及原则 这就是我们整个生活的全景。你的公司为何存在？你自己为何存在？你真正在乎的事情是什么？事物的核心意义会指明它的发展方向。本层是整个检视系统的最高层，是生活的终极指南。你制定的所有目标、前景展望、规划、行动都由此决定，也都为此服务。

以上这种在高度方面的类比多少有些主观。在现实中经常出现的关于生活或工作的重要话题，可能无法准确地划入上面描述的某一个具体层次，然而，这种多层次的思考方法会为你提供一个有效的思维框架，帮助你认识你的义务和责任都具有多个层面的本质。

显而易见，如果你希望对工作的实质以及落实的时机做出准确的判断和决策，那么，你就必须考虑大量因素。

> 每一分钟、每一天你都无暇思考。你需要深思熟虑。

从传统意义上讲，“确立事务重要性的先后顺序”主要聚焦于你的长远目标和价值取向上。尽管这一环节是一个极其必要的工作，但是，它对于我们日复一日接触到的、数量巨大的决策和任务而言，并不能提供一个具有现实指导意义的管理框架。只有从各个层面入手，全面地掌控你的工作流程，才能为你提供一个更加全面的、令人精神振奋的事务管理方法。

本书的第二部分将会提供一些具体的训练指导，并帮助大家学习如何运用这三种方法来指导你选择行动，以及如何发挥收集材料、加工处理、组织整理和回顾检查这几个环节的最佳功效，以使大家早日达到事业和生活的巅峰。

第3章
控制项目：纵向管理项目的5个阶段

轻松自如地控制一切的关键是：（1）明确判定工作的预期结果（目标）以及为实现目标所需要执行的下一步具体行动；（2）把一切尚待解决的工作的提示信息安置在一个完善可靠的系统中，并定期回顾和审阅。这就是我所说的“横向”管理的重点。尽管这种方法看起来极其简单，但是，在实际操作中却会产生深远的影响。

强化“纵向”工作

在大多数情况下和大部分时间里，你仅仅需要“横向”管理。然而，有时为了更严格地控制某一个项目、找出解决方案或者确保行动方案切实可行，你需要将精力聚焦在某个项目上，这就是我们所说的“纵向”管理。了解如何进行“纵向”思考，并将思考结果有效融入你的个人管理体系中，这就是知识工作所需要的当你着手处理平凡琐事的时候，必须着眼于大局，这样一来，所有的烦琐小事才能够沿着正确的方向发展。

——阿尔文·托夫勒

第二套强有力的行为模式。

这种“纵向”思考的方式并不要求详尽周密。你所需要做的就是非正式思考，我把它称为“简式计划”（又称“信封背面的计划”）——当你在咖啡馆里与同事讨论你们的日程安排或销售报告时，可能会随手将想到的事情罗列在信封的背面或餐巾纸上。根据我的经验，考虑到你所投入的精力，这种计划方式的投入产出比最高。当然，正式的计划和整理也是有必要的，它能让你理清事件的要素，及要素之间的相互关联和重要程度。正式的计划不但更适合于应对复杂的情况，而且也易于对工作进行更加详尽的规划。比如下面这些情况，正式的项目规划就非常必要：团队成员需要相互配合，协同完成同一项目中的不同工作；你需要起草一份令人信服的计划书，以便向投资者说明你对当前的工作进展胸有成竹。但是一般来说，一支笔和一张纸就足以让你发挥自己的创造力了。

我注意到，在各行各业中，人们在对工作进行思考的时候，最需要的并不是那些正规的模式。一般来说，需要用到这些模式的人早就进行过这方面的学习，或者已经把它们纳入自己的学习计划或工作日程之中了。其实，在人们进行工作策划和思考的时候，最缺乏的恰恰是那些不怎么正规的方式。正式的计划讨论会议和功能强大的辅助工具（例如项目管理软件）对人们当然大有帮助，但是，参加会议讨论的人往往还需要开另一个会议——一个“简式计划”式的会议——才能在真正意义上充实这个工作计划，并将其置于控制之下。即使会议非常正规、组织有序，也往往会遗漏一些关键性的问题，比如“为什么某项工作要放在第一位执行”。在这些会议上，人们也没有充裕的时间来进行头脑风暴（发表独创性的见解），而恰恰是那些意想不到的主意和点子，才会使整个项目更吸引人、更有价值，也更有趣。最后，在这种正式的会议上，人们很少对项目进展各个阶段的具体行动方案进行规划，并且项目各方的责任往往也很难界定清楚。

> 我们的最终目标是把各种工作和情况赶出你的大脑，但决不丢弃任何具有潜在价值的想法。

好消息是，有这样一种思考方式，在面对各种工作、环境和主题时，都能以最小的消耗创造最高的价值。当我们为了达到预期结果而试图控制或执行某个项目时，我们通常都会采用这种自然计划模式。根据我的经验，人们计划得越深入，形式越随意自然，效果就越理想，同时，也越能释放更多的压力。

自然计划模式

世界上那个才华横溢、最具创造力的计划者，就是与你朝夕相处的大脑。实际上，你自己就是一台生产计划的机器。当你穿衣、吃午饭、购物，或者是在与人侃侃而谈时，你的大脑都在一刻不停地盘算着。尽管其过程可能毫无章法可言，但事实上在大脑闪现出任何一个具体的方案之前，一些相当复杂的步骤就已经抢先登场了。人的大脑在面对任何一项任务的时候，都要经过5个步骤：

1. 定义目标和原则。
2. 展望结果。
3. 头脑风暴/集思广益。
4. 组织整理。
5. 明确下一步的行动方案。

世界上经验最丰富的计划者就是你的大脑。

一个简单的事例：计划出去吃饭

你上一次出去吃饭时，最初的动机是什么？原因可能有很多：因为饥肠辘辘，或是朋友之间的社交活动，为了庆祝某一个特殊的日子，签订一笔生意的合同，又或是为了谈情说爱。只要是出于上述的某一个原因，你就可以马上开始进行计划了。你的意愿就是你的目标，它自然而然地启动了你内心深处的计划过程。同时，你的原则规定了你所做计划的界限。可能你自己并未意识到外出就餐原则的存在，但是你的思维却从来没有逾越这些原则：食物和服务的标准、支付能力、方便程度以及舒适度。无论如何，在制订计划时，你的目标就是你的动机，而原则又限定了你的计划。

一旦做出决定要实现这一目标，那么首先进入你脑海的实质性问题是什么呢？恐怕不是“计划、第二部分、第1点、第3小点”吧。你的第一批想法很可能是这样的事情，如“在餐厅吃意大利风味的晚餐”，或者“在比斯特罗咖啡馆街边的桌旁坐一坐”。你很可能还会想象出晚餐时的一些美好体验，或者设想一下晚餐的结局，也许你还想到了共同吃饭的人、就餐气氛什么的，这就是你的结果展望。当外出就餐的原因成为你的目标时，对晚餐进行的种种想象就是你的展望。

一旦认同了这种展望，你的大脑便会自然而然地开始想一些问题：我们应该几点出发？这家餐馆今天晚上营业吗？人会不会很多？天气怎么样？是不是应该换身衣服？汽油还够吗？现在饿不饿？这就是头脑风暴。一旦承诺要达到某一目标，那么在达到之前，你就会身不由己地向自己接二连三地发问。这些问题是这个创造性过程的一个组成部分。当大脑意识到在你设定的目标和你目前的状况之间存在着一定的差距时，它会千方百计地弥补这一差距，以消除这种“认知失调”。这就是自然计划法中“如何……”这一思考阶段的起始点。但是，这种思考模式显示出了一定的随意性，因为你会想到有关外出就餐的方方面面的事情。当然，你不一定把所有浮现在脑海里的事情逐一地写入“简式计划”，但是，你的大脑确实经历了类似的过程。①

① 如果你最要好的朋友最近取得了成功，而你负责为此举办一个庆祝活动，那么你头脑中可能浮现出各种复杂烦琐的细节问题，而这就在一定程度上印证了“信封背面”式思维的价值。

一旦头脑里装满了大量的想法和细节，你也就不由自主地开始了组织整理的工作。你可能会这样想，“首先，我们需要弄清楚那家餐厅是否营业”，或者“我们给安德森一家打个电话，看看他们是否愿意同我们一起出去吃晚饭”。一旦你对相关的结果产生了各式各样的想法，大脑就将自动根据事情的组成要素、重要程度和事件发展的先后顺序，分门别类地进行归纳整理。组成要素是指“我们要考虑出行、人员和地点方面的事宜”，重要程度是指“搞清楚大家是否愿意外出就餐是非常关键的”，先后顺序是指“首先，我们需要确认那家餐厅是否营业，然后给安德森一家打电话，接着更衣准备外出”。就其本质而言，这正是包含挑战、比较和评估的自然规划过程。事项的优越性、重要性和紧迫性的凸显是非常自然的过程。

> 理性思维的关键是更加理性的思考。

最后（假如你决定要进行这个项目——以出去吃晚饭为例），为了确认首要的因素，你需要把注意力放在具体的下一步行动上。“给巴黎红咖啡馆打个电话，问问那里是否开门，然后预订一下座位。”

每天你无论做什么事情，都会不可避免地遇到工作计划中的这5个阶段。这就是你发挥主观能动性的途径：一顿晚餐、一个轻松愉快的夜晚、一款新产品的发布，或者筹建一家新公司。你的内心充满了促成某一件事情的冲动；你设想着可能的结局；你冒出一个又一个可能的想法；你对它们进行归纳整理，并纳入到一个系统中去；你为了实现目标，确定了下一步的具体行动。你的一切举动都是自然而然地发生，你并没有进行过多的考虑。

自然计划法不一定就是常规做法

但是，上一节描述的那个过程是否就是你的团队做出决议的模式？你的IT团队是不是正在以这种方式创建一个新系统？你是不是正遵循这个原则安排布置一场结婚典礼？或者你正在考虑可能出现的公司合并问题？

> 你最近是否对事务所取得的成果进行过大胆的预期？

你是否已经详细阐明了这项工作的主要意图？是否已经向每一个应该了解内情的人通报了情况？你们是否已经对即将采取的标准和行为达成了共识？遵循这些标准和行为将是成功制订计划的保证。

你是否已经展望了成功的前景？是否已经考虑到实现目标会带来什么样的变革？

你是否已经把所有的想法——所有那些有可能影响到预期结果，而你又必须加以考虑的情况——全都明明白白地摆在桌面上了呢？

你是否已经明确了那些目前可以开始投入运营的方方面面的事情？每一方面的下一步行动是什么？具体由谁负责各个部分的环节？

如果你如同大部分人一样，对这些问题的回答是：“大概还没……”那就说明，你在计划过程中很有可能遗漏了自然计划法中的某些步骤。

在我所组织的几次学术研讨会上，我要求与会者运用这一计划模式进行实际操作：为目前的一项重要工作制订计划。他们仅花了几分钟时间就完成了所有 5 个阶段的程序。与过去一直付出的艰苦努力相比，他们对取得的成绩深感震惊。后来，一位男士走过来告诉我：“我不知道我应该感谢你呢，还是应该感到气愤？我刚刚制订了一项商业计划，过去我一直告诉自己‘这项工作至少要花上几个月的时间才能完成’，而现在我再也找不到借口逃避这件事了！”

如果你愿意，现在就可以试一试。选择一项新任务，或者一项需要改进的让你感到进退两难的工作。考虑一下你的目的，想一想你希望得到的结果：你将在物质、金钱、名望或者其他方面获得怎样的收益呢？动动脑筋，看看有什么可行的操作步骤。归纳你的想法，确定下一步的行动方案。通过这几个步骤的思考，你是否对你的目标以及实现目标的方法更加心中有数了呢？

非自然计划模式

为了突出自然计划法在解决各种复杂情况时所起到的重要作用，我们把它同一个更加常见的方式进行对比，后者更广泛地为人们所采用，我称之为非自然计划法。

当“好主意”成了一个坏主意时

你是否听到过，一位经理或项目主管在一次会议上满怀期待地发问：“谁想到解决这个问题的好主意了？”

先不管“好主意”的具体评估标准，我们看看这一问题的前提是什么：我们必须已经明确这个任务的目的，清楚地勾勒出前景的轮廓，并收集（头脑风暴）和分析（组织整理）所有的相关资料。“谁有好主意？”这是个好问题，但是，这是以你的思考程度达到80%为前提的！而如果一开始就提出这个问题，很可能会扼杀所有人的创造力。

> 如果你在产生各种想法之前，满心期待着想出一个好主意，那么，你就不会拥有太多想法了。

如果你试图处理某一问题时，并不遵循大脑运作的自然规律，那么问题就不那么容易解决了。因为人们会一直忙于处理各种各样的问题，而这种状态总是容易造成混乱不清、压力频添的局面。在与他人交流时，这种思考方式也往往会为自负、偏见大开方便之门，并使其最终取代了友好的讨论。如果你梦想在定义目标、展望前景、网罗各种想法之前就得到一个好主意，那么，这往往只会阻碍你运用你的创造性思维。

反应式计划模式

大多数人认为，非自然计划方法才算得上是“计划”。但由于这种方法往往不是遵循自然规律产生的，对实际工作的指导意义不大，所以导致人们干脆放弃所有计划。至少不会在事务发展的前期制订计划：人们往往等到会议、演讲和重大工作开始前的最后一刻才开始着手制订计划。

> 当你发现自己身陷一个黑洞时，就应该立刻停手，绝不要再继续挖了。
>
> **——威尔·罗杰斯**

但是，如果你不是在事前进行考虑，结果又会怎样呢？在很多情况下，这将引发危机！（“你不是已经收到通知了吗？我以为你会处理那件事的！”）接着，当你陷入最后一分钟的紧急状态时，反应式计划模式就应运而生，不请自到了。行动！再加把劲儿！加班！更多的人手！忙晕了！——这一局面令许多人不堪重负。

当这么多人忙得昏天黑地却根本解决不了问题时，一些聪明人想出了办法：“我们应该组织计划一下！”（现在明白了吗？）然后，人们将问题分类，做上标记；或者重新分类，重新标记。

过了一阵儿，人们又意识到，仅仅重新分类、标记，实际上无助于问题的解决。这时，更聪明的人提议，我们需要更多的创新：“让我们来场头脑风暴吧！”于是趁大家都在房间里，老板发问了：“谁想出好主意了？”

> 不要仅仅忙着做事情，而是要站在旁边静静想一想。
>
> **——罗谢尔·迈尔**

当没有人开口回答时，老板又推测了：我的雇员们多半是黔驴技穷了，是该聘请一位顾问咨询一下的时候了！当然，如果这位顾问果真能力不凡的话，恐怕他迟早会提出这个最重要的问题："那么，你们的目标和目的是什么呢？"

自然计划法的技巧：5 个阶段

虽然有些道理是不言而喻的，但是我觉得还是有必要在这里赘述一次：在处理事务的时候，如果能采用更合理的思考方法，就一定能更快地得出结论、辅助行动，并最终推动事务更有效地进行。如果自然计划法就是我们大脑的运作方式，那我们能从中学到些什么呢？我们要如何使用这种方法，才能促使我们思考的质和量都得到提升呢？

下面就让我们一起来仔细研究一下自然计划法的 5 个阶段吧。

目标

问问"为什么"，这个问题绝不会让你遭受任何损失。如果你能站在"目标"的高度，仔细审视你正在从事的事情，那么这些事情的进程就很有可能得到改善和加强。你为什么打算参加下一次会议？你工作的中心意图是什么？你为什么请朋友们吃晚餐？你为什么雇用了一位市场营销经理而不是一个代理？你为什么能忍受你所服务组织的现状？你为什么设立某项预算？这样的疑问无穷无尽。

> 当你已经忘却了自己的目标，却还一再加倍付出时，你就是处在狂热之中了。
>
> ——乔治·桑塔耶纳

其实这个道理不过是进阶常识。了解并弄清任何一种行为的目的，对调整关注范围、创新性发展和合作具有重要指导意义。然而，尽管道理大家都清楚，这种做法却没有被人们广泛采用。这仅仅是因为人们极易“主观臆断”，所以我们常常陷入其中却不自知，从而使我们真正的重要意图最终落空。

经过对众多职业人士成千上万个小时的培训和指导之后，我知道，我们绝不能再对“为什么”这个问题等闲视之了。当我听到人们不断地抱怨，要参加的会议实在太多，令人难以招架时，我必须亮出这个问题：“这些会议的目的是什么？”尤其是当他发问“这次规划会议应该请谁来参加”时，我必须重申这个问题：“这次规划会议的目的是什么？”当面临是否还要在度假时兼顾工作和电子邮件的两难境地时，我一定会反问：“度假的主要目的是什么？”除非人们能够首先对这个问题做出认真的答复，否则，他们就无法针对自己的问题找出合适的答案。

思考“为什么”这个问题的价值

下面仅仅是思考“为什么”这个问题的某些好处：

- 界定成功

- 建立决策标准
- 调配资源
- 激发动机
- 阐明重点
- 拓宽选择

现在，我们来一项一项仔细探讨一下。

> 人们喜欢赢，但如果你对自己的行动目标不是一清二楚的话，你将会失去获胜的机会。

界定成功 现今的人们极度渴望“获胜”。我们热衷于竞赛，向往成功，或者至少要处于竞赛中的优势地位。但如果你对自己做事的目标还不是一清二楚、心中有数的话，那你根本就没有取得成功的机会。目标界定成功，你的目标是你决定投入多少时间和精力的一个最为重要的参照点，无论是参加某一个职位的竞选，还是设计某一种表格，都是如此。

如果你对要参加的员工会议主题一无所知，你肯定会感到不舒服。如果你解雇了市场部主管，或聘用了一个能干的工商管理学硕士来担任你的财务总监，那么，你最好仔细考虑一下“为什么”，以便应付董事会的提问，否则，你就休想睡一个安稳觉了。如果你不知道“为什么我们需要这个商务计划”，你就不知道这个商务计划的成功标准，那么你也就无法真正地确定你的商务计划是否切实可行了。

建立决策标准 当你面对以下这类问题时，你是如何决策的呢？是多花一些钱印刷包含5种颜色的色彩艳丽的产品宣传手册呢，还是凑合着用两种颜色的呢？是否值得雇用一家规模较大的网络设计公司来负责新网站的设计工作呢？是否应该把女儿送去读私立学校呢？

> 通常，做出一个艰难决策的唯一途径就是，回到目标上来。

所有的一切最终都归结到目标上来。首先考虑你试图实现的目标，这样才能知道投入这些资源是否必不可少。如果连目标都尚未明确，后面的一切就只能免谈了。

调配资源 在公司预算中，我们应该如何支付安置员工的费用呢？我们如何最有效地周转现金，以期在明年最大限度地巩固我们作为零售商的地位呢？我们是否应该在午餐补贴上增加投入，还是把钱花在支付每月例会演讲者的出场费上呢？

无论哪种情况，问题的答案都将取决于我们希望达成的目标，即：“为什么”。

激发动机 事实上，如果找不到做某件事情的充分理由，那么它就根本不值得去做。但实际生活中居然有那么多人忘记了自己做事的动机，这种现象总是让我目瞪口呆。其实，一个简单的问题，如“你为什么这样做呢？”，就可以把他们拉回到正确的轨道上来。

阐明重点 当你紧紧抓住了你工作的真正目标时，一切就变

> 如果你对自己行为的动机缺乏清醒的认识，你就不可能尽力而为。

得一目了然了。你只需花上两分钟写下你工作的主要原因，你心目中希望实现的预期目标就会陡然清晰起来，就像用一架望远镜来会聚成像一样。一经对“我们到底希望达成什么样的目标？”这一问题做出回答，那些日益零散且模糊的工作和前景就会清晰明确地呈现在你眼前了。

拓宽选择 这似乎是自相矛盾的：当目标精确地定位了工作重心时，它也同时开启了人们创造性思维的大门，从而能够去探寻更加广阔的可能性。当你确实了解到隐含的“为什么”时——为什么要开这个会议，为什么要组织员工聚会，为什么你要度假？为什么要取消某个管理岗位，或者为什么要进行合并——它便拓宽了你针对实现预期目标的思考范围。当人们在我的研讨会上描绘出某项工作的目标时，他们通常这样形容：就像脑海中吹过了一阵清新的微风，迷雾渐散，工作的前景清晰地浮现在眼前。

你的目标是否足够清晰明确？如果你切切实实地体验到了聚焦工作重心所带来的种种益处——动机充足、决策标准明确、资源集中和富于创造力——那么，你的目标就称得上足够明确了。然而，许多“有关目标的描述”往往含糊不清，无法取得理想的效果。比如，“建立一个运转良好的团队”这样的目标未免过于空泛。什么才算是“运转良好的团队”呢？是指一个人人干劲十足、合作有效、积极主动的团队呢？还是指一个能够节省预算的团队呢？换言之，如果不能真正地判断你是在逐渐接近目标还是偏离了正轨，你就不能切实指导自己的行动。因此你必须明确地知道“如何判断是否偏离了目标”。

原则

你所遵循的标准和价值观，同上述推动和指导工作发展进程的目标一样，具有同样的价值。尽管人们很少意识到这一点，但这并不影响它的存在。如果人们与自己所信奉的标准和观念背道而驰，其结果势必是劳而无功，心烦意乱，压力倍增。

> 简单清楚的目标和原则可以激发复杂而机智的行动。复杂烦琐的规则和条例将使行动变得单一而愚昧。
>
> ——迪伊·霍克

你的原则是什么呢？完成下面这句话，你就找到了最佳答案：“我可以完全放手让别人去处理这件事情，只要他们……”只要他们什么？那些明确的或者不成文的规定和约束是什么？“……只要他们的费用不超过预算”？“……让客户满意”？“……保证建立起一支团结协作的团队”？“……促进改善企业的形象”？

产生心理压力的一个主要原因是，别人的行为超越了你设立的标准，或者别人容忍此类行为存在。如果你从来不需要为这类事情操心，那你真是够幸运。如果你需要面对和处理这类情况，那么，主动与别人交流沟通并澄清这些原则将有助于积聚力量，防止不必要的抵触和冲突。以问自己这样一个问题作为开始：“什么样的行为可能会损害我正在进行的工作？我怎样才能防止这类情况的发生？”这个问题是你设立标准的一个良好起点。

重视原则的另一个重要原因是：它能为我们的行为提供清晰明确的指导。当你需要与别人合作并取得成功的时候，你应该怎样做？当需要保持自己的最佳工作状态时，你和其他人又该怎么做？

就像目标赋予我们十足的干劲儿和方向感一样，原则界定了我们行动的限制因素以及行为的标准。

前景/结果

为了能够最富有成效地利用你可以获取的资源（无论是那些你已经意识到的，还是尚未认知的资源），你的大脑里都必须清楚地勾勒出一幅成功的蓝图：成功将是一番什么样的景象？听上去会怎样？有什么感觉？目标和原则提供了动机和监控手段，而前景则是描绘最终成果的一个现实的蓝图。这是一个询问“什么”而不是“为什么”的问题，所以当这项工作成功地完成之后，现实究竟会出现一番什么景象？

例如，研修班的学员毕业后，将在实际工作中灵活地运用所学技能；在上一财年中，东北地区的市场占有率增加了两个百分点；你的女儿已经十分清楚你针对她大学第一个学期中的方方面面所提供的指导和帮助。这些都是对结果的清晰描述。

聚焦的力量

自从20世纪60年代以来，成千上万的书籍论述了成果想象和集中精力的重要价值。具有前瞻性的精力集中甚至还成了奥运级别的一个关键训练方法。运动员们不断地想象着艰苦的努力、充沛的精力以及获取的胜利，以确保他们能够获得最大的精神动力，从而能将水平发挥得淋漓尽致。

想象力比知识更重要。

——阿尔伯特·爱因斯坦

我们明白，我们头脑中坚持不懈遵循的信念，能够影响我们对外界的观感以及我们的具体表现。这一点无论是在高尔夫球场上还是在员工会议上，或者是当你同生活伴侣进行一次严肃的谈话时，都能得到验证。我想要做的是，为关于工作的思考提供一种具有实用价值的集中精力的模式。

当你把精力聚焦于某件事情上（如计划中的假期，正要去参加的会议，或者正在准备发布的新产品），你会即刻转入充满灵感的思维模式，而这是平时无法达到的效果。当你惟妙惟肖地描绘出胜利的景象时，大脑甚至会激发相应的生理反馈，就像那些景象真实存在一样。

网状激活系统 1957年5月出版的《科学美国人》（*Scientific American*）杂志刊登了一篇文章，介绍了科学家在人类大脑皮层中发现的一种网状组织。这种网状组织实际上就是连通你自身意

识的途径，如同电源开关一般，能启动你对思想和信息的感知活动。这种组织既可以使你在悠扬悦耳的旋律中酣然入睡，又可以让隔壁房间婴儿的啼哭声把你再度唤醒。

你的大脑就像一台电脑，具有搜索（或者说筛选）的功能，但它又比电脑的效率更高。搜索的对象恰恰就是我们平日里关注的事物。一般来说，我们只会注意到那些符合我们内在需求或者吸引我们注意力的事物。比如说，在一个人来人往的大商场里，一名验光师会对那些戴眼镜的人格外留意；对于一名建筑设计师而言，他很可能更关心房间构造的细节；而一个专注色彩研究的人，则可能会更加关注周围色彩搭配的情况。

关于如何实现这种过滤功能（如何使我们在无意识的状态下甄别出想要的信息）的内在原理，可能需要耗费一周时间，甚至倾尽你的余生去探讨。你需要知道的是：当你的大脑中产生了一个清晰的镜像，描绘出你所渴求的事物，并且专注于这个事物时，你的大脑就会自动帮助你捕获生活中的相关信息了。

自发的创造机制是以目的论为根据的。它是遵循着目标和成果而运作的。一旦你为它设立了明确的目标，你就可以依赖它的自助导航系统引导你达成这个目标。这要比你完全凭借自己的意识思维效果好得多。只需把目标想象为结果，你的自发创造机制就会自行运作起来。

——麦克斯韦·莫尔茨

阐明结果

通过了解你那敏锐的筛选系统是如何运转的，你也会认识到一个朴素却重要的原理：只有经历过，才能积累经验。

如果某种情况曾经发生过，或者你有过类似的成功经历，那么，在脑海中预想再次出现类似的情境就会很容易。然而，如果面对一个全新而陌生的领域，设想自己获得成功的情境，就可能会非常困难。也就是说，如果你的头脑对于某一事务的实际发展情况没有任何预想，那么对于自己是否有能力促成这一事件也就毫无把握可言了。

> 通常，在你促使事务在现实生活中发生以前，你需要首先在大脑中进行构思。

我们当中就有许多人总是畏缩不前，根本不去设想自己渴望达到的结果，总是等着别人来告诉他们应该怎样去做。这就意味着，他们在运用大脑认知力和创造解决问题的方法方面仍然处于滞后状态。

在知识工作的领域中，最有效的生活技能之一就是创造出清晰可见的结果，这也是我们为了实现职业和个人成功需要进行艰苦磨炼的重要技能之一。这一点并非听上去那样简单，我们需要在各个不同层面上不断对我们试图达成的目标给予精确解释。此外，还要持之以恒地对可以获取的资源进行重新划分，这样才能以最高的效

> 我总是想成为一个大人物。也许我早该更具体一点。
>
> ——莉莉·汤姆林

率完成这些工作。

当项目完成之后，会是怎样一番景象呢？你希望客户在听了你的报告之后有什么样的感受，了解到哪些情况，采取哪些行动？从现在算起3年后，你的事业将有何发展？一个理想的财务主管将会如何处理他的工作？你希望你的网站是什么样子，如何才能达到你想要的效果呢？如果你和儿子之间必须进行的谈话进展顺利，你们俩的关系会是什么样？

你对结果和前景的展望可能会以各种形式呈现出来。它可能是对某一项工作的一句简单的描述，如“完成计算机系统的安装”；也可能是一部电影脚本，描述了未来的某一场景，辞藻华丽，内容翔实。

在通常情况下，当我要求人们全身心地设想工作取得进展后的成功情境时，他们都感到高度兴奋、热情洋溢，同时也会突发一些奇妙的想法，这些都是他们以前从未感受到的。“如果……那不是太棒了吗？”这个问题无疑是启动思考的良好开端。至少，坚持思考这个问题一段时间，你就会获得一个答案。

头脑风暴/集思广益

> 想到一个好主意的最佳途径是拥有许多想法。
>
> ——莱纳斯·波林

当你了解了你想完成的某件事情的结果和目标之后，“如何实现”就是当务之急了。当你头脑中浮现出的愿景与你目前的现状有所不同时，你就会自动开始填补这一差距，或者说你开始进行头脑风暴了。这时，一些想法便会跌跌撞撞地进入你的头脑中，毫无章法可循——琐碎的、重要的，普通的、绝妙的，都混杂在一起。这一过程在人们处理多数事情的时候，都在不断上演，而且也确实起到了作用。例如，当你下楼准备到大厅里向老板汇报时，你一边走着，一边盘算着自己该说些什么。但是，稍微改进一下，就可能使这个过程更加有效。如果你把这些零散的主意记录下来，或者通过某种外在的形式捕捉到它们，势必将极大地提高工作效率，启发你的思维。

> 你的大脑希望填补存在于现状和目标之间的空白，不过大脑的行动毫无章法可言。

捕捉你的想法

在过去的几十年里，人们运用基于图形的思维技巧，对项目和主题进行创造性思考。这些技巧包括思维导图法（mind-mapping）、集结法（clustering）、仿制法（patterning）、结网法（webbing）以及鱼骨法（fishboning）。尽管这些方法的创始者都把自己的模式描绘得与众不同，但是对于大多数最终用户而言，他们的基本方式都是大同小异的：允许自己捕捉并表达任何一个念头，稍后再去考虑是否符合需要及如何操作。即使你只有一个想法（通常情况下数量远不止于此），这一做法还是可以显著地提高工作效率——当你的心头涌现那个想法时，就立刻把它记录下来，这至少意味着你不必再去绞尽脑汁地“构思”了。

在这些概念和技巧中，使用最为普遍的就是“思维导图”。它是由英国一位专门从事大脑功能研究的学者东尼 · 博赞发明的，他把大脑突发奇想的过程归纳为图解形式。运用思维导图法时，应把核心想法放置于中心位置，而由此产生的各种相关的想法和念头则被随意、不拘形式地任意涂写在其周围。比如，如果我决定搬迁办公室，我很可能考虑到要搬动我的电脑、更换名片、所有需要调整的联系方式、购买新的办公家具、办理电话转移、做一次全面的大扫除、物品打包装箱等。如果我用思维导图来表示，大概会是下面的样子：

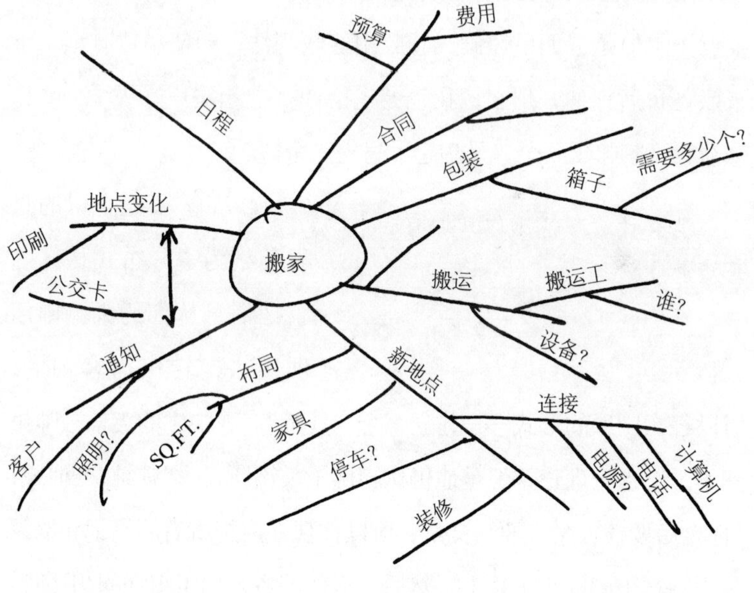

你可以把这种思维导图记在便利贴上，再贴在白板上，或者输入文字处理程序、勾勒程序或市场上的某种思维导图软件应用程序。

分布式认知

头脑风暴的最大优点在于，它不仅能够捕捉到新颖独特、富于创意的想法，还能够启发你产生更多的好主意。如果你缺乏一个系统来辅助你保存和回顾这些想法，那它们可能很快就烟消云散了。这就如同你的大脑在说："喂，我可以给你提供许多好主意，但前提是你自己有能力对它们加以有效利用。如果你找不到一个安全可靠的地方来存放它们，那我就不会给你提供那么多的主意了。但是，如果你确实想应用这些想法，即使是暂时记录下来以备日后评估，那么，我也会先给你一批想法！好极了！噢！这让我又想起了一个，又想起了另外一个。"

> 没有什么事情比你只拥有一个想法更危险。
>
> ——**埃米尔·查特**

心理学家把类似的过程归纳为"分布式认知"。它把信息从你的大脑中清理出去，转化为客观的、可以经常回顾的形式——建立一个"外脑"。我中学的英语教师虽然不了解这个理论，但是他仍然指出了关键所在。"戴维，"他说，"你今后要读大学，要写文章，所以你现在应把所有的笔记和摘录分别写在不同的小卡片上。然后，当你准备开始组织你的想法时，就把这些卡片摊在地板上，查看所呈现出的自然结构，分析它们的结构，这样你就能找到思路和其中缺少的内容了。”埃德蒙森先生教给我的正是自然计划法的主要部分！

如果缺少一些客观的系统和工具，那就没人能长时间地把精力集中在某一个主题上，哪怕只坚持几分钟也非常困难。现在，你可以选择一项重要的工作尝试一下，在30秒钟以后，你是否还能聚精会神地考虑这个问题，而不产生其他任何私心杂念？实际上，这是相当困难的，除非你手里拿着纸和笔。它们作为“最原始的认知工具”，能够帮助你集中精神、拓展思路。这样，你就可以使这种精神集中状态持续数个小时了。这也就说明了，为什么当你在电脑上处理某项工作的文档时，会自然地引发一些奇思妙想；当你把头脑中的构思随手记在记事本上，或是涂鸦在一家时髦餐厅的桌布上，甚至仅仅当你在房间里与其他人共同讨论某一主题，手中拿着工具时（一个白板和一支白板笔也行），你也会产生一些奇妙绝伦的好主意。

头脑风暴的关键技巧

> 只有那些能轻快地运用自己的观念的人，才是自己观念的主宰；只有那些能做自己观念主宰的人，才不被观念所奴役。
>
> **——林语堂**

有许多技巧都可以用来启动思维，强化打破常规的思考模式。这些基本原则可以归纳为以下3点：

- 不判断、不质疑、不评估、不批判
- 追求数量、不求质量
- 把分析组织工作置于次要的地位

不判断、不质疑、不评估、不批判 非自然计划模式很可能在你开动脑筋时抬头作怪，令你过早地评论自己的想法。即使你心里有一丝批判的念头，你也会在搜寻主意的时候对自己百般挑剔和责难。保持头脑风暴不偏离预定的目标，这和扼杀创造性思维两者之间有着微妙的差别。把头脑风暴过程纳入整个计划的大框架之中也同样重要，若只是为了头脑风暴而头脑风暴，那也未免太过于机械了。头脑风暴只是问题解决过程中某一阶段的特定活动，只有认识到这一点，才能合理地面对这一过程。

> 有时，确定可能出现的最坏情形是形成关于成功的好主意的最佳方法。

这并不是让你不要进行批判性的思考，而仅仅是要求你在现阶段能让自己的各种想法都公平地站在同一条起跑线上。如果确实存在问题，就要把“方法的潜在不足”纳入考虑。通常情况下，只有饱受质疑和批判的想法才能成为最佳方法。这能让你了解你现在拥有的各种想法，并最大限度地将其妥善保管起来，以备不时之需。头脑风暴最重要的标准是包容和扩展，而不是束缚和缩减。

追求数量、不求质量 追求数量可以促使你的思维不断延展、扩充。你并不知道什么才算得上是好想法，除非你找到它。有时，

你是在过了一段时间之后，才可能意识到这个主意是一个好主意，或者会变成好主意。这就像在一家大商场购物，这里货品琳琅满目、任你挑选，这种感觉实在是太妙了。对于制订工作计划，这种情形也同样适用。你拥有的想法越多，就能为选择创造更加广阔的空间，你也会更加信赖自己所做出的选择。

把分析组织工作置于次要的地位 在分析、组织整理和评估材料时，应该像打破常规的创造性思维一样，获得最大限度的自由。但是，在整个开动脑筋、集思广益的阶段，这些行为不应该居于主导地位。

开列清单也是一件富于创造力的活动，你可以列出组成项目团队所需要的备选人员、用户对软件的各方面要求，或者商业计划的组成要素等。记住，一定要确保没有遗漏，这样你才能步入下一个阶段，开始选择方案，对工作进行组织整理。

组织整理

如果你在头脑风暴阶段，已经把大脑想到的内容都记录了下来，接下来自然就是对这些内容进行组织整理了。如同我中学英语老师建议的那样，一旦你把头脑中的一切想法清理出来，一目了然地全部摆在你面前，你就能自然而然地发现它们之间存在的联系和结构。这也是大多数人谈论“工作计划”时经常提到的情况。

通常情况下，当你明确了主要和次要因素、先后次序以及事项目计划可以将项目的目标进一步分解，然后再对这些小目标进行安排。

务的轻重程度时，组织整理便不请自来了。哪些事情必须到位之后才能够得到最终的结果？它们必须按照什么样的次序发生？确保工作顺利完成的决定性因素是什么？

在这一阶段，你可以充分利用各式各样的工具。它们可以是简单随意地画在信封背面的一些重点符号，也可以是某些重要项目规划软件，如 Microsoft Project。当需要对某项工作进行实际、客观的控制时，你需要一个标明了主要和次要因素的、层次分明的工作大纲，以及/或者一个甘特图（GANTT-type chart）。甘特图能够按时间注明工作的进程，以及一些相对独立的或相关的事件和里程碑，并明确它们与整个计划之间的相互关系。

创造性思维并非到此就结束了，它仅仅是转换成了另一种形式。每当你考虑一个具体细节问题的时候，你的大脑就会跃跃欲试去“填补目标和现实的差距”。举一个例子，在处理某一项工作时，如果你发现了三个关键问题，并且当你把它们一一列举出来的时候，你很可能又会接连不断地挖掘出一个又一个问题。

组织整理的基本要点

组织整理的关键步骤如下：

- 明确事件的重要组成部分

- 整理分类（按照下面一个或多个标准）
  - 构成因素
  - 先后顺序
  - 重要程度
- 足够详细的描述

我从未见到过任何两项工作，仅靠套用完全相同的处理模式和方法，就能让它们取得成功。但是，对于任何工作，我们都可以通过提出一个相同的问题，来激发我们的思考、取得创造性的成果，这个问题就是——“你计划下一步做什么？”

下一步行动

计划工作的最后一步，就是决定如何分配和再分配各种资源，以推动工作的顺利进行。这里要解答的问题是：“下一步做什么？”

我们在前一章已经提到了，这种与目标和愿景紧密联系的、实事求是的思维方式，正是用于确定和理清我们工作实质的关键部分。根据我以往的经验，所谓“项目计划”，主要是指开列出一个标明工作目标的清单，并且坚持不懈地管理每一项目标所需采取的下一步行动。这种“地面视野”的处理方法将迫使你“真诚坦率”地面对一切：你是否在认真对待这件事？工作由谁负责？所有问题你都考虑清楚了吗？

如果一项任务是需要付诸行动的（具备操作性的），那么其具体的下一步行动方案就必须予以落实。[①]如果你对某件事情感到一筹莫展，干脆问你自己这样一个问题：对于这件事情，你打算具体做些什么？你的回答可以检验你对这项工作是否已经深思熟虑过了。如果你现在还无法回答，那就表明你自然计划法前期某个阶段的工作没有到位，还有待进一步加强和提高。

基本要点

- 针对当前这项工作进程中的每一个环节，确定下一步行动。
- 如果有必要的话，在计划过程中就确定下一步的行动方案。

抓住关键 对于一项任务，如果在执行每个行动之前，都有与之对应的“下一步行动”计划，而不会莫名其妙地冒出另一个必须先行处理的事件，那么我们就可以认为，这个项目计划是完整充分的。如果一项工作有多个组成部分，我们就应该针对每个部分都进行适当的评估，以确定 “有没有什么事情是现在就可以安排人手马上去做的”。比如，作为一个会议的主要负责人，你可能一边协调参会发言人的情况，同时又忙于落实会议的场所。

在一件事情的诸多头绪中，总有某个部分是我们必须率先完

① 当然，你也可能正在进行一些无法付诸实践的工作——比如设计你梦中的豪宅。这些无法确定具体下一步行动的事情，应该归类到“将来/也许”清单中。

成的，事情其他部分的进展都有赖这部分完成的结果。也就是说，你总能找到唯一的“下一步行动”，而这个行动正是其他行动的关键条件。

需要更多的计划吗？ 如果你感到目前的状况还不足以让你规划出下一步行动的话，又该怎么办？当然，这之间还有一个行动步骤，即分析处理。计划过程的下一步是什么？搜罗更多的主意。给安娜·玛丽娅和肖恩发封电子邮件，看看他们有什么好主意？告诉你的秘书，让她与产品部门约定一个计划会议？

不论在什么情况下，都不要忘记明确下一步的行动。养成这一好习惯，才能确保你轻松自如地控制局面。

当下一步行动需要由别人完成时 如果下一步行动不属于你的工作范畴，那么你就必须明确这个行动属于谁的工作范畴（这也就是“等待”清单的主要用途）。如果是以小组的形式来完成某个项目，一般来说是没有必要对大家说明每一个具体任务的负责人的。因为明确了每个人的职责范围之后，大家就能自动找到自己分内的任务了。

这种关于下一步行动方案的前期讨论，会使团队的组织结构更加清晰明确，运作得更好。但是我们平时见到的都是在火烧眉毛的状态下，各种问题和细节才一下子暴露出来。很明显，如果大家在讨论计划的时候更加注重实际情况，那么这就一定会帮助大家注意到以往注意不到的细节和漏洞，并尽早做好相关的准备工作。

你需要计划到什么程度?

你到底需要多翔实的计划？需要详细到什么程度呢？一个简单的回答就是，只要能够让你的大脑摆脱事务的纠缠就足够了。

一般来说，一些事件总是沉重地压在你的心头，是因为你没有恰如其分地界定这些工作的预期效果、下一步的具体行动，或者是由于你没有把相关的提示信息安置在一个能够随时查阅的可靠系统中。除此之外，你也许并未充分地构思在实施过程中的一些具体细节、观点和解决方案，以至于你无法确信你所描绘出的蓝图。

事实上，许多项目，仅仅需要我们开列出一个清单，概括出预期的效果以及各阶段的行动步骤，就足以解放我们的大脑了。你是否打算更换股票经纪人？只需打一个电话，让朋友们推荐一个就行了。你是否希望在家里装一台新打印机呢？只要上网浏览一下不同的品牌和价格就可以搞定了。我估算了一下，大约80%的工作属于这一类。你只要略微盘算一下，就能知道下一步该做什么，但是如果你不将它写下来的话，它就将一直占用你的大脑，直到工作彻底结束之后，你的大脑才能真正卸下负担。

> 如果某项工作还徘徊在你的大脑中，那就说明你还需要进行更多思考。

另外大约有15%的工作，需要运用一些外在的辅助手段——也许是使用思维导图法，也许是采用某种文字处理软件或PowerPoint来记录一些信息。对于应付一个会议的日程安排、一次外出度假计划，或者为参加商务会议准备一个发言稿来说，这些手段都是绰绰有余的。

关于最后那5%的工作内容，你必须认真权衡，仔细考虑，审慎地实施自然计划法中的某个或某几个步骤。这种计划模式能帮助我们对各项工作加以分解，并推动工作的各个部分向着正确的方向发展。你是否意识到在这类工作中，你需要更加清楚的工作定义、更加明确的行动内容？如果你也有同感，那么采用这种计划模式往往是在工作上获得显著进展的关键。

需要让事务更加清楚吗?

如果你想使自己的工作更加清晰，那么顺着自然计划法的模式“向上”思考是一个好办法。人们大多每天忙忙碌碌（行动），但是总感觉找不到奋斗的方向，所以他们需要通过计划来指导自己的工作（组织整理）。如果计划不够清晰和明确，那么在后续的头脑风暴过程中，你就需要准备更多的现有主意和数据，以应付由不明确的计划带来的多种可能性。如果头脑风暴的过程也是模模糊糊、模棱两可的，那么我们就必须把注意力集中在事情的前景和结果上，让清晰的前景和结果激活大脑的网状过滤组织，这样大脑的思考才会有效。如果前景和结果都还不清楚的话，那你就必须回到第一个问题：你为什么从事现在的工作（目标）？

需要采取更多的行动吗？

如果你所需要做的是落实更多的行动，那你就可以顺着自然计划法的思考模式“向下”走。也许一项任务的目标令人振奋，但是到了实施的时候，却发现实现这一目标困难重重。近些年来，职业经理人的脑海里也许会闪现出提高职业生涯品质这一目标，但是，他们往往并不清楚要取得怎样的结果。所以必须要集中注意力想象你要实现的前景，再问你自己一次：“我要达成的愿景是什么？”

如果你已经明确地回答了这个问题，但事情仍然毫无进展，恐怕你就应该多问自己一些有关“如何”的问题，把注意力放在具体操作细节和想法上（头脑风暴）。我经常遇到这样的客户：他们的工作目的非常明确，如“实施一项新的绩效评估制度”，然而他们却难以开展这项工作。原因在于，他们没能抽出几分钟时间理清实现目标所需采取的行动。

当通过头脑风暴获得大量想法的时候（通常情况下大多数想法是没有价值的），你就需要对众多的想法和主意逐一甄别（组织整理），找出那些影响工作进展的关键步骤。有时会出现这样的情况：我们在会议上反复讨论并得出了很多想法和主意，但当会议结束时，我们却没有明确下一步的具体行动。

如果已经有了一个计划，但是在实践中却收不到应有的成效，那么就需要有人对计划的各个部分再次进行评估，将重点放在

“下一步行动是什么，由谁负责”上。有一位经理承担了一项工作：筹备将在几个月后召开的一个重要年会。她向我咨询，如何才能避免再次遭遇去年的那种危机。那一次，直到年会前夕，她所负责小组的全体成员却仍然需要通宵达旦地加班。当她概括出这项工作各个环节的要点时，我问她：“哪些事情是现在就能着手运作的？”我们找出了6件事，又分别确定了具体的下一步行动，现在这些事情已经付诸实施，从而可以及时避免重现去年年会前夕的混乱状况。

在前面的两章中，我概括了一些基本模式，介绍了如何才能够在生活、工作两个最基本的层面付出最小的投入，获取最大的工作效率。这两个基本层面就是：我们要执行的行动和我们正在推进的项目（这些项目催生了行动）。

这些模式有一些基本原则——你必须收集生活中所有悬而未决的问题；然后对这些问题进行预判和处理，并确定下一步行动；接着对这些行动进行组织整理、回顾，最后付诸实施。

> 你并不需要新的技能来提高你的效率、减轻你的压力，只需采取一系列完善的行动。

对于你所承诺完成的所有工作，无论大小，你都可以依赖自然计划模式游刃有余地进行处理。这种模式的合理应用往往能够简化工作程序、提高工作效率、产生

> 计划把你卷入到工作中，但是你必须自己想方设法冲出来。
>
> ——威尔·罗杰斯

丰厚的收益。

这些模式简洁明了、通俗易懂、操作简单，而且效果显著。你不需要掌握新的技能——你早已经知道如何进行记录、明确预期结果、确定下一步行动方案、对事务进行归纳分类、及时地回顾检查，以及凭借直觉做出选择判断。现在，你已经完全有能力聚精会神地设想成功的景象，进行头脑风暴，组织整理你的思想轨迹，一步一步地推动工作向前发展。

然而，仅仅了解这些理论知识，还不足以产生预期的效果。拥有提高工作效率、轻松自如地控制局面的“能力”，也并不意味着你就真的能够提高工作效率、轻松自如地控制局面。如果你同大多数人的情况一样，那么你就需要一个指导——一步一步指引你进行实践和应用，并为你提供一些诀窍和技巧，直到这种全新的模式成为你生活的一部分。

在第二部分，你将获得具体的指导。

gtd

part 2

远离压力，提高效率

第4章
准备工作：确定时间、空间和工具

在第二部分，我对控制工作流程的讨论，将从一个框架式概念和工作流程的有限应用转入全面实施过程，以及一些最佳操作范例。实施这一管理系统，往往能让人前所未有地体验到轻松掌控一切的感觉。然而，这通常需要循序渐进才能稳操胜券。为了达到这一目标，我为你提供了处理事务时应该遵循的逻辑顺序，以便你尽可能轻松地加入我们的行列中来，最大限度地利用这些技巧去管理好你的一切事务。

初次阅读时，本章的许多细节内容可能较难理解或执行。如果你已经决定全面执行这个模型，你至少需要整整两天时间，不间断地利用相关内容指导你的每个行动步骤。一旦你走上了GTD之路，为了更加高效地应用这些方法，你很可能会在某一时刻重温这些信息和建议。

下定决心，全力以赴！

如果你还在犹豫是否应该全力以赴地实施这套方法，那我可以向你保证，人们从这套方法中获得了很多神奇的诀窍。其中任何一个诀窍，都能让你感到无论为此付出多少时间和精力都是值得的。比如，曾经有人打电话告诉我，他参加了我为期两天的研讨会后，最大的收获无非就是两分钟原则。这些技巧是针对我们自身中略显蠢笨、迟钝的那一部分设计的。在很大程度上，我认为那些工作效率最令人叹服的人士，就是成功地把绝妙的技巧运用于生活中的精英。我知道我自己就是如此。我们头脑中聪颖机智的那部分确定了我们需要处理的事情，而自身中略显蠢笨、迟钝的那一部分则自动地做出相应的反应，以实现预期的结果。我们就是这样哄骗自己去做那些我们应该做的事情。

> 通过行动让自己感觉良好，要比通过让自己感觉良好来实现更好的行动容易得多。
>
> ——O·H·莫尼尔

比如，如果你像我一样是一个准运动健身爱好者，大概你也有一套办法让自己去参加锻炼吧。我的窍门儿是着装——穿上运动服。一旦我穿上运动服，我就会不由自主产生去健身的冲动；否则，我就很有可能去找其他事情来消磨时光。

让我们一起看一个可以真正提高效率的小窍门儿。有时你需要把工作带回家处理，而第二天又必须带回公司，对不对？因此，确保自己第二天早晨不忘记此事便是头等大事了。那么，过去你遇到这种情况时，会在头一天晚上把东西放在哪里呢？是放在门口吗？或放在钥匙旁边？这样一来，你就会把它们一起带走了。你这种做事方法甚至让你获得了更高的学历？你看，你为自己的人生增添了一项多么高明的自我管理技能啊！事实的确如此。前一天晚上，那个聪颖机智的自我早已预料到那个略显迟钝的自我第二天早上会很可能毫无意识，“放在门口的是什么东西？噢，对了，我必须把它带上！”多么典型的一幕！我把这个诀窍称为“把它放在门口”，我们的目的是把它记在心上。

如果你拿出日程表，仔细搜寻今后两周内要处理的事情。很有可能你会发现某项提示，“噢，我要去……”。如果你立刻把这条提示信息记录在某个会促使你采取行动的系统里，你马上就会感觉轻松一些：思路更加清晰，做事更加积极。这并非什么高深的科学知识，仅仅是个有用的诀窍而已。

如果你立即取出一张白纸和你喜爱的书写工具，用3分钟时间认真思考一下最令你忧心忡忡、坐卧不安的事情，你一定会发现“噢，天哪！我必须要考虑一下……”，接下来，把你大脑中闪现出的事情一一记录在这张白纸上，然后妥善保存起来，以便日后你能随时查阅。这样做，你并不会比10分钟前更聪明，但你却会为工作和生活增添新的价值。

> 高效、创新、富有成效的思维和行动的诀窍，是在正确的时间关注适当的事情。

学习掌握娴熟的工作

管理方法，就是学会建立一套系统并付诸实施，直到将这套系统和方法融入你的工作和生活中。当你准备好以后，你要做的就是相信这套系统能把你的事务处理能力提升到一个全新的水平。

如果你真心实意地希望在个人管理方面取得实质性进步，那么，我建议你多关注细节，并全面遵循下文给出的各种建议。你将发现，实施这一管理计划会对你的生活产生积极的推动作用，这是千真万确的。我们将以一种全新高效的方式来完成那些你希望搞定的工作，结果会让你惊叹不已。

预留时间

我建议你安排整段时间来启动这一管理计划，准备一个工作区，包括适宜的空间、家具和工具。工作区安排合理，简单高效，能够大大减少处理事务时的内心抵触情绪，甚至还会吸引你坐下来投入工作，并加快你的工作节奏。对于大多数人来说，理想的做法是安排出两整天的时间。（如果你抽不出两天时间，也不要因此一再推迟你的行动。我建议的任何行动都将使你受益，不论你投入的时间是多还是少，两天并不是必需的，事实上这些方法和技巧会立即让你收到成效。）收集过程将会占用 6 个小时或者更多的时间，而理清和确定下一步行动的过程，很可能会不知不觉耗去 8 个小时的时间。当然，收集和处理的工作可以安排不同时间来做，但是一次完成会更容易一些。

> 在目标明确的情况下，不要害怕跨一大步。你跳越峡谷时不能谨小慎微。
>
> ——戴维·L·乔治

对于我来说，和某人一起执行这种方法的理想时间是周末或者节假日。因为在此期间，外界的干扰最少。如果选择在某个工作日进行这项工作，我们就要确保这一天中没有任何预定的会议；我们不能受到任何事情的打扰，除非出现紧急情况；所有的电话都转接到语音信箱，或者先由秘书记录下来，在中间休息时，交给我浏览和处理。我并不建议你用下班后的时间来做这项工作，因为这往往意味着体力严重不支，而且很有可能你要处理一些日常琐事。①

我接触过许多管理人员，对于他们来说，连续两个整天中断工作是执行整个计划过程中最为艰难的部分。他们认为必须随时出席各种会议，忙于方方面面的交流接洽。要求他们在工作日对这些无法避免的工作置之不理，是极其困难的。这就是我们一般选择在周末进行这项工作的原因。如果你的办公地点是在一个开放式办公室内，那么在一个普通的工作日中留出充裕的时间并且不被打扰就更加困难了。

这并不是因为这项工作本身有多么神圣不可侵犯，而仅仅是因为人们要耗费大量脑力来收集、决定如此多的未尽事宜，尤其

① 其实下班后的时间对于某些不适合平时做的事情，反而是比较合适的，比如整理文件、清理抽屉，上网研究一下度假地点，或者清理一下个人发票之类的事情。

> 对于你的工作效率和精神健康来说，专门腾出两天的时间来启动这一管理计划，其价值会翻倍。

是当它们长期以来一直处于“悬而未决”或“陷入困境”的状态时。任何中断都可能导致这一过程占用的时间成倍增加。如果你能安排一段完全不受打扰的时间，你会感到自己的控制能力空前提高，并体验到一种强烈的成就感，从而激发自身的能量和创造力。以后，你便能利用短暂的工作间隙不断维护这个系统。

准备工作区

你需要准备一个工作区。如果在你的工作场所已经有了一张办公桌和相应的办公空间，这大概就是最佳的位置了。如果你在家中办公，那么显而易见，这将是你的最佳地点。如果你在这两处都有办公空间，你肯定希望在这两个地点建立起统一的、可以交替使用的管理系统，尽管会以其中一个系统为主。如果你觉得自己缺少这样的系统——你确实没有可以称之为工作区的任何核心场所——就必须创建一个。即使你的高科技生活充满变化，且从本质上来说是虚拟的，你仍然需要一个作为行动基地的私人空间。你可以在任何能够真正开展工作、处理事务的场所执行这个方案，但最好从主要场所起步。

工作区的最基本要素，包括一张书桌和一个可以放置工作篮的空间，或许（对大多数人来说）还需要一处容纳核心数字工具的空间。对一些人（如机械修理店的工头、医院新招的护士或你孩子的保姆）来说，拥有这些就足够了。大多数居家工作者不需要借助很大的面积来管理其工作流程，但还是要有一个独立空间，专门用于处理笔记、邮件、家庭及家人的各种项目和活动、财务以及类似的关键事项。通常情况下，这种生活事务方面的材料会杂乱无章地堆放在厨房、走廊、餐桌、书架等地方，被人们熟视无睹。

当然，对大多数专业人士来说，还得准备其他东西，包括电话、充电器、电脑、资料架、文件夹和参考材料架等。有的人还可能需要打印机、白板，或者多媒体会议设备等。某些要求全面的人还希望放置一些器材，以兼顾他们的休闲活动和兴趣爱好。

工作区的实用性是至关重要的。如果你还没有一个专用的工作区域和工作篮，现在就应马上动手安排。这同样适用于学生、家庭主妇和退休人员。每个人都必须建立一个特定的控制中心，以便处理一切事务。

> 你必须准备一个专门、私人和独立的工作区——在家里、在工作场所，如果可能的话，甚至在旅途中也要有一个工作区。

如果要我在几分钟内建立一个应急工作区，我会买一扇简易门，把它架在两个各有两层抽屉的文件柜上（一边一个），上面放三个工作篮，以及纸、笔和记事本。这就是我在家中的基地了（如果我有时间坐下来的话，我还要买一把小凳子）。信不信由你，我见过几位经理的豪华办公室，都没有我建立的工作区那样实用。

即使你是在公司办公，在家里你仍然需要一个工作区

不要吝惜在家里的工作空间。通过实施这项计划，你会发现在家里建立一个和办公室保持一致的管理系统是多么重要！我接触过的很多人都多多少少地受到家里杂乱气氛的干扰，根本无法同他们上班时的工作环境相提并论。而当他们在两个地方建立起相似的工作区后，就立刻感到受益匪浅。如果你同他们的情况类似，就请花上一个周末的时间在家里打造一个工作区，这将使你的组织管理能力显著提升。

移动中的工作区

如果你是经常出差在外的商务人士，或者过着一种不稳定的生活，经常到处奔波，那你还需要在旅途中配备一个高效的微型移动办公区。这通常包括一个公文包、背包或者小书包，文件夹以及便于携带的办公用品。

很多人因为没有随身准备好必要的办公设备，结果无法有效利用起零散时间和旅途中的空闲时间，而将这些时间白白浪费掉。一个良好的工作处理模式，一些得心应手的工具，加之住所和工作地点间相互连接的管理系统，都可以使你旅途中的工作变得富有成效。随着新技术的不断发展，强大的移动设备和全球移动互联网访问机会唾手可得，我们大多数人管理生活的实际能力也得

以提高。但是，在对互联网流量实施管理以确保移动设备得以充分利用方面，还存在着管理混乱这个固有问题。如果缺乏一种良好、适当的收集、理清和组织方法，在问题产生时未能创建适当的应用程序和处理工具，全球移动设备访问互联网这个新领域就无法得到充分利用，或者只会导致注意力分散，徒增压力。

不要共享工作区！

拥有自己的工作区是极其必要的，或者至少拥有一个可以放置工作篮并处理文件和有形材料的场所。我结识了许多已婚夫妇，他们会为家中唯一一张写字台你争我抢。而当他们在家中增加了一个办公区之后，问题迎刃而解。这样做并没有导致想象中的那种“隔阂”，反而减轻了夫妻关系在管理共同生活方面承受的微妙压力。有一对夫妇甚至决定在厨房也额外配备一个迷你工作台，这样，留在家里照顾孩子的妈妈也能同时兼顾到工作。

某些机构对“移动办公”这个概念情有独钟，即要求员工拥有完全独立的移动工作站，可以随时在任何临时性工作空间开展工作。这可以节约必要的办公空间，因为公司的运营实际上可以更加依赖于在“航空母舰”之外从事工作的员工们。不过，这里的前提是相关员工都有一处可以独立掌控的空间。针对这个方案开展的实验已告失败，因为它们对固定的工作区造成了干扰。要想在临时性工作空间应用我们的现有系统，必须实现零障碍。当我们不得不反复创建工作篮、归档系统，不断变换处理信息的方式和地点的时候，我们必然会感到心烦意乱（“该死的便利贴和订书机在哪儿？”）。

> 你需要应用你现有的系统，而不需要不断重新创建系统。

假如你的办公系统简洁而紧凑，可以随身携带，你对如何快速处理事务的方法也了如指掌，那你就可以在任何地方开始办公。然而，你仍然需要在家里开拓一个“基地“，要有一套得心应手的工具以及宽敞的空间来存放参考资料，而且所有资料的存放都要方便随时取阅。我遇到的大多数人往往至少需要两个抽屉来存放他们的参考资料和项目辅助资料。鉴于存储方面不乏数字扫描仪等技术进步成果，可以想象所有这些辅助资料总有一天会被纳入云盘，能在任何地点根据需要进行检索。你将无须携带有形护照、米兰之旅带回的欧元以及各种纸质临时文件（仍是某些数据处理的最佳形式），但这一切尚待时日。要保存这些参考资料和辅助材料，需要一个或大或小的空间，以方便随时取用。

准备好你需要的工具

如果你下决心全面执行这个工作流程，你首先需要准备一些最基本的用品和工具。你可能会在新旧两种工具的选择上犹豫不决。是继续采用旧工具呢？还是考虑一下全新的工具呢？

请注意，合适的工具不一定非得是价钱昂贵的。通常情况下，当技术含量较低时，那些看起来更适合“管理工作”的工具，事实上可能效率更低。

一些基本的管理工具

我们假设你从零做起，除了拥有一个桌面的工作空间以外，你还需要：

- 资料存放托盘（最少3个）
- 一叠信纸大小的白纸
- 一支钢笔或铅笔
- 便利贴（3英寸×3英寸）
- 回形针
- 活页夹
- 订书机和订书钉
- 透明胶带
- 橡皮筋
- 自动打签机
- 若干文件夹
- 一个日程表
- 废纸篓或循环垃圾箱
- 用于收集、整理数据和制定任务清单的现有工具，包括移动设备、个人电脑以及纸质计划书和笔记本（如果有的话）

资料存放托盘

这些托盘可以分别用来存放新资料和已经处理完毕的事务文件，另外再准备 1~2 个资料筐存放工作中需要的辅助性资料和你将要“回顾检查”的资料。最好用的资料筐要数那些侧面标注着字母，或者可以叠起来堆放的那一种。在它们的顶部没有那些令你抽取纸张时感到不便的唇状物。

白纸

你可以用白纸开始你的收集工作。信不信由你，在一整张白纸上写下一个想法，会产生令人难以想象的效果。不过，将初步想法分列为独立项目（而不是列入一个乱七八糟的清单）不利于日后审阅和整理。无论如何，手头准备一些白纸或小册子，专门用于捕捉突然萌发的奇思妙想，这一点很重要。

便利贴、回形针、订书机等

有了便利贴、回形针、订书机、胶带和橡皮筋，你可以方便快捷地整理和存放你的文件资料。尽管其适用性正在降低，但到目前为止，我们还不能完全弃用纸张等有形材料（这一点你是否还没注意到！），因此，对它们实施管理的简单工具仍然是不可或缺的。

打签机

> 不间断地进行收集、思考、加工处理和组织管理，这本身已极具挑战性。你必须确保自己拥有恰当的工具，以便尽量简化这些过程。

令人意外的是，打签机可以在这个过程中发挥重要作用。我曾与之合作过的数千名行政人员、专业人士和家庭主妇现在都添置了自动打签机。我保存的档案中记满了他们的评语，如“它竟然如此神奇，简直令人难以置信！”，你可以用打签机给你所有的文件夹、活页夹以及数不胜数的其他资料标注说明。

我喜欢使用的是一种独立工具，或是简便的即插即用型电脑打签机，它可以及时打上独立标签，在使用时可以减少任何归档冲突问题。

文件夹

你需要使用大量的文件夹。如果归档系统需要，你还应该准备大量的Pendaflex式悬挂文件夹。普通的白板纸文件夹最好——各种颜色的分类文件夹用起来比较复杂，而且没有想象中那么好用。参考资料归档系统应该像是一个简易的图书馆。[①]

日程表

你不需要用日程表来收集你的未尽事宜，但是在日常工作中，你还是需要用它来记录一些事情。正如我以前提到过的，日程表不应该当作一个行动清单来使用，它应该记录那些必须在指定日期或时间完成的工作。

目前，大多数职业人士已经在使用工作日程系统了。包括活页计划手册、移动设备，以及企业共享软件应用程序。

日程表经常成为人们安排工作的核心工具。当然，它也是记录“需要在指定时间完成的工作”的重要工具。日程表可以记录各种需要日后提醒的事情或信息，但是它的功用还不止于此：应该将日程表与你的个人管理系统有机地结合在一起，让它发挥更大的作用。

你也许非常好奇，想了解到底哪种类型的日程表最适合你。

---

① 在许多国家，当人们采用我所推荐的基本且必要的参考资料归档系统时，很难找到简易廉价的文件夹。你可能需要临时寻找一些可用的收集工具。

在下一章里，我将详细讨论这个问题。目前，你只要坚持使用你原有的日程表就可以了。等到你对整个系统有了一定的认识，就可以逐渐过渡到另一种工具。

废纸篓或者循环垃圾箱

你必须对执行这个流程将要产生的大量垃圾做好心理准备。我培训过的一些管理人员发现，当我们一起办公时，在办公室门外放置一个大垃圾箱大有益处！

你需要计划手册吗？

你是否需要一个计划工具？如果需要，应该选择什么类型的工具？这取决于多种因素。你是不是已经在使用这种工具了呢？你希望所有的活动、日程安排和工作的提示信息以何种形式存在？你会在什么地点回顾这些信息，多长时间一次？我们的大脑绝非一个存储空间，因此需要一些外部装置来管理提示信息，并为自己指引方向。你完全可以采用技术含量非常低的手段，比如把纸质资料存放在文件夹中。也可以使用高科技装备，比如PDA。当然，你还可以将多种工具结合在一起使用。

> 一旦掌握了如何处理你的材料以及你希望组织整理的内容，你要做的就只是创建和管理清单了。

在前面列举出的这些低技术含量的工具，都是用于收集、处理和组织整理工作的。而用白纸和文件盘，就可以开始收集工作。当你处理收集到的资料时，不到两分钟就能处理完的事情都要立刻完成，这期间会用到便利贴、订书机和回形针之类的东西。那些需要花很长时间阅读处理的东西（杂志、文章、纸质报告和文件），则需要放在一个专用的文件托盘里。很可能还有一些东西需要你整理归档。其余事项（需要维护的项目进度情况、记录在日程表上的事情、行动提示，以及那些需要你跟踪检查的任务）需要整理成某种格式的清单，或者类似的可回顾形式。

这些任务清单可以采用低技术含量形式加以保存，如放置在文件夹中（比如，在“电话”文件夹中，按联系人分别记录需要拨打的电话，或者文件夹中“待付”项下的应付账单）；或者采用中等技术含量工具，在活页记事本或者计划手册上进行安排（如在名为“电话”的页面上列出联系人的姓名）；当然，还可以使用高科技的电子清单（如PDA中“任务”分区中的电话栏，Microsoft Outlook中“任务”栏下的电话分类）。

除了保存可以随身携带的资料（比如联络信息），计划手册的另一个主要功能就是用来管理各种清单。（日程表本身就是一种特别的清单，它的特点是只记录对时间有刚性要求的行动提示信息。）

从20世纪晚期开始，市场上就充斥着各种各样的计划手册，从早期的每日计划手册（Day-Timers）和FranklinCovey活页本，到再度启用的Moleskine简易笔记本，再到现在的任务管理软件应用程序。①

提升个人工作效率的最佳手段之一，就是拥有你乐于使用的管理工具。

你应该把本书介绍的管理方法纳入你的现有管理系统中，还是应该建立全新的管理系统？我的回答是，哪一种有利于你改变不当的行为习惯，促使你正确地运用这些工具，就应选择哪一种。当然，还必须考虑到效率因素。你是否经常收到大量的电子信息，为此更适合采用电子设备管理？如果你经常与他人会面，是否需要一个书面形式的日程表？当你在路途中有点空间时，提醒你拨打必要电话的最简单方法是什么？当然，美学因素和娱乐性也不容忽视。我曾经利用在餐厅等候晚餐的时间更新了最佳行动计划，而当时我仅仅是找个借口来使用（把玩一下）我的智能手机罢了。

如果资料归档系统失控，它就会阻碍你的工作流程，使你的工作环境再次变得杂乱无章。

尽管如此，但你要牢记，你所使用的管理工具并不会让你在无压的状态下提高工作效率。那是你执行GTD才能得到的结果。你所创建的系统结构对于表达和执行进程至关重要，但它不能替代相关进程。一把利斧不足以成就一个好木匠，但一个好木匠总是想要一把利斧。

① 自《搞定》首版以来，出现了许多基于GTD核心方法建立模型的软件程序。大多数是简易的数字和移动型任务清单管理工具，具备各种升级、连接和图形浏览功能。

当考虑是否应该配备一个管理工具时，什么样才算是合适呢？你一定要记住，真正的目的是管理你的清单。你应该能够在忙碌中轻松地创建清单，并能随时查阅。一旦你掌握了哪些内容应该纳入清单，也掌握了正确的使用方法，采用何种媒介就无关紧要了，你只需关注简洁程度、速度和趣味性即可。

构建一个归档系统的关键要素

一个简单而高效的归档资料管理系统对于整个过程来说是至关重要的。无论是在谁的办公室，在我们开始实施工作流程管理计划之前，首先要对他的资料归档系统进行评估。就像我在第2章提到的，缺少一个高效的资料归档系统，将是提高个人管理系统效率的最大障碍。我辅导过的很多客户，在这方面都有很大的提升空间。这并不是因为内容有多么重要，或者具有多么重大的战略意义，而是因为在不加管理的情况下，这些资料会使物理工作区更加混乱，并极大地扰乱你的心智。如果对随意堆放、不可操作但具有潜在相关性的材料不加处理和整理，就会使你的情绪受到一定程度的干扰。更重要的是，这会在某种程度上阻碍工作流程的推进，往往导致事情回归到毫无头绪的混乱状况。我曾经多次驱车带客户到当地的办公用品店去购买办公用品：一个档案柜、一大摞文件夹、一个打签机，目的就是给他/她在书桌上和办公室里堆积的大部分东西找个适当归宿。这样一来，工作清晰度和侧重点无疑将发生戏剧性的转变。

> 如果你的资料归档系统在速度、功能和趣味性方面有所欠缺，整个信息收集过程就会令你苦不堪言。

在这里，我们最关心的是一般性的归档系统——这与专用的归档系统截然不同，专用的归档系统用来保存各种有明确分类，并且可以建立索引的资料，比如合同、财务记录、患者病历或其他类似资料。而一般性的归档系统是包罗万象的——各类期刊、笔记便条、传真信件、论文讲稿、文件乃至于门票、钥匙、买家俱乐部会员卡、闪存驱动器等有形物件——基本上涵盖了任何不能纳入专用归档系统的东西（当然，这里也不包含那种可以自成体系的东西，比如大型软件的说明书，或者研讨会资料之类的东西）。

如果你倾向于数字技术，你可能认为盛放有形材料的文件夹已不再适用。在未来某个时候，你可能不需要有形护照、出生证明、厨房电器说明书、医疗档案、箱子钥匙，或者出游国的货币。但在这之前，你仍然需要一个相应的物理空间来保存它们。

> 为了积累经验，你需要对某些事情或想法进行整理……你必须创建一个文件夹……一旦某些事情或想法令你深受触动，一定不要让它们从你的头脑中溜走，而要将其整理归档，从而得出其潜在的含义，搞清楚这些感觉或想法是愚蠢之见，还是存在发挥建设性作用的可能。
>
> ——C·赖特·米尔斯

如果你有一个可靠的秘书或者助理来帮你管理归档系统，那么你就可以在文件上贴个便利贴，在上面写明要如何分类，然后交给他就可以了。但是，一般人都有些个人感兴趣、需要保密或者有用的辅助资料吧，这些东西即使助理不在的时候也应该能够方便地查看。那么你就需要一个属于你自己的、近在手边的归档系统。

无论参考资料是纸质形式还是数字形式，都经历着同样的变化。事实上，随着我们获得的信息越来越多，在你的电脑或移动设备上开辟出保存临时参考数据的位置是很有必要的。许多人仍用其电子邮箱的收件夹来存放杂乱的一般参考资料（“我要保存这封电子邮件，因为其中包含有我儿子学校的活动计划信息”），但他们不会在电子邮件应用程序中建立一个名为“罗伯特”或“学校计划”的电子文件夹，以便将相关信息拖入文件夹保存，或者将其复制粘贴到某个适当的参考资料存储程序或数据库里。现有软件可以收集此类信息并进行分类（还能实现在多个设备上同步进行），但确实要在某种程度上考虑其组织结构问题，还要考虑以某种针对性行动将这类材料存入适当的位置，以免你的数字化存储环境变得杂乱无章。当我在自己的电脑上新建一个一般参考资料存档系统时，我会用长达三个月的时间来寻找其最佳组织结构，再用三个月时间来实现对它的“巡航控制”。这样我就可以放心使用这个系统，不用再三考虑。

成功归档分类的要点

我强烈建议你使用自己的归档系统（有形的和数字形式的），

并且这个系统要放在触手可及的地方。你从工作篮中拿出一个文件（或从电子信箱里打印一份文件），看了之后你觉得它不需要即刻付诸行动，只是具有潜在的价值，然后你就把它分类放入你的归档系统中。将文件扫描后存储在电脑里，或将信息复制后粘贴到电脑里也是同样的道理。你拥有的数字材料或许比纸质参考材料更多（或与之相反），但如果缺少一个相应的精简归档系统，你就很难保存具有潜在价值的信息，或者只能在不适当的位置堆放你的保存信息。整个归档分类过程不应该超过 1 分钟，如果达不到这个要求，就说明你的归档系统还需要改进。在以易检索格式进行归档时，如果花费的时间超过了一分钟，你就有可能抵触这个过程，最终把需要归档的资料随便堆放了事。这个系统除了要便捷，还应当让你感到有趣、好用、完整。否则，你会觉得归档这件事是个艰巨的任务，你就不会想去清空你的工作篮，甚至都不想看一眼堆积如山的文件或是电子邮件。但是别泄气：一旦建立起了合适的归档系统并让它运作起来，你就不会再抗拒归档工作，甚至会乐此不疲。

当你把一纸文件——就算是一张潦草的笔记——归档到系统内的时候，那种成就感并不逊于处理了一大摞正式文件。这是因为组织和管理文件需要花费大量精力，人们平时要么不保存，要么胡乱地塞到柜子和抽屉里（想象你是如何保存那些外卖菜单和火车时刻表的）。如果你认为所有此类信息都可以通过网络即时获取，而且你永远不会用到打印的纸质文件，那就确保你没有创建一个不必要的归档系统副本，而且你的选择和使用方法无懈可击。

如果你觉得需要对你的系统采取一些改进措施，以使它更加方便好用，那么就立刻动手吧！我设计的系统对我自己非常合适，很多尝试过的人也有同感，所以我强烈建议你参考下面提到的方法，来改进自己的归档系统。

一般性归档系统应该触手可及 归档工作应该能够在短时间完成，并且操作简单。如果每次存放文件时都不得不站起来，或者你不得不在你的电脑上搜索出几个位置，以便妥善放置你想要保存的某条信息，那你就会渐渐习惯随手把它丢到一边，从而放弃了归档，同时，你也会对处理工作篮里面的资料产生抵触情绪（因为你知道，那里面有一些文件可能需要归档！）。我培训过的许多人都重新设计了办公室的布局。现在他们坐在椅子上，转一圈就可以取到多个归档抽屉里的参考资料，不用再满屋子乱窜了。

按字母排序（或者按照拼音排序） 我为一般参考材料建立了一个而不是多个按照英文字母顺序排列的有形归档系统。一般而言，人们倾向于把文件夹当作一个管理系统来使用，按照工作类型或者不同领域分类管理。但当你忘记了某一材料的具体分类的时候，它可能出现的地点数目将以几何级数增加。一旦你将所有行动提示都列入“下一步行动”清单，这些资料就真正成了你个人图书馆中的内容，而你就能如愿地收集材料。你只需要解决一个问题：你拥有多大的存储空间，以及进行必要查阅时的便利性如何。一个按照字母顺序排列的简单系统可以根据主题、人、

项目或者公司加以细分，这样即使你忘记了放在哪儿，也只面对着三四个可能的选项。在通常情况下，你可以在每个标签下设立一些子主题，比如："园艺–花盆"和"园艺–想法"，这些都可以排列在字母G的下面。

建立一个简单有效、便于访问的一般参考资料归档系统，能让你保存足够多的信息。

数字化时代具有在众多数据中进行搜索的优势，用关键词标注内容的功能更是强化了其检索功能。不过，由于数据存储器方面的选项和存放位置过多，关键词标准功能很容易使其变得复杂和混乱。我认识的很多人都相当忙，他们不会花费时间和精力去使用这些工具，以便将所有材料纳入各自可用的应用程序。所以，尽管电脑赋予我们建造巨型参考资料库的强大力量、灵活性和机会，但在设计属于你本人的简单有效的参考信息组织结构方面，电脑构成的威胁则程度更甚。即便是采用数字化格式，也很有必要以适当方式存储一份城市出行指南——通常按字母格式有效编制索引或数据组。为了找到我喜欢的伦敦餐馆，我动用了我最新的一般参考资料应用程序，搜索"位置"、"伦敦"、"餐馆"——每层抽象概念都按字母排序。

数字导向型人士所面临的最大问题，是信息收集和存储的便利性引发了"只写综合征"：他们的一切行为都是为了收集信息——根本不对信息加以评估和巧妙运用。你必须自觉地采取行动，才能令潜在的庞大数字图书馆发挥作用，而不至于成为随便丢弃、徒有几个按键的数据黑洞。根据我的经验来说，“我不需要整理材料，因为使用搜索功能就足以找到它们”这种态度并不可取。我们需要回顾的大量已收集信息，应该以有效的组织形式加以呈现。

如果在一个主题或项目下出现过多需要归档的资料，那么就可以考虑给它们分配一个单独的抽屉、柜子或者数字目录。但是，如果这些有形资料还不到半抽屉那么多，我建议将其纳入按字母排序的归档系统中。如果已经进行过数字分组，或许有必要为它们单独列出一个子目录。

能够随时创建空文件夹 我手头上储备了大量空文件夹，处理资料的时候随手可取。当你需要归档的时候，却发现由于没有充裕的文件夹而导致工作停滞不前，恐怕这让人最感沮丧。你要始终确保拥有可随时调用的文件夹。在必要的情况下，应该可以在你的数据存储设备中即时创建一个新的虚拟文件夹。

确保有方便存储的庞大空间 尽量使抽屉中存放的有形资料少于3/4。如果每个抽屉都塞得满满的，你在潜意识里就会排斥新资料的存入，结果就会使得应该归档的资料堆积如山。如果发现抽屉快满了，我就会利用等待电话接通的时间动手清理。无论何时，如果你注意到了数字设备的存储空间，不妨随时进行检查和清理。

我知道，几乎所有的人都曾经使用过塞得满满的抽屉。如果你不希望自己对归档产生抵触情绪，或者仅仅是为了保护你的指甲，你都应该让你的抽屉留出一定的空间，至少可以方便自如地取放资料。对于数字存储设备来说，你应该随时关注电脑硬盘或云盘。你必须不断地进行本能判断，确定自己需要多大空间，以保证相关内容得到有效保存并能随时取用，而不至于因为未加整理的过量信息而形成黑洞。我经常会在等待电话接通的时候清理我的电子邮箱和过时的文件目录。

当抽屉快要塞满的时候，一般人的反应都是："我得再准备个抽屉保存归档资料了！"或者"我必须弄一个更大的硬盘驱动器！"。似乎情况非常可怕。但是，如果你觉得这些资料值得保存，那就应该把它保存在你触手可及的地方，对吧？如果这个都不能保证，你为什么还要继续保存它呢？如果我们处于信息时代，而你在保存信息的同时却妨碍了你对信息的使用……这可不明智！

正确的做法是，为了让你的一般性归档系统能够保持充足的空间，你要另外准备一个放置参考资料的地方，主要用来存放那些不常用的资料，比如已经完成的项目记录、处理完毕的客户文书。这些资料虽不常用，但是确实需要你保存起来以供日后需要的时候查询，所以把这些资料放远点吧，将它们存入电脑硬盘或者云盘，至少要在你的视线之外，以免分散你的注意力。

用自动打签机来标注文件夹 无论你的有形参考资料库存数量多么小，你都需要积极地对其加以整理归档。打印标签会彻底改变你文件夹的面貌，以及你和这些文件夹的关系。把带有打印标签的文件夹放在会议桌上会让大家都感到舒服；每个人都能看

懂那些标签上的文字；即使把它们放在公文包中或者放在远处，你也能看清标签的内容；当你打开抽屉的时候，呈现在眼前的好像是一个按照字母排序的目录。怎么样，感觉很好吧？这甚至会让你爱上归档。

> 你拥有那些你所命名的东西。但你收集却未命名的东西并不属于你。

到目前为止，科学家还不能解释为什么带有打印标签的文件夹会让工作变得如此高效，但是我知道这确实是事实。买个自己专用的标签打印机吧。为了让整套系统运转流畅，你需要随时动用它，这样你才能随时进行归档工作。不要把它借给别人！如果在你想归档的时候发现打签机不在手边，那你很可能会把资料堆在一边。打签机就和订书机一样是不可或缺的基本工具。

> 当现实工作十万火急的时候，如果整理某些资料需要花费的时间超过60秒，你就会把它们堆积起来。

至少一年整理一次归档系统 定期整理你的文件归档系统，可以防止资料变得混乱，也能防止某些资料如石沉大海般被遗漏。给自己一个审视其中内容的机会，也许你会想“没准儿这东西还有用”。几个月后，信息和物品的价值可能都会发生变化，你得决定哪些还值得保留，哪些已经没有价值了。这同样适用于数字和纸质参考信息。就像我说过的，我一般都是在等待电话接通的时候清理我的归档系统（也可能是在那种冗长的电话会议中）。

我建议所有的机构都设立一个“整理日”，在那一天，所有的员工都穿着休闲服和运动鞋，并把电话静音，然后动手清理他们积存的各种东西。[①]整理日到来，每个人都在轻松的状态下度过这一整天。大垃圾桶、回收品容器和“可撕碎”盒子均可动用，每个人都获准进入全天清理模式——围绕自己的办公室和电脑展开。个人的整理日也是你处理财务票据的绝佳时机，无论是在假期、年底或者每年春季的报税期，这样的一天可以让你把前一年的所有财务票据都整理好。

作为成功因素本身的归档工作

在各种事项的宏大计划中，参考材料和辅助材料的归档工作并非亟待处理，也往往不具有战略意义。因此，如果真的需要处理这些材料，也往往要把相关管理行为定为低优先级。不过问题在于，你的脑海中和物理工作区是否充斥着作用不大，却具有潜在相关性的有用信息。如果不严格建立并维护存储系统的秩序，类似“这是什么？”、“它为何此时出现？”、“我应该怎么处理？”，以及“现在我应该访问哪个地方？”这类潜意识就会困扰你。

> 性质或意义不同的物品不论堆放到何处，不断考虑其内容特性都是一项繁重工作，你的大脑会因此变得混沌麻木。

① 进入清理模式的一个绝好时机是平安夜，或者工作日之后的类似假日。大多数人都处于各种各样的“聚会模式”，所以这是一个打扫房子要酷的理想机会。

参考资料需要在其自身的独立边界（有形的和数字形式的）内进行保存和组织，这样不至于混淆系统内的其他类别，也能用于特定用途并得到有效评估。由于规模可能非常庞大，它们必须便于管理，以便在必要时收集、分析和评估你的需求，并且不能妨碍更具行动性的系统内容。我曾花费大量时间接触这个领域的卓越人士，帮助他们清理并建立起简单实用的参考系统，使他们腾出更多精力关注更重要的事情，这方面的效果通常很可观。

最后一件需要准备的事

你已经专门预留了一个时间段，建立了一个新的工作区，也准备好了各种基本工具，万事俱备！还差什么吗?

如果你已经决定要花费一定的时间来建立自己的工作管理系统，要想获得最佳效果，你还需要做一件事情：处理或推迟在那一个时间段内你需要处理的任何其他事务。

假如你确实需要同某人通一次电话，或者你的秘书必须要请你处理某件事情，或者你有事情想要同你的生活伴侣商量一下，那就马上动手处理吧。要不然就将这些事务推迟，做好记录，待以后恰当的时候提示自己。也就是说，你要为建立新的工作流程体系而集中你的全部注意力，这一点至关重要。

虽然有些学员为了获得我的一对一指导而确定了一个时间段，并且也支付了高昂的费用，但是每次我和他们一起坐下来开始工作的时候，总会受到一些事情的干扰。“噢，对了，我今天必须给用户打个电话”，或者“我必须同我的先生确认一下，看看他是否已经拿到了今天晚上的入场券”。我想，这可能已经成为整个社会的不良习惯了，而这么多精明干练的人士竟然日复一日地对自己的某些责任和义务视而不见！

那么，你是否已经处理好所有的问题？现在就开始，把你手头所有的未竟之事收集到一起吧！

第 5 章

收集阶段：归拢材料

在第 2 章里，我已经介绍了一些基本程序，用以收集你的潜在工作内容和重要的新信息。在这一章中，我们将详细讨论如何将你所有的未竟之事（也就是所有的“资料”）归拢到一起，全部放入“工作篮”。这即是通往“心如止水”境界的关键的第一步。只需要比以前的习惯做法多收集一些信息，你就能体验到一种积极、良好的感觉。如果能够坚持百分之百地落实这个信息收集环节，你的生活将会发生戏剧性的变化，同时，这也能让你站在一个全新的高度审视工作和生活。

当我指导客户实践本书这套方法时，收集阶段通常要花费 1~6 个小时，当然，个别人需要更长时间（曾经有人因为在开始时没有掌握要领而花费了 20 个小时才完成收集工作）。如果你想捕获工作和生活中的所有未竟之事，那么时间可能要更长一些。这意味着你可能会严密搜索所有的犄角旮旯，包括你的电脑、你的汽车、你的游艇、你的车库和其他房产（如果有的话）。

你尽可以放心，就算只能抽出几个小时的时间，也足够收集到有关未竟之事的大部分信息。对于其余的事情，留给自己一个包含提示信息的便条就足够了。比如在一张纸上写下“清理一下仓库”或者“处理门厅的那个壁橱”。

哪怕一网打尽，仍恐漏网之鱼。

其实在现实生活中，你用不着（也不可能）每时每刻都去收集所有资料。实际上，大多数人经常遇到这样的情况：连续一周都非常忙碌，以至于根本没时间去做收集工作。但是你心中应该有这样一个目标：将你关心的所有事情统统收集起来，然后清空自己的大脑。这就是你的理想目标，你应该时刻向它靠拢。

预备，各就各位！

注意，一定要在你彻底完成所有的收集工作之后，再开始对这些材料进行处理。

1. 了解有多少材料必须处理很有帮助；

2. 它能让你明白何处是“隧道尽头”；

3. 进行理清和组织整理时，你肯定不希望那些“不知所踪”的东西干扰你的情绪。一旦将需要关注的所有东西汇集在一起，你自然能在重点更突出、控制感更强的状态下进行操作。

一次性把所有事情都汇总到一个地方，这听起来有点令人匪夷所思，特别是有很多事情其实并不是“那么重要”。这些事情初次出现的时候都不怎么紧急，好像也不会因为未能对其处置而造成某些不良影响。它可能是你钱包里的陌生名片，每次你看到它的时候都会想“等有时间了，给这个人打个电话”；它也可能是你底层抽屉里放的一个小器件，你都想不起它是从哪儿来的了，或者腾不出手把它装好；它还可能是你办公室里的那台打印机，每次看到它的时候你都觉得该给它挪挪位置。诸如此类的事情会时常扰乱你的心智，就因为你没有决定是去马上处理，还是彻底放弃不管。但是这些事情会让你始终觉得“还有什么事情要办”，它们会控制你，无谓地消耗你的大量精力。

好了，是时候开始了。放好工作篮、准备一摞做笔记的白纸，咱们……

> 只有在对未尽事宜做到心中有数的情况下，你才会觉得释然。

开始！

外在的收集工作

第一步是搜索你周围的环境，检查一下哪些事项还没有做到位，把它们放入工作篮。收集的目标是那些未完成的工作，以及还没有开始的工作。把它们全都收集到工作篮中，以便着手进行下一步处理。

哪些东西不该动

要想知道哪些东西应该收集，最好的方法就是了解哪些东西不应该收集。有四类东西是我们在收集过程中不该动的：

- 日用品
- 参考资料
- 装饰品
- 办公设备

日用品 日用品包括一切你经常使用的、需要保留的物品。文具、名片、邮票、订书钉、便利贴、回形针、圆珠笔笔芯、电池、你随时要填写的表格、橡皮筋，这些物品都属于此类。还有许多人拥有一个存储“个人物品”的抽屉，里面有牙线、面巾纸、薄荷糖之类的东西。

参考资料 参考资料是指那些记载了你所需要的信息的东西，比如软件说明书、外卖菜单、孩子的足球训练时间表、你的内部电话分机表等等，还包括你的通讯录，以及与工作、计划和项目有关的资料，如词典、百科全书、年鉴、公司档案，等等。你特意收藏的图书和杂志也在此列。

装饰品 装饰品包含家人的照片、工艺品、纪念品、盆栽植物、你的座右铭等。

办公设备 办公设备包含电话、电脑、传真机、打印机、碎

纸机、办公家具、钟表、充电器、钢笔、记事本等。

肯定有不少东西属于这四类——基本上不需要你收集的所有工具和装备都在此列。除这些以外的所有东西都应该收集到你的“工作篮”中。要注意，有些东西虽然在这四类之内，但仍然需要处理，别把这些东西遗漏了。

比如，很多人都会在抽屉、书架、公示牌或者电脑文件夹里发现一些参考资料，这些资料要么是过时的，要么就是需要重新归类整理的。这些东西应该收集到“工作篮”里。同理，如果你放置日用品的抽屉早就不堪重负了，那么这些没用的东西显然就是应该收集起来的“未竟之事”。桌上孩子的照片是不是该换了？墙上挂的画你想换掉吗？那些纪念品还有必要保留吗？家具摆放让你满意吗？电脑需要重新安装一下吗？办公室里的盆栽还茂盛吗？换句话说，如果这四类东西里，有什么让你感觉不怎么“到位”，那么尽管把它放到你的“工作篮”里，等候处理吧！

收集过程中可能遇到的问题

在资料收集阶段，你可能会遇到以下一种或者多种情况：

- 收集的内容过多，一个工作篮不够用
- 可能偏离到清理和整理的环节中去
- 可能碰到一些以前收集和整理过的东西
- 可能碰上一些紧急事项

如果某个东西太大，工作篮放不下怎么办？ 如果某个东西放不到工作篮中，那么就把信息写在纸上，作为替代物放到工作篮中。比如说，你办公室的门后有张画需要处理，那你就在纸上记录“门后的画”，然后把这张纸放在工作篮里就可以了。

别忘了在纸条上留下日期，这可是大有好处的。如果你的系统收集了很多这样的纸条，那么了解纸条的创建时间会很有用。另外，随手在笔记上（如给秘书的便利贴、从服务台下载的语音留言、与客户联系的电话记录等）标注时间也是一个好习惯。如果你使用的数字设备具有邮戳功能，在这方面会大有裨益。尽管这些时间信息只有3%能发挥重大作用，但也值得你养成这个简单习惯。

如果收集的资料太多，工作篮放不下怎么办？ 就我的经验来说，所收集的资料显然超出了工作篮容量的人要占到98%。如果你也是这种情况，那就把这些资料堆在工作篮周围好了，或者干脆放在旁边的地板上。不用担心，在后面的处理和组织整理阶段还有机会清空你的工作篮，只要你自己把这些资料和其他物品明确区分开就行。

立刻扔掉 如果你一眼就能分辨出某些物品是无用的垃圾，那么别犹豫，立刻扔掉好了。对于我的一些客户来说，这种情况通常在他们初次清理自己写字台中间的小抽屉时出现！

如果你无法确定某样物品是否值得保留，那么就把它放在工作篮里吧，把这个问题留到处理阶段再考虑。你现在不应该做的事情，就是对每样东西进行判断、甄别、研究。整理需要的心态和收集有很大不同，最好分开进行。如果你把东西都收集起来了，那这类东西就可以随后再进行处理。而且你会发现，在决策阶段进行这类工作会更加容易。收集的目的就是把需要收集的东西以最快的速度收集起来，以节约时间、“划清界限”。

谨防掉入打扫和整理的误区 许多人在清理办公室（或者家里）的时候，都会不知不觉陷入一种“打扫和整理”的状态。如果这种情况在你身上发生了，嗯，没问题，只要你有足够的时间用来挥霍（至少整整一周的时间）。否则，你要立刻中止这种状况，把打扫的愿望当成一个需要完成的任务，写在纸条上，放入工作篮。比如，你可以写上“清理我的五斗柜”或者“清理办公室里的资料柜”。

> 能力再强，也读不完一阁楼的藏书。
>
> **——安·兰德斯**

你现在不该做的事情，就是在收集过程中，忙于进行这些细枝末节的打扫和整理工作。这些意外工作花费的时间通常超乎你的想象，而你现在要做的是尽快完成收集工作，以使你的系统走上正轨。

如何处理那些已列在任务清单和计划手册上的事情？ 可能你在此之前已经拥有自己的管理系统了，比如任务清单或者计划手册之类的东西。但是，除非你对这套系统非常熟悉并已成功运行，否则我还是建议你将这些任务清单和计划手册也当成需要处

理的东西，放在工作篮里。你的系统应该在各方面都是平等一致的，所以你应该从同样的视角去审视和处理它们。[①]

“这事我可不能再忘了！” 有些人在收集过程中偶然发现一页纸或者一份文件时经常会大叫一声：“我的天！这事儿我怎么忘了！我必须立刻处理一下！”这可能是一份电话留言，提醒你应在两天前回复的一个电话；或者是一个会议备忘录，提醒你几个星期前必须完成的一件事情。你绝不希望把它与其他堆积如山的资料混在一起，以免再次遗漏这个信息。

如果这件事发生在你的身上，你首先必须问一下自己：这些事是否必须在完成系统的启动工作之前解决掉？如果确实如此，那你最好立刻行动起来把它完成，尽快解除这个精神负担。如果还没急到那个份儿上，那就按部就班地行事吧，把它放入工作篮中。不管怎么样，你马上就要处理工作篮中的一切问题了，因此不会出现丢失或者遗漏的情况。

如果此刻无法将此类事情付诸行动，但你确实需要提醒自己这是你的首要任务，那么可以在手边建立一个“紧急事件”篮。虽然这只是个权宜之计，但它确实有效。记住，任何吸引你注意的事务都可能在未来造成忧虑，只要你把这些事物摆在面前，你

---

① 如果你以前执行过某种版本的GTD方法，并已创建了行动和项目清单，只是内容过时和不够活跃，通常情况下最好把它们打印出来，重新放回工作篮作为原始参照，然后重新开始创建。你无须利用其中的过时材料刷新你的新版本系统。

就控制了忧虑的来源。没错，你应该根据需要随机应变。

从办公桌开始

准备好了？好的。开始往你的工作篮里面放东西吧。通常情况下，你在手边就会发现大量需要放入工作篮的东西。许多人平时就把办公桌当成工作篮来用，如果你是其中之一，那么你周围肯定有不少东西需要收集。从你办公区的一端开始向四周推进，处理你遇到的一切东西吧。典型的物品包括：

- 堆积如山的信件、备忘录、报告、阅读材料
- 便利贴
- 收集到的名片
- 收据
- 会议记录

大多数人开始的时候都有这样的想法："哦，我知道那堆东西里面都有什么，就那么放着好了。"你一定要克制这种想法。那堆东西正是以前没有处理的东西，所以必须全部放入工作篮。听从建议把堆积如山的材料纳入这个整理系统的人，无不感到如释重负。

> 人们很容易抗拒和回避自己明知需要纳入考虑的任何问题。

在清理自己的办公桌时，问问自己是否打算更换办公设备。你的移动设备和电话系统好用吗？电脑呢？办公桌

呢？如果有这类需要，写个纸条放在你的工作篮中吧。

办公桌的抽屉

下一步轮到办公桌的抽屉了。注意，一次对付一个。抽屉里有哪些东西总是在分散着你的注意力？哪些可以采取行动？哪些是根本不应该放在那里的？无论哪个问题，只要出现了肯定的回答，就应该马上行动起来，把那些可以付诸行动的事务投入工作篮，或者在工作篮里留个纸条。在这里我要提醒你：你是要利用这个机会彻底清理你的抽屉，还是要写个纸条提醒自己以后再完成这个工作，这完全取决于你有多少时间以及抽屉里有多少东西。

柜子、台子的表面

继续清理办公室。搜寻放在书柜、工作台面或者文件柜顶部的那些临时文件。通常，你会发现一摞摞的阅读资料、信件、报告，以及各种杂乱的文件夹和辅助资料。把它们统统收集起来。

也许这里有一些你用过的参考资料，被你随手丢在某处。如果你能够顺手把它们放回原来的文件柜或者书架中，那就应该立即行动。但你在存放这些资料之前，首先需要确认一点：这些资料是不是可能与别的潜在事务有关呢？如果是，则必须放入“工作篮”，留待日后进一步处理。

柜子、台子的内部

现在我们来检查一下柜子里都储备了一些什么物品。这里可能放置着大量的日用品、参考资料以及长年累月的积压品。这里还有不少损坏的东西或者过时的物品吧？我经常会在客户的柜子里发现不少没有意义的纪念品。比如，一位保险公司的总经理最后处理掉的至少三打奖状竟然塞满了一个小垃圾桶，这些都是他多年来积攒的。

再重申一次，如果这些区域迫切需要清扫和整理，那就写张字条并投入工作篮。

> 考虑一下，那些收藏品和纪念品对你是否还有意义。

地板、墙壁和书架

告示牌上的信息是否需要立刻付诸行动？墙上用大头钉固定的那些资料是不是早已经没用了？有哪些照片、艺术品或者装饰品分散了你的注意力？那些开放式书架的情况又如何？哪些书籍需要稍作浏览或者送给别人？有哪些目录、指南手册、活页夹已经陈旧过时了，或者可能促使你采取行动？地板上是不是到处堆积着一叠叠资料？快把它们转移到工作篮附近，并把记录它们的纸条投入工作篮。

设备、家具和房间设施

你是否希望更换一下办公室的设备、家具，或者改善一下办公室的布局？一切设施是否运转正常？照明设备符合你的要求吗？如果想要改善某种现状，你现在应该知道怎么做了：写张字条，放入工作篮中。

其他地方

这将取决于在实施本计划时，你自己所确定的收集范围的大小，也许你打算在其他保存资料的区域进行类似的收集工作。如果你决心彻底地解放自己的大脑，那么，在所有的区域全面落实这一计划就势在必行了。

> 千万不要让“不怎么重要”的事情吞噬掉你在家时的精力。

我培训过的一些合作者会把我请到家中或者他们的第二工作现场进行指导，他们在家中也实施这个收集过程，这让他们受益匪浅。在家庭生活和第二工作现场中，他们通常会因为“不怎么重要”的小事，而导致自己的精力在不知不觉间被消耗殆尽。

并不是要扔掉你喜欢的东西

人们往往误会我的建议，认为我鼓吹激进的极简主义。相反，如果你不愿意扔掉某件东西，你完全可以继续保留。[①]否则的话，你会注意到一个事实：你现在或许没有什么喜欢或需要的东西。我的建议涉及如何评估和组织整理你周遭环境中所有需要保留的事物，以避免它引起你的无谓关注。显然，我在很多方面都算是一只“仓鼠”（比如喜欢收集数码照片）。问题只在于你有多大的存储空间，并且你要进行适当的区分，不要让所纳入系统的项目和行动遮蔽了你之前保存的内容。你想要保留你大学时代的12箱旧期刊和笔记本？你喜欢在办公室存放各种古怪玩具和艺术品，以便刺激你的创造性思维？没问题，只要你喜欢，可以把它们随便放在任何地方，而且你的管理系统保存了你希望或需要收集、处理的所有内容。

内在的收集工作：清空你的大脑

当你认为已经把周围环境中需要处理的事务全部收集到一起时，你会进而希望搜寻那些仍然存储在你的大脑RAM空间的事项。是什么事还在时刻吸引你的注意力，而你又无法在工作篮中找到它们呢？

这时，一叠简单的白纸开始真正发挥作用了，你要做的就是把这些事情写在白纸上。我的建议是，每张纸上只写一件事情。当然，你也可以在同一张纸上列出长长的清单，但是，考虑到日

① 强迫性囤积症是另一个问题，这超出了这个方法和我的经验范围。

后要分别处理每件事情，每张纸上只记录一项工作的效果会更好。当你着手进行处理时，基本要求是每次只专注于一件事。所以，把每个想法记录在相对独立的区域，不管是多么琐碎的想法，能让“专注”变得容易得多。而且你最先捕获的想法几乎不会成为你希望跟进的内容（其预期结果和下一步行动才是）。你很可能不会永远保存这些纸条（除非你决定采用低科技含量的事务管理系统），但是，当你开始进行处理时，分开记录各种事项的方式会让你得心应手。①

完成了实际物品的收集工作后，你大概需要 20 分钟到 1 个小时的时间把头脑中的内容清晰地记录在白纸上。你会发现这些事情的出现往往带有很强的随意性——琐碎的小事、重大事件、个人私事、工作问题等，它们并没有遵循任何特定的次序。

在这种情况下，你只需注重数量。这时要做到宁滥勿缺，千万别遗漏任何事情。就算记下了几个荒唐的想法，你也可以稍后再做定夺。你冒出来的第一个念头可能是“执行改变全球气候措施”，接着你可能会想到“我要去买一些狗粮”，总之把它们全部记下来。如果在这个过程中，你在工作篮里放入了厚厚一叠纸条，可别大惊小怪。

① 许多人（甚至那些热衷于高科技的人才）一旦体会到在一张纸上写下单独一个想法的价值，就会让它成为自我管理实践的一部分。使那些具有潜在价值的想法各得其所，这个做法很棒！

“引子”清单

为了帮助你清理自己的大脑，尽可能找出所有需要收集的事情，我们列出了“未尽事宜的引子”清单。逐条核查清单中的内容，看一看自己是不是有所遗漏。通常，你只需快速浏览一遍就可以发现潜藏于你大脑某个角落的问题。记住：一旦有所发现，马上在纸上记录下来，投入工作篮。

“未尽事宜的引子”清单

职业方面

已启动未完成项目
需启动项目
“探究……”项目
对他人的承诺
　老板/合作伙伴
　同事
　下属
　组织内的其他人
　“圈外”人
　　客户
　　其他组织
　　专业人士
　　供应商

需要进行/获得的交流
　内部/外部
　发起或回应：
　　电话
　　语音邮件
　　电子邮件
　　短信
　　信件
　　社交媒体帖子
其他待完成/提交的书面材料
　报告
　评估/审查
　建议书

- 文章
- 促销材料
- 指南/说明书
- 概要
- 修改和编辑
- 状况报告
- 跟进交流和沟通

需要安排/要求参与的会议

谁需要知道相关决定?

重要的阅读/评论

- 财务
- 现金
- 预算
- 预期/预测
- 损益
- 资产负债表
- 预报
- 信用额度
- 银行
- 应收账款
- 应付账款
- 零用现金
- 投资人
- 资产管理

规划/组织

- 正式规划（目标）
- 当前项目（下一阶段）
- 商业计划
- 营销计划
- 财务计划
- 组织措施
- 近期活动
- 会议
- 演示会
- 讨论会
- 组织结构
- 安装新系统/设备
- 旅行
- 度假
- 出差

组织发展

- 组织结构图
- 重组
- 角色

- 职位描述
- 设施
- 新系统
- 领导
- 变革措施
- 继任规划
- 组织文化

营销/推广
- 宣传活动
- 材料
- 公共关系

管理
- 法律
- 保险
- 人事
- 人员配置
- 政策/程序
- 训练

员工
- 雇用/解雇/晋升
- 审查
- 沟通
- 员工发展
- 补偿
- 反馈
- 士气

销售
- 客户
- 前景
- 引导
- 销售流程
- 培训
- 建立关系
- 报告
- 关系跟进
- 客户服务

系统
- 移动设备
- 电话
- 电脑
- 软件
- 数据库
- 电信
- 互联网

归档及参考

库存清单

存储

办公室/场地

空间/安排

家具

设备

装饰

公用设施

用品

维护/保洁

保安

会议

近期会议

需安排/按要求

需要汇报

专业发展

培训/研讨会

需要学习的内容

需要了解的内容

实践/开发技能

要阅读/研究的书籍

研究

正规教育（文凭、学位）

职业研究

简历

绩效目标

职业着装

等候……

通知

委派任务/项目

项目完成的关键

问题的答案

回复：

电子邮件

信件

建议书

电话

邀请函

申请书

报销

保险索赔

订购物品

维修

票据

他人的决定

个人生活

已启动未完成项目

需启动项目

项目——其他组织

- 服务
- 社区
- 志愿者
- 宗教组织

对他人的承诺

- 伴侣/配偶
- 子女
- 父母
- 家人
- 朋友
- 专业人士
- 应交还物品
- 债务

拟进行/实现的交流

- 电话
- 电子邮件
- 明信片和信件
- 问候卡
- 短信
- 社交媒体帖子

近期活动

- 生日
- 纪念日
- 婚礼
- 毕业典礼
- 招待会
- 郊游
- 假期
- 度假
- 旅行
- 晚餐
- 聚会
- 文化活动
- 体育赛事

管理

- 家庭办公用品
- 设备
- 移动设备
- 音频/视频媒体

语音邮件

电脑

软件

互联网

档案和记录

数据存储/备份

休闲

书籍

音乐

视频

旅行

拟游览地点

拟访问人选

网页浏览

图片

体育器材

爱好

烹饪

票据

财务

票据

银行

投资

贷款

纳税

预算

保险

抵押

记账

会计师

宠物

健康

培训

用品

法律

遗嘱

信托

遗产

法律事务

家庭项目/活动

伴侣/配偶

子女

父母

亲属

家庭事务

- 房地产
- 维修
- 建设
- 改造
- 房东
- 供暖和空调
- 管道
- 公用设施
- 屋顶
- 园林绿化
- 车道
- 车库
- 墙壁
- 地板
- 天花板
- 装饰
- 家具
- 电器
- 灯光和接线
- 厨房用品/设备
- 洗衣房
- 清理、整理、保洁
- 储藏
- 服务提供商

健康

- 医生
- 牙医
- 验光师
- 保健专家
- 检查
- 饮食
- 食物
- 运动

个人发展

- 课程
- 研讨会
- 教育
- 训练/辅导
- 职业
- 创意表达

交通

- 摩托车
- 自行车

维护
维修
通勤

服装
职业装
休闲装
正装
运动装
配饰
行李箱
缝补
定制

杂事
购物
店铺
硬件
用品
杂货
礼品
药店
银行
清洁工
维修

社区
邻里
邻居
服务
学校
公民参与
投票

等候
产品订单
维修
报销
贷款项目
通知
回函
家人/朋友已完成的项目/任务

收集的成果

如果你的大脑现在空空如也、无牵无挂，你的工作篮恐怕已经满满当当的了。除了纸质资料和各种物品外，工作篮里还收集了语音及电子信箱中的待处理邮件。当然，还应包括那些你已经记录到计划手册中，但还没确定下一步行动的事情。

> 对于任意值得给予某种程度关注的事项，如果你能简单界定其清单界限，就算完成了收集任务。

通常情况下，我建议把语音信息转换成书面形式的记录，并放到工作篮中。或许用过的计划手册也应该一并放入工作篮，因为很可能需要你再次检查和评估手册中的内容。如果你一直在使用某种数字设备，而不是日程表和通讯录，那么我建议你打印出工作和待处理事务清单，也放入工作篮中。至于电子邮件，最好还是由它去吧。这是因为电子邮件的数量巨大，而且它自成一体的迷你系统也是非常高效的。

收集到工作篮中，但不要长期放置在工作篮中

完成了这一步骤，你就为下一步行动做好了准备。你肯定不希望无限期地把资料保存在工作篮中，那样这些事情将会再次潜入你的脑海（因为你自己清楚这些需要处理的事情还没有完成）。

事实上，很多人不愿意收集生活中未尽事宜的主要原因，就是因为他们没有掌握正确的处理和组织整理方法，从而进行下一步的工作。

让我们一起进入下一章："清空工作篮"。

第 6 章
理清阶段：清空工作篮

假如你已经完成了收集过程，现在你要做的就是彻底清空你的工作篮。所谓清空工作篮，并不意味着完成你所收集到的全部工作。它指的是识别你收集到的每样东西，确定它是什么，它意味着什么，它需要你采取什么样的行动。

如果你希望从总体上了解工作处理流程，你可以参考下述工作处理流程图。中间一列内容（位于直角方框中），就是你在处理和确定下一步行动过程中需要采取的具体步骤。

本章介绍的重点，就是中间这一列的内容，它们将工作篮中的任务转化为具体的下一步行动。你将看到，任何一个悬而未决的问题在经过这几个步骤的处理之后，都能迎刃而解。它会帮助你明确下一步行动。比如，你拿起工作篮中的某样东西时，意识到“我该给安德里娅打个电话，告诉她这件事情。算了，还是等到星期一她在办公室的时候再打吧”，那么你要做的就是将“给安德里娅打个电话”这个行动推迟，并把它记录在你的日程表里。

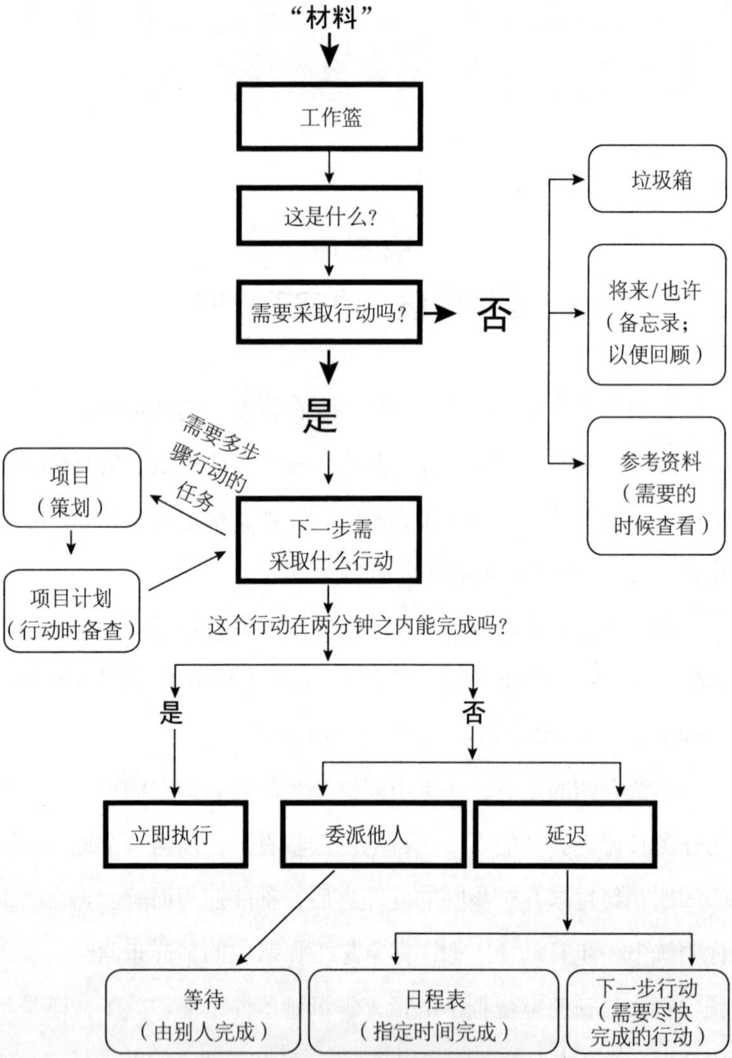
“材料”
工作篮
这是什么?
需要采取行动吗?
否
垃圾箱
将来/也许
(备忘录;
以便回顾)
参考资料
(需要的
时候查看)
是
需要多步
骤行动的
任务
项目
(策划)
项目计划
(行动时备查)
下一步需
采取什么行动
这个行动在两分钟之内能完成吗?
是
否
立即执行
委派他人
延迟
等待
(由别人完成)
日程表
(指定时间完成)
下一步行动
(需要尽快
完成的行动)

工作流程图——理清过程

我建议你在正式处理工作篮内的事务之前，仔细阅读本章及下一章的内容。这样做会让你在实际执行过程中心中有数。当我指导客户进行到这里的时候，经常出现一些困难。这些困难并不是“处理”过程导致的（这个步骤其实比较容易），通常是因为人们不知道如何把处理结果（也就是具体行动）合理地组织整理到它们的系统中去。

通常，我培训的许多客户在经过分析处理得到具体的下一步行动后，都急不可待地将它录入某种移动设备的企业应用程序或者其他存储工具中去（大多是一些电子设备或计算机软件）。其实在这之前，我们还要做一些准备工作。首先（当然是在收集过程之后），确定相关的软件和硬件运作是否正常；然后我们要清除（通常是打印出来，再清除掉）Outlook任务列表中的旧任务，把它们放入工作篮；最后，我们要建立起相关目录，比如“电话”、“外出事宜”、“议事日程”，“用电脑”等等。在我们进行分析处理的时候，就可以同时进行组织整理工作，坐在电脑旁直接把下一步行动输入这套系统中（我们日后的具体行动将直接依赖这套行动提示系统）。

如果现在还不清楚自己想用什么样的行动提示设备，你也不用着急。你完全可以在处理的过程中使用简易的活页笔记本或者你目前使用的任何工具来列出清单。一旦你找到了一套合适的设备，那你随时都可以升级到新系统。

处理阶段的方法指导

学习的最佳途径是实践。但是，在开始之前，我还要强调几个基本原则：

1. 首先处理工作篮中最上面的事务。
2. 一次一事。
3. 永远不要把事务再次放回工作篮。

从最上面的一项开始

即使第二项事务是国家总统写给你的信，而第一项仅仅是一封垃圾邮件，你也必须首先对付这封垃圾邮件！这是一个夸张的例子，但是这个原则是非常重要的。每一件事情都必须获得均等的处理机会。“处理”这个动词并不仅仅意味着“花费时间”，它还指“判断事情的实质，确定下一步的行动方案，然后进行相应的处理”。无论如何，你必须尽最大可能迅速完成清空工作篮的工作，而且不回避对任何一件事情的处理。

> “处理”并不仅仅意味着“花费时间”。

紧急搜索不等于清理

大多数人首先在工作篮或者电子邮箱里寻找最紧急、最有趣或者最吸引人的事情来做。“紧急搜索”的做法固然很好，而且有时也极为必要（我也经常这么做）。比如，你刚刚从别处开会回来，15分钟后还要参加一个漫长的电话会议，这就需要你进行一番检查，以确保没有“地雷”存在，看看你的客户是不是已经答复了你的电子邮件，是不是对你的提议表示赞同。

然而，这并不是我们所说的处理的正常程序，充其量只是一个应急搜索。当你开始采用加工处理行动模式时，必须养成这样一个习惯：从一端入手，按顺序一次只处理一项内容。一旦你违背这个原则，只去处理你想要解决的事务，并且顺序杂乱，那结果必将导致某些事务被遗漏。而且最终的结果是，你的办公桌和电子邮箱很快又堆满了铺天盖地的事情。许多人都处于应急搜索状态，他们总是深受新内容的干扰，如果他们不持续浏览自己电脑或移动设备上的内容，就会觉得不舒服。如果他们认为每隔一两天就要对新内容进行一次全面处理，他们就意识不到持续查阅的必要性。

“后进先出”还是“先进先出”

从理论上讲，最好的做法可能是把工作篮底朝天地颠倒一下，然后，从第一件装入工作篮的材料开始处理。但实际上，只要你能够在一段不长的时间内，完成从一端到另一端的处理，那么其结果是大同小异的。无论用哪种方法，你都可以在短时间内毫不遗漏地检阅全部内容。然而，这里有个特例，那就是在处理一大堆积压已久的电子邮件时，首先对付最后出现的邮件反而可以提高效率（“后进先出”）。这是因为，虽然关于同一问题的往来邮件有很多封，但主题都只有一个，而且最后一封邮件包含的信息往往最多（或者最接近问题的最后解决方案）。所以处理了这封邮件，就意味着一并处理了前面的邮件，而且如果没能了解整个讨论过程，你肯定不愿意提前回应某些问题。

工作篮是一个处理问题的地点，而不是一个存储容器。

一次一事

也许你发现自己常常有这样一种倾向：拿起一份资料，当自己还未确定具体的处理措施时，你的注意力又不由自主地转到下面另一桩事情上，大脑也随之开了小差。也许第二个工作对你的吸引力更大，因为你对如何处理它胸有成竹，而你对于手头上的这件事一点也不感兴趣。这种倾向非常危险：由于你把精力转移到下面一件更简单、更重要、更有趣的事情上，所以很可能会把手头的工作扔到一边，让它再次积压在你的办公桌上。

通常情况下，你并不会自动思考、处理收集起来的事项。你必须自觉考虑这些问题，就像要求自己参加锻炼或是打扫房子那样。

大多数人还希望能立刻把工作篮中的一切内容统统倒出来，尽快搞定它们。尽管我非常理解大家的迫切愿望，但是，我还是坚持提醒你：强迫自己只处理最上面的一项，其他的内容尽量看都不看。每次只处理一项内容可以迫使你集中全部注意力来做出判断。注意力是确保解决问题的必要条件。这么做的另一个好处是，即使你的处理过程被打断了，也不会出现一团乱麻的情况（那很容易使你再次陷入失控状态）。

例外：多任务处理

对于“一次一事”这项原则，存在着极少数的例外。有那么一类人，他们在对某件事情做决定之前，需要暂时将注意力转移开1分钟。当我遇到这类人的时候，我让他们每次从工作篮中拿出两三样东西，同时处理。对于他们来说，这会让处理过程变得更加简单和迅速，也使他们更容易确定下一步行动。

但是，请记住，多任务处理是个例外——只有在你掌握了“立刻处理所有问题”的能力，并且不会逃避“那些需要2分钟以上的时间才能做出的决定”（见下文）时，它才有可能奏效。不然的话，你还是老老实实地“一次一事”吧！

永远不再放回工作篮

把东西拿出工作篮，这是一条“单行线”。有点类似于那句谚语“事情只做一次”，尽管这实际上并不是什么好主意。如果你严格按照这句话来做，也就不会存在什么行动清单了，因为当你发现一件事情的时候，你就会在第一时间把它处理好。实际上，如果你每次一意识到某件事情就立即去着手完成，那你的效率会非常低，而且这也是不可能的。其实，这句话的含义是告诉你不要养成坏习惯，即连续不断地从工作篮中取出任务，却不判定它的性质，也不考虑下一步对策，只是把它们丢在一旁。更准确的说法是："当你将一件事务从工作篮中取出时，就应立刻判定它的实质以及处理方法，且永远不要把它再次放回工作篮。"认知科学家现在已经证明了"认知疲劳"的真实性，即你做出的每个或大或小的决定都会在一定程度上消耗你的脑力。决定对某个电子邮件或任何其他事物"不做决定"，这本身就是一个决定，这会耗费你的精力。

处理过程的关键问题："下一步行动是什么？"

你已经知道了加工处理的要领，也准备开始"一次一事"地处理收集到的事情。你现在要做的就是针对每件事情确定下一步行动。这听起来很容易——也确实如此——但它要求你快速、果断地进行思考。很多时候，需要采取的行动不会那么显而易见，它需要你去发掘，去筛选。

> 就像是一只闯入裸身营地的蚊子，我清楚自己想要做什么，却不知道从何处开始。
>
> ——斯蒂芬·贝恩

比如，你开始处理第一项任务，是否需要与某人通电话？或者填写一份表格？还是上网搜索资料？去商店买些东西？同你的助手谈一谈？给你的老板发一封电子邮件？等等。如果你能找到具体的下一步行动，那么做出决定和选择也就更容易了。但是，如果“确实没有什么可以采取的行动”，又该怎么办呢？

如果不需要付诸行动，你又该怎么办呢？

一般来说，工作篮中总会有些内容不需要（或者不可能）采取行动。这些无法付诸行动的事情，一般可以分为三类（流程图右侧的三个分支）：

- 垃圾
- 待酝酿的事务
- 参考资料

垃圾

如果你一直都是按照我的建议执行的，那么到了这里，你肯定早已丢掉了不少没用的东西。但是，随着你将大量资料快速收入“工作篮”，这其中难免会包含那些你并不需要的东西。所以，当你清空工作篮的时候，仍然会有许多东西是需要丢入垃圾桶的。

把生活中的各种事情汇集到一起处理的时候，你会对自己的情况有更清醒、更全面的认识，知道哪些事情是必须做的，哪些事情是不必做的。我培训过的一位基金组织负责人发现自己竟然保存了几千封根本就不想回复的电子邮件。他告诉我，是我的这套方法，让他对“应该将哪些事情作为未尽事宜保留起来”有了更加清醒的认识。

你肯定也经常面临这样的问题：对是否需要保存某一资料犹豫不决。对付这种情况，我有两个方法：

- 如果你感到犹豫，扔掉它。
- 如果你感到犹豫，保存它。

没错，这完全由你来决定。我认为两种方法都是可行的。你要做的就是相信自己的直觉，并且（如果要保留的话）考虑好实际的存放空间。大多数人对做这个决定都会感到焦虑不安，这主要是因为他们没有一个完整、条理清晰的系统。如果你可以分清哪些是一般性参考资料，哪些是项目支持资料，哪些是需要采取行动的，而且你的归档系统既简单又有效，那么你肯定可以想保存多少资料就保存多少。既然要归档的这些东西都是不需要采取行动的，那么剩下的就是存放空间和分类管理的问题了。你想要多大规模的参考材料阅览室和工具箱呢？

归档专家们可以在这方面提供更多、更详细的指导。也许，你的会计师也可以提供有关保留记录的时间表，明确告诉你各种类型的文件需要保存的时限。我的建议是，你只要做到能够分辨一件事情是否需要付诸行动就可以了。一旦确定某项事务永远不需要付诸行动，鉴于你的个人喜好以及存储和利用资料的能力，在是否保存某一资料这个问题上，你就有很大的选择空间。

在数字世界里，人们在做出保存或扔掉某资料的决定时面临着更多机遇和挑战。计算机和云存储空间似乎在持续倍增，由此带来的好消息是，我们将会有更大的空间来存储更多的信息。另一个好消息是，强大的搜索功能也随之不断增强。而坏消息是，尽管搜索功能很强大，但它会同时加剧随意归档现象，导致对诸多事项的规模和性质认识模糊。由于数字存储是在缺乏事先考虑的情况下近乎自动完成的，这就很可能导致持续存入新资料却不加利用的现象。你创建了一个包罗万象的浩瀚图书馆，但是你限制了它发挥作用的能力，而这种能力对你而言是非常重要的。就像我在前一章指出的那样，此时的关键是定期审查和清理过时的信息，并进行有意识的前期过滤，比如可以在处理自己归档的资料时问自己："我这么保存有必要吗，有用吗？能否确保在必要时通过互联网或其他渠道获取？"

酝酿

> 信息过多会造成不好的结果：你无法在必要时获得适当形式的信息。

你的工作篮中可能存在这样一些资料，当看到它们的时候，你会对自己说："目前没有什么可做的，但是，也许今后会有用。"这样的例子有：

- 一封电子邮件，预告了一位客座演讲者参加的一次商务早餐会。你也许很希望去参加，但时间是在两周以后，因此你目前还无法确定届时你会留在此地，还是出差在外。
- 三周后要召开的董事会议的日程安排。你已经接到了邀请，目前你并不需要采取任何行动，只需等到开会的前一天浏览一下日程安排。

• 一款你很喜欢的应用软件的升级通知。你确实需要更新到这个新版本吗？你不知道，那就把问题暂时放在一边，一周后再去考虑吧。

• 一个想法，也许你希望在明年的销售年度会议上提出来。虽然目前不必行动，但是你希望在需要制订计划时得到提醒。

• 一张写给自己的字条，是关于参加一个水彩画课程的，不过你暂时还顾不上考虑。

在这些情况下，你应该怎么办呢？你面临着两种选择：

• 把它们记入“将来/也许”清单。
• 把它们的提示内容写入日程表或者“备忘录”。

这个酝酿程序的目的在于：让你现在暂时摆脱这些事情的压力，并且让你相信自己的系统能够在指定的时间提醒你完成这些事情。关于这些步骤的细节，我将在下一章（组织整理）进一步介绍。现在，你要做的就是在这些事情上贴个“也许”的标签，或者写上“10月17日提醒”，然后将它们一并归入“待定”类别，等待稍后进行分类处理。①

---

① 针对这种情况，额外准备一个工作篮是十分理想的做法。在加工处理的初期，可以利用它来收集资料以备日后的管理。然后，你可以用它保存工作过程中的一些资料和下一步行动的提示信息。

参考资料

> 决心不就某事做出决定很好。你只需一个“决心不做出决定”系统来清空你的大脑。

你会从工作篮中挖掘出许多有待处理的事情，它们并不要求你采取任何行动，但又对某些项目和主题具有潜在的价值，今后还可以提供一些极为有用的信息。较为理想的情况是，你已经建立起了一个文件归档系统（就像我在第 4 章所描述的那样），来保存你的参考资料和辅助信息。这样，当你浏览工作篮和电子邮箱时，一旦碰到这种你希望保存的资料（及其附件和网络链接），你就可以立即将它放入你的归档系统了。

你很可能会发现大量的、各种各样需要归档的资料，它们只是堆在桌面上或者塞在抽屉里。这很可能是由于你的归档系统太过正式（也可能根本就没有归档系统）造成的。在这里，我要再次提醒你：“少于 60 秒”、“让你乐于使用”、“就在手边”、“一般性归档”，是让一个归档系统能够全速运转的重要因素。在忙碌的工作和生活中，如果你的归档系统不是那么简单、快捷、有趣，那你肯定很快就不会再用它，而是继续把资料堆积在一起。这只会使你的生活变得更糟、更难以驾驭。

每当你碰到希望保留的资料时，打印一个标签贴在文件夹上，然后放入你分类归档的抽屉中；或者贴上一个便利贴，交给你的助手代你进行归档，或者进行适当的标注和分类。在我最初从事培训时，我允许我的客户建立一个“待归档”文件夹来存放那些需要归档的资料，而现在我已杜绝了这种做法。我发现，如果你不能把一件事情立即放入归档系统，那么你很可能不会再将这件事情归档了。这类事情如果你现在不做，日后也肯定不会去做的。

你想保存为参考材料的新内容，其形成多种多样。如果它只是一封电子邮件，你想保存以备日后检索，我建议将其存入电子邮件应用程序中的存储文件夹——通常位于用户窗口边沿的导航栏。许多人都把这些无法执行的电子邮件留在他们的工作篮中，让那里成了一个混乱的文件柜，导致系统严重堵塞。你可以立即创建一个新的参考文件夹，以新的标题、主题、用户或项目命名，然后立即把电子邮件拖入其中。

对于你想保存的电子邮件文件、附件、文本和图片，你必须开发出属于自己的归档程序。现在，云空间里有非常有效的文件存储应用程序，各种设备也都有可以用来记录和协调项目。这种可行性技术的影响力、多样性和快速演变，使得有关任何一种万能型最佳做法的建议都丧失了意义。因此，我们每个人都必须实验、定制、修正我们的数字图书馆，以便其发挥最佳效果。保持有效性的关键，就是定期回顾我们的数据及其组织形式，保持其即时性和适用性。

再次强调，关键驱动因素应该是：我是否仍在关注我的参考内容或者参考系统？如果你仍在关注，就创建一个项目，并明确“下一步行动”来解决它，把这个重要领域置于你的“巡航控制”之下。

如果需要采取行动……那么具体行动是什么？

这可能是搞定体系中最基础的一步。如果“工作篮”中的哪样东西需要你付诸行动，你就需要明确下一步具体行动是什么。在这里重申，所谓的“下一步行动”，是能够推进事务完成的、具体的、可实施的行动。

确定“下一步行动”的过程，说难也难，说容易也容易。

确定“下一步行动”其实是非常容易的，但它经常让一些初学者感到为难。即使对于一个非常简单的任务，当你试图找到“下一步行动”的时候，常常会发现你还需要进一步观察形势、考虑详细的行动步骤。不完成这些你就没法决定“下一步行动”。

> 简单明了、有始有终的行动，往往能消除无尽复杂的事情给我带来的困扰。神圣的简单性。
>
> ——罗伯特·富尔格姆

下面是一些大家经常遇到的、需要我们处理的事情，也许它们就在你的工作篮中：

- 清扫车库
- 报税
- 打算参加的会议
- 鲍比的生日
- 新闻稿
- 工作情况回顾
- 管理方式的改变

尽管这些事情看起来都是独立、清晰的任务（或者目标），但是当你要确定它的“下一步行动”时，还是要耗费一些心力的。

• 清扫车库

……是的，我只需要走进车库，动手收拾一下。不，慢着，车库里还有一台冰箱，我必须先把它处理掉。我应该问一下约翰，看他要不要。我应该……

• 为冰箱的事给约翰打一个电话

关于……

• 报税

……但是我现在还不能开始，我必须等拿回上一次的投资收益文件之后才行。在这之前我什么也不能做，因此……

• 等待从Acme信用基金取回文件

至于……

• 打算参加的会议

……我必须搞清楚，桑德拉是否会为我们准备一个宣传资料袋。我想我需要……

• 给桑德拉发电子邮件，询问有关会议宣传资料袋的事依此类推！这些行动——“给约翰打电话”、“等待文件”、“给桑德拉发电子邮件”——就是所谓的“下一步行动”，就是你在处理工作篮中的可执行任务时需要确定的行动。

下一步行动必须是可执行的具体行动

记住，下一步行动必须是可执行的具体行动。许多人在决定“开会”时，就以为自己找到了“下一步行动”。然而，那并不是真正的“下一步行动”，因为它缺乏对具体措施的明确描述。你要如何召集参会人员？嗯，也许你只需要打一个电话或者发一封电子邮件，但是要打给（发给）谁？马上决定吧！如果你现在不做决定，将来迟早还是要做决定的。而且，一旦你决定了下一步行动，也就结束了对这个问题的思考。如果你现在不立即决定下一步行动，那么每次你想到这个问题的时候，都会感到一定的心理压力（好像有什么事还没确定？）。这可能会最终导致你对这个问题视而不见，并进一步导致拖延。

> 在采取下一步具体行动并妥善参与之前，仍需对问题进行反复思考直到了然于心。

当你拿起电话或者坐在电脑前，你应该已经结束了所有的思考过程，并有了几份对应不同情境的工作清单。这样一来，你就可以全身心地运用手中的工具，在你所处的场所，更加轻松地完成工作。

如果你对自己说：“噢，我的下一步行动就是‘决定这件事应该如何处理’”，那又该怎么办？要知道“决定”并不是一个真正的“行动”，因为真正的“行动”需要耗费时间去执行，而“决定”并非如此。总会有一些具体的行动能让你的决策变得更加容易。99%的情况下，在你做出决定之前，你要做的就是获取更多的信息。这些信息可以从外部获取（“给苏珊打一个电话，看看她对这个提议的看法”），或者通过自己的思考获得（“模拟一些重组的想法”）。不管怎么说，你总能找到一个具体的“下一步行动”，来推动事态的发展。

一旦你确定了下一步行动

一旦你确定了下一步行动，这时，你就面临着三种选择：

> 找出那些能够帮助你做出“决定”的具体行动。

- 立刻执行（如果两分钟内可以完成）。
- 委派他人（如果你自己不是完成任务的最佳人选）。
- 推迟执行，把任务放在你的组织系统中，在日后有时间的时候再完成。

立刻执行

如果某个“下一步行动”的用时不会超过两分钟，那么不要犹豫，立刻动手完成它。如果有一封电子邮件只需要你花30秒钟看一下（再向发送者回复“同意”或者“不同意”即可），那么就立刻完成它。如果某个你可能会感兴趣的目录，需要你花上一两分钟看一下（然后再根据需要处理这个目录，无用的丢入垃圾桶，有用的放入归档系统），那就立刻阅读吧。如果某个“下一步行动”是给某人的语音信箱留言，那就立刻拿起电话吧。

即使你面对的并不是什么重要任务，如果你能在两分钟之内完成，那你就应该立即将其完成。这个“两分钟原则”的原理是：对于任何任务，保留、跟踪、最后完成它所花费的时间，要比立刻完成它花费的时间更长——换句话说，这是一条提高效率的捷径。如果一件事情根本不值得你去完成，那么就把它丢入垃圾桶；但只要这件事情是你早晚要做的，那就需要考虑到“效率”这个因素。

许多人发现，遵守“两分钟原则”并养成习惯之后，他们的工作效率有了大幅度的提高。一位软件公司副总经理告诉我，这个原则让他每天多出了1小时的自由时间！他每天要在工作时间处理300封电子邮件，还要完成大量的企业日常事务。这些电子邮件几乎都是他的下属发来的，大部分是向他汇报工作，需要他对某些事情做出批示。但是因为这些邮件并不是他每天工作的重点，所以他任由它们堆积在收件箱中，等待“稍后处理”。当堆积下来的邮件达到几千封之多的时候，他就不得不花费整个周末的时间来处理完这些邮件，这样才能赶上工作的进度。如果他是个二十六七岁的小伙子，这也许不是什么问题，但是他已经三十好几了，并且有了自己的孩子，周末加班几乎是不可能的了。在我辅导他的时候，我和他一起处理了收件箱中的800多封邮件，结果发现其中大部分是可以直接删除的，个别邮件需要作为参考资料归档，剩下的大部分可以在两分钟之内简短回复一下。一年之后我和他取得了联系，两分钟原则对他依旧管用！他邮箱中堆积的邮件再也没有塞满整个屏幕。他说，这个简单的“两分钟原则”大大缩短了他的任务响应时间，让他的工作方式和态度大大改观。他的同事都说他是由“特富龙”那样的高性能材料制成的。

> 两分钟原则魔力无限。

上面这个例子似乎有点夸张，但它的确向我们揭示了这些简单的处理原则是多么的重要，特别是当你接受的任务越来越多、速度也越来越快的时候。

事实上，两分钟只是一个指导原则。如果你在处理时拥有较充裕的时间，那你就完全可以把这个时间限制延长到5分钟或者10分钟。如果你打算只用一个下午的时间去迅速清空“工作篮”中收集的资料，那你也可以把时段缩减至1分钟，甚至30秒，这样就能加快每件事务的处理速度。

> 你会惊奇地发现，竟然存在如此之多的两分钟行动，甚至对你来说最重要的工作也是如此。

随着你逐渐熟悉处理过程，给自己计时不失为一个好主意。大多数人其实都不清楚两分钟到底有多长，而且他们通常对完成手头工作需要花费的时间估计不足。比如，你的行动是要给某人留个口信，如果你的电话是他本人接听而没被转入语音信箱，那这通电话花费的时间很可能会超过两分钟。

对于这些两分钟内就能完成的任务，你就无需花费精力去跟踪它们了。就算你在完成了一个行动之后，没有达成任务目标，你也会更清楚接下来的“下一步行动”，而且，对于这个“下一步行动”，你还需要继续采用相同的标准来判断其执行方式。比如说你想要更换打印机墨盒，换墨盒肯定用不了两分钟，所以你决定立即执行，但是你发现所有墨盒都用光了，这时你的下一步行动就变成“上网订购墨盒”，对于这个任务，你可以继续决定是“立即执行”、“委派他人”还是“延迟执行”。

> 只有行动才能掌握世界，而不是思考。手比眼更重要……手是思想的利刃。
>
> ——J·布朗劳斯基

尝试一下在整个处理过程中坚持两分钟原则吧。许多人惊奇地发现，居然有如此之多的事情可以在两分钟内解决掉，而且，这其中还包括他们手头上一些最重要的工作。他们也很乐意用这种方法来处理那些比较小的未尽事宜，这些事情一直在困扰着他们。

对许多人来说，“两分钟原则”已经成为控制无数电子邮件的救星。在电子邮件数量较多的情况下，你很可能需要在 2 分钟之内回复和处理至少 30% 的可执行电子邮件（假设你的输入技巧足够好）。如果你正在处理电子邮件，遵循这个建议能显著提高自身的响应速度和工作效率。当我帮助某人清理电子邮箱中堆积的邮件时，总会在多条战线上同时采取数十项快速行动，将有效的储备信息分离出来。

尽管如此，你不应该沦为每天都要执行两分钟行动的奴隶。这个原则应该主要用于对新内容进行处理。例如，处理你的工作篮时，与你的同事或家人互动时，或者在走廊简单应付某些寒暄时。不过，如果你没有在问题出现时加以处理，而是留待处理，你将不得不花费时间和精力去收集、整理和跟踪这些事务，以免它干扰你的思维。

委派他人

如果下一步行动花费的时间会超过两分钟，你可以问问自己："我是不是最适合处理这件事情的人呢？"如果答案是否定的，就把它转给适当的人选好了。当然，要采用一种"恰当的方式"。

委派工作并非总是上级对下级的。你可以决定"这件事必须交给客户服务部进行处理"，或者"这个必须让我的领导过目"，或者"我需要征求一下合伙人的意见"。

所谓"恰当的方式"可能是下面的某一种：

- 给对方发一封电子邮件。
- 写一张字条，然后交给某人。
- 给对方发条短信或语音留言。
- 在工作日程中添加这一条，以便下次与此人见面时进行探讨。
- 直接与他对话，当面或者打电话、发短信或即时信息都行。

尽管以上这些方式都可以奏效，但我还是建议大家按照列出的顺序，自上而下地选择（有一些例外情形）。电子邮件通常是最便于纳入个人管理系统的方式；它还会留下电子记录；对于接收任务的人来说，处理起来也比较方便。字条是第二位的，因为它也可以立即纳入管理系统，接收者也会将这个字条作为一个提示信息来提醒自己完成任务。如果你打算让别人帮你传递某些信息，写个字条就是最好的选择；像电子邮件一样，接收者可以很方便地把字条上面的任务纳入自己的工作安排中。语音留言和短信非常方便，许多职业人士都喜欢这种方式，但它的缺陷是，无论对发送者还是接收者来说，查询起来都比较麻烦，而且语音信息在传递过程中可能会有一定程度的失真，而短信的含糊表达也是臭名远扬。接下来就是把需要沟通的内容列入日程表或者放进文件夹中，以备召开例行会议时再与某人当面磋商。对于过于敏感或者过于复杂的信息，这种方式是必需的。但是这种信息沟通方式必须等到下次会面的时候才能进行，它的时效性不好。最后一种方式就是放下你手头的工作（同时也意味着你要打断对方的工作），立即与对方谈论这个问题。这种方式的时效性不容置疑，但是这会影响互动双方的正常工作，并且不能留下任何书面记录。

跟踪委派他人处理的工作 如果你已经把某项工作转交给他人处理，同时，你又非常关心其进展，这时你就需要进行跟踪。在下一章中，你将看到，这类任务有一个特别的分类，即“等待”。

在你完整地建立了自己的任务管理系统之后，你会发现这类委派给他人的任务，形成了一个“等待”清单，这个清单可能是在记事本上，或者一个文件夹里，或者你的PDA中。现在，如果你还没有一个完善的系统，那就写张字条“等待：鲍勃的回复”，然后把它放在“悬而未决”篮中，或者某个单独的工作篮中。

如果球已经落到别人的脚下了，该怎么办呢？ 在前面举的那个报税的例子中，你还需要等待一些文件，然后才可以开始报税工作，这意味着，你的下一步行动目前正是别人职责范围内的工作。在这种情况下，你也需要跟踪事情的进展。因此，在那张写着“报税”的A4纸上写下“等待从Acme信用基金取回报税文件”，然后放入“悬而未决”篮中。

注意：在每份委派给他人处理的任务上标明具体的日期，这一点非常重要。在你的所有资料当中，这类委派任务是最需要标注日期的。尽管你自己也不希望必须查找这个信息（“但是我早在3月12日就给你打电话预约了啊！”），但是养成这个习惯肯定会让你受益终身。

推迟执行 你确定的下一步行动，大部分还要由你亲自实施，而且耗时往往超过2分钟。比如，你需要给客户打一个电话；你需要花点时间来构思并起草一封电子邮件，然后发给你的团队成员；你需要在体育用品店为你的兄弟买一件礼物；你需要从网上下载一个软件进行试用；你需要和你的生活伴侣商量你想让女儿就读的学校。以上统统属于这个范畴。

你必须以某种方式记录下这些行动，并将其纳入适当类别，以备需要时查阅。现在，在你处理过的资料上贴张写有具体行动的便利贴，然后放入“悬而未决”篮中，等待进一步的处理。

剩下的“悬而未决”的事宜

如果遵循本章中的方法，你会扔掉一大堆垃圾，归档一大摞资料，执行大量的“两分钟行动”，并把相当数量的事务转交他人处理。到最后，你手头留下的就是一堆需要你进一步执行的行动——需要尽快执行、要在以后执行或者需要在指定日期执行，以及那些委派给别人需要你跟踪的任务。“悬而未决”中的事务是由“委派他人”和“推迟执行”的行动组成的。这些任务还需要进一步组织分类，以更好地纳入你的个人管理系统，下一章将详细讲解这个过程。

明确你手中的项目

当你处理完“工作篮”中的所有材料时，你还需要进行最后一步工作，就是开阔视野，将你的注意力从每一个独立行动的具体细节提升到更宏观的方面，即你的项目。

在此，我要重申“项目”的定义，它是指你所承诺的、需要完成多步行动才能达到的目标。如果你回顾一下自己以前列出的行动清单——“给弗兰克打电话，谈一谈汽车报警器的事情”；“给伯纳发一封电子邮件，交流一下会议资料的准备工作”——毫无疑问，你会发现其中许多事情，并不是可以一次性完成的。在你给弗兰克打电话讨论“汽车报警器”之后，你还要处理“报警器”的其他事情；你给伯纳发出电子邮件之后，还需要考虑会议其他方面的问题。

我希望你能像我一样，认识到定义项目的意义：如果你决定执行的“下一步行动”无法达成你的预期目标，你就需要以某种方式来提醒自己，直到你最终实现它。所以，你需要列出一个项目清单，它可以包含各种目标，从“举行一个生日聚会”，到“缩减一条生产线的流程”，再到“确定赔偿计划”。列出项目清单的目的并不是要划分不同任务的优先次序，它只是为了确保你不会忘记这些任务。

> 现在，恐怕你已经有了30~100个项目。

无论你是在刚刚开始处理工作的阶段就动手拟定了“项目”清单，还是当你已经确定了行动清单之后才着手起草，这都没有关系。其实，你只需找个时间完成这个清单，并妥善保存它就可以了。因为这个项目清单是你进行工作回顾的重要内容，它能让你明白自己身在何处，要去向何方，并让你保持一种掌控每周生活的感觉。

现在，各方面的准备工作已经就绪，可以开始进行组织整理了。

第7章
组织整理：建立好清单

一个完整的、没有漏洞的组织整理系统，可以赋予你无穷无尽的力量，因为它可以让大脑彻底摆脱那些低层次的思维，把精力投入到更重要的事情中，并且不会留下任何未经处理的事务来分散你的精力。但是，你的组织整理系统一定要比你自己的大脑更可靠，这样你才能信任它、依赖它，这也是实现上述目标的基本前提。

> 拥有完善的组织整理系统，你才有精力去放眼更宏观的问题，大脑在记忆或提醒方面的持续压力才能得以释放。

组织整理意味着让某个事项所处的位置与其意义相匹配。如果你决定把某事项保存为参考材料，把它存放在必要的位置，这就是组织整理。如果你认为需要提醒自己打一个很重要的电话，只要你把提示内容存放在适当的位置，你就是在进行组织整理。这听起来简单，但它回避了一个非常重要的问题：某个事项对你来说有何意义？在前一章里已经阐明的事实是，人们试图组织整理的很多事项都不够明确。而且即使这些事项足够明确，也有可能存在较细微的区别，从而对你的创造力和控制力提出了更高要求。我将在本章阐述这方面的一些问题，我会带你体验处理工作篮时的一些必要组织整理步骤和组织工具。开始处理新事务时，你要创建清单，将你希望组织整理的事项分类，并始终牢记将附加项目纳入其中。换句话说，你的组织整理系统绝不可能立刻凭空建立起来。它会随着你处理材料的过程而变化，并测试是否已将各事项存放在了最佳利用位置。随着你对材料进行处理，组织整理系统应该也确实会随之变化。就各事项对你的意义来说，它们的本质区别永远不变，但一年之后，这些事项的最佳管理结构会不同于你今天构想的处理结构。

> 我必须建立一个系统，否则我就会被别人的系统奴役。
>
> ——**威廉·布莱克**

工作流程图的外环内容（圆角方框）显示出的是处理材料后可能遇到的所有情况。这些内容指明了在你判定事务的本质以及下一步行动后这些材料的去向。

基本分类

从组织整理和操作的角度来看，需要跟踪和管理的事情可以分为 7 大类（就是除去“垃圾箱”以外的 7 个外围图标中的内容）：

- “项目”清单
- 项目的辅助资料
- 记录在日程表中的行动和信息
- “下一步行动”清单（一个或多个）
- “等待”清单
- 参考资料
- “将来/也许”清单

界线的重要性

保持不同类别事项彼此之间界线分明，这一点至关重要。每一种类别都代表着我们与自己达成的一类协议，以便在某个特定时间以特定方式提醒我们，如果它们彼此混淆、没有界线，那么整个组织整理工作也就丧失了意义。

因此，对组织整理而言，首先要捕捉并理清你和未尽事宜之间的具体关系。大多数人试图只靠“组织整理”加强化对自己所处环境的掌控，结果只能重新调整仍不明朗的未尽事宜清单。不过，只要你遵从我此前建议的流程，你就会得出明确的跟进内容，并能掌握对其进行分类和信息描述的实用方法。

> 必须对这些事务类型分门别类地加以保存，无论是在视觉上、具体形式上，还是心理上。

如果你忽视了这个分类流程，将不同种类的事项列入同一个清单，你往往会对这些事项无动于衷。比方说，把参考资料混入那些你想要

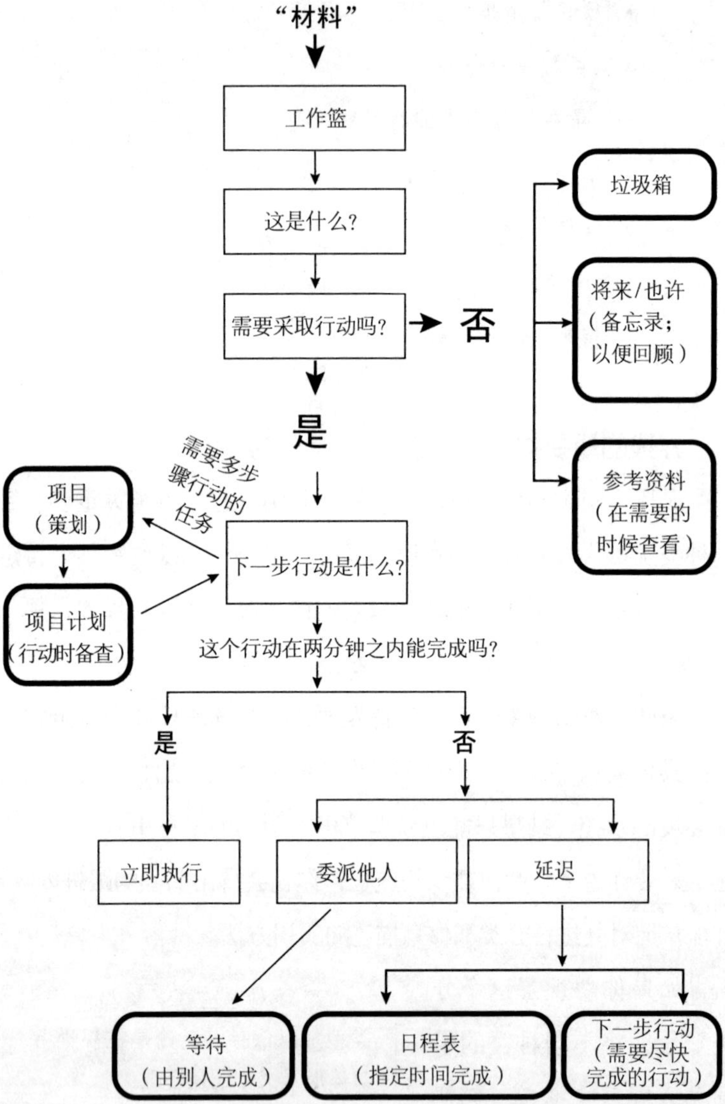
"材料"
工作篮
这是什么？
需要采取行动吗？
否
垃圾箱
将来/也许（备忘录；以便回顾）
参考资料（在需要的时候查看）
是
需要多步骤行动的任务
项目（策划）
项目计划（行动时备查）
下一步行动是什么？
这个行动在两分钟之内能完成吗？
是
否
立即执行
委派他人
延迟
等待（由别人完成）
日程表（指定时间完成）
下一步行动（需要尽快完成的行动）

工作流程图——组织整理

阅读的资料中，你就会对这些需要阅读的资料失去兴趣；如果你把应该列在日程表中的工作（因为这些事情必须在指定日期完成）写在“下一步行动”清单中，你就会不再依赖日程表，转而频繁地查看行动清单，以免漏掉这个工作；如果有一项工作你暂时还不想实施，那么它就必须归入“将来/也许”清单，这样你才能在浏览“项目”清单的时候，全身心地考虑具体的行动计划；如果你把交给他人办理的事情放在你的某个“下一步行动”清单中，那么你在执行这个清单的时候，自然会因为这个事情引发的无意义思考而造成无谓的停顿。

你需要的仅仅是清单和文件夹

一旦你认清需要跟踪的内容（在前一章“理清阶段”中已经论述过了），你真正需要的就只有清单，以及足以保存提示信息、参考资料和辅助信息的工具，即文件夹了。你的清单（如我曾经指出过的那样，清单也可以以文件夹的形式出现）将保存所有的“项目”和“将来/也许”的内容，以及其他需要你跟踪的事务。文件夹（电子或者书面的）也将用于保存正在开展中的各项工作的参考资料和辅助信息。

很多人都在使用清单，但是大多数人都无法让清单发挥应有的效力，这也导致了许多人对我所推荐的这样一个以清单为基础的管理系统持怀疑态度。这不是清单本身的缺陷，因为多数人都没有把事情分门别类地列入清单，甚至清单上的内容都不是完整的，所以清单在保持你头脑清醒方面的效力自然大打折扣。一旦你把要完成的各种事务合理地分类整理成几个清单，事情就会变得非常简单，你只要管理好这些清单就行了。

> 我不在乎复杂事物所呈现出的简单表象，我追求隐藏在复杂现象背后的简单本质。
>
> **——奥利弗·温德尔·霍姆斯**

正如我曾经提到的，你大可不必对清单中的内容按照重要程度进行排序，因为一旦情况有变，你就不得不重新排序。对于许多人的组织整理工作而言，强行对事情进行排序正是导致挫败感的根源。事实上，当你看到整个清单时，完全能够根据实际情况快速找出其中最重要的事情。清单仅仅是一个目录，它帮助你跟踪那些正在进行的事情，并让你在回顾的时候有一个依据和参照。

当我提及一个“清单”时，请记住，我只不过是指一群具有相似特征并被归为同类的事情的集合。清单可以是下面3种形式中的任何一种：

1. 一个文件夹或者容器，每页纸记录一件事情，这些事情都具有相似特征并被归为同一类。

2. 在一张有标题的纸上列出的确切事务列表（当然也可以列在活页夹或者小本子上）。

3. 一个保存在软件程序或者数字移动设备中的项目列表。

组织整理行动提示信息

如果你已经清空了工作篮，你无疑会为自己创建一大堆“悬而未决”事务的行动提示信息。它们代表那些用时超过2分钟，并且无法委派给他人的任务。一般来说，这些事务的数量可能会在20~70项之间，当然也有可能更多。同时，你肯定还有一堆有关委派任务的提示信息，很可能还有一些事务被列入日程表或者“将来/也许”清单。

你需要将这些提示信息分门别类地进行整理，以便在有时间的时候执行和回顾。你还需要决定用何种形式对这些信息进行组织整理：文件夹还是清单，纸质的还是电子形式的？

纳入日程表的行动提示信息

正如我曾说过的，从组织整理的角度出发，行动可以分为两个基本类型：对执行时间有刚性要求的；没有指定时间、越快完成越好（有的或许指定有最后完成日期）的。日程表上记录的行动就是前者，你可以指定具体时间（“上午10点~11点与吉姆会面”）或者指定具体日期（“周二给雷切尔打电话，问她是否收到了建议书”）。

> 日程表应该只记录对时间有刚性要求的行动，而其他行动都应该为其让路。

当你处理“工作篮”中的东西时，遇到这类有时间要求的事情，你应该很自然地将它们写入你的日程表中。比如说你想做个内科检查，你肯定会立即打电话到医院去预约（因为打电话预约肯定用不了2分钟），约好时间后将它立刻写入日程表，这简直再自然不过了。

对于日程表，大多数人都有个老习惯，就是每天把第二天想做的事情都列成一个待办事项清单，想当然地把那些第二天能完成的事情都写在里面，但是实际却很难将这些事情如期完成，这就需要将那些未完成的事情再转到后天的待办事项清单中。千万别这么做。将日程表当作一个神圣不可侵犯的圣域吧，切不可将那些没有硬性时间要求的事情写入其中。这样一来，日程表中的行动会更加清晰，也更容易完成或者了解它们。当你按照这样的规则来安排你的日程表时，剩下的自然就是那些没有苛刻时间要求的ASAP[①]行动了。

组织整理需要尽快完成的行动提示信息（ASAP行动）：根据情境分类

经过多年的实践，我发现管理这些ASAP行动的最好方法是，将它们按照情境进行分类——所谓的情境，就是完成该行动所需要的工具、地点或者情形。比如，某个行动需要在电脑上完成，你就可以把它列入“在电脑旁”清单。如果某个行动需要你开车到附近转悠（去银行或者去电脑市场），那么将其列入“外出事宜”

① ASAP，缩写自As-Soon-As-Possible（越快越好），下文沿用此简称。

清单就是追踪这个任务的最好方式。如果某一工作的下一步行动是与你的同事艾米莉当面谈谈，那就应该把这个行动列入“艾米莉”文件夹或清单当中。

那么，如何确定情境分类的数量呢？这取决于：（1）你所需要跟踪的行动的数量；（2）不同行动所要求的环境差异的大小。

如果你是那种只有25个下一步行动在等待执行的“稀有动物”，那么单独一个“下一步行动”清单就足够了。它的内容可以五花八门：“买钉子”、“和老板谈谈换工作岗位的事”、“起草有关委员会会议的想法”，等等。如果你手上有50甚至100个行动等待完成，将它们记录在一个庞大的清单中会造成很多麻烦，你很难看到你应该看到的东西。当你有时间来完成某些行动时，你不得不花费一些时间搜索你能完成的行动，比如你的时间只够打个电话，但是你必须在一大堆不相干的行动中找到那个要打的电话。当你外出去干些琐事的时候，一个清爽的“外出事宜”清单比一个包含大量不相干任务的清单更加方便。

这种分类组织行动的方式的另外一个好处就是，充分利用你所处的环境，将你的能力最有效地发挥出来，以提高效率。如果你有一个“电话”清单，当你手边有部电话的时候，你就能以非常高的效率集中打出多个电话。当你打开电脑并且处于在线状态时，有一个“在线”清单，不用花费时间转到其他状态，你就可以完成大量的类似行动。从一种工作状态离开并进入另一种工作状态所花费的时间和精力要比一般人想象的多得多，这会造成巨大的浪费。当一个人造访你的办公室的时候，如果你的手头已经准备了需要和他一起解决的问题清单，那么就可一次解决所有问题，这简直太完美了。

有关行动提示信息最常见的分类

以下常见的下一步行动清单的标题会对你有所帮助：

- 电话
- 在电脑旁
- 外出事宜
- 在办公室时（杂事）
- 在家时
- 议事日程（按照人员或者会议分类）
- 阅读/回顾

"电话"清单 这是一个包含了所有要拨打电话的清单，只要手上有一部电话，你就可以逐项地完成它上面的内容。你越是行踪不定（特别是当你有手机的时候），就越会发现一个涵盖所有待打电话的清单是多么有价值：当你不在办公地点（在附近外出）或者正在旅途中时，你总能找到一些碎片化的空闲时间（比如等飞机的时候、等孩子放学的时候），这时你就可以拿出"电话"清单来完成其中的内容。拥有一个独立的"电话"清单，可以让你很容易地利用点滴时间来完成打电话的任务。

另外，我建议你花一些时间，在清单的每一项内容旁边记录相关的电话号码。通常情况下，如果电话号码列在清单上，你很可能就会顺手拨出这个电话；如果要在打电话前费力去查电话号码，你可能就懒得再行动了；而如果你使用的是移动设备，只需一按就能拨打电话。

“在电脑旁”清单 如果你的工作与电脑密不可分（特别是如果你拥有笔记本/平板电脑，或者在工作地点和家里都有电脑），那么“在电脑旁”清单会对你的工作大有帮助。它能让你对需要利用电脑完成的所有工作一目了然，提醒你需要回复的电子邮件，需要完成的Word或者Excel文档等。

因为我经常坐飞机旅行，所以我除了拥有一个“在电脑旁”清单，还单独准备了一个“在线”清单。因为在飞机上的时候，由于没有Wi-Fi，我是没办法上网的，也就没办法完成那些必须在线完成的任务。为了避免在飞机上审视“在电脑旁”清单的时候，还要反复考虑是否需要上网才能完成，所以我特地将这类任务归入“在线”清单，这样就能节省我的脑力资源用在更需要的地方了。

> 周密地斟酌在什么地点你能够执行和不能够执行哪些行动，然后相应地对你的各种清单进行组织和管理。

如果你只在办公室或家里用电脑完成工作，你可以把相关行动全部列入这些特定位置的清单里，不过当你身处该环境时，你或许仍能看到关于需要在电脑上完成的工作内容提示。另外，如果你的工作和活动环境主要以移动设备为主，你可以在笔记本电脑、平板电脑和智能手机上进行同样的操作，然后把提示内容保存在同一个数字设备中，或者将其存入最适合的位置。

“外出事宜”清单 把所有需要外出时处理的事情归纳到一起，这种做法非常必要。当你需要外出时，在路上看一眼这个清单会大大提高你选择处理诸多事宜的效率。像“从银行保险箱中取出股票证券”，“到裁缝那里取衣服”以及“到花店为罗宾买花”一类的行动都应该列入这个清单。

当然，这个清单可以是你存放在计划手册或者冰箱门上的一张便利贴，也可以是一些数字任务管理设备中的“外出事宜”类内容。

我们必须努力达到那种化繁为简的境界。

——约翰·加德纳

在个人的“外出事宜”清单中建立一些子清单，通常会非常有效。例如，如果你需要经常从五金商店购买材料，那你就可以在“外出事宜”清单中创建一个“五金商店”子清单，然后在此记录下你打算去那里购买的特定物品。在运用低技术含量工具时，你可能会在一张便利贴上创建一个“五金商店”的清单，而当你拥有先进的高科技产品时，如果你使用的是一个电子形式的清单，那你就可以在“五金商店”一项后面附加一个“备忘录”，并在那里输入详细的内容。①

“在办公室时”清单 如果你在办公室工作，那么肯定有些事情是必须在那里才能完成的。很显然，拥有一个包含这类事务的清单一定会非常有用。尽管在你的办公室也有电话和电脑，但拥有单独的“电话”和“电脑”清单也很有意义。我更倾向于在“在办公室时”清单中列出那些需要我亲自到场处理的所有事项，比如清理办公室的文件柜，或者和工作人员一起打印、审核重要文件。

> 简化你的行动重点，会确保完成更多的任务。

当前的一个重要趋势，是组织变得更开放、更灵活、更虚拟化。“酒店式”办公（即没有固定办公场所，而是在任何可利用的场所“见缝插针”地做事）正在增多。因此，“在办公室时”清单所指的行动，必须可以在任意几个场所完成。或者，对一些人来说，同时拥有办公室“A”和办公室“B”清单，有利于完成与这两个特定位置直接相关的行动。

“在家时”清单 许多行动只能在家里完成，因此，针对这

---

① 定位技术的发展，是个人工作效率（在某种程度上归功于GTD方法的普及）的推动力之一。你的移动设备会感知（基于你的GPS数据）到你身处五金店、家里或闹市，然后它还会提示你与该物理环境有关的活动。这只有理论意义，在实践中，由于所涉及的可变因素和从不同角度概括我们总体行动的预期情形很复杂，这些只能作为一个不错的选择，可以添加进严格管理的清单中，作为回顾和集成总体系统的一部分。对于此项技术及其应用而言，如果假定它能使你保持头脑清醒，并且不让你错过希望看到的东西，未免显得有些乐观。

个环境创建一个清单也很有必要。我相信，你一定有许多私事和需要在家里处理的各种杂活儿。通常，这类事务的“下一步行动”就是直接的实际行动。比如“挂一张新的水彩打印画”、“整理旅行用品”以及“把衣柜里的衣服换成冬装”，都是这个类型的代表性例子。

如果你像我一样，在家里设有办公室，那么只有那些需要在家中的办公室解决的事情才可以放到“在家时”清单中。（如果你仅仅在家中工作，而且并不去其他地方办公，那你就根本不用创建“在办公室时”清单，仅有一个“在家时”清单就够了。）

和在不同地点工作的人类似的是，许多人有多个个人工作环境，比如度假屋、船舶乃至于当地的美味咖啡店。“在星巴克时”可以成为一个行动清单的细分类别！

“议事日程”清单[①] 不可避免的是，你总会发现许多下一步行动需要与别人进行交流，或者需要在委员会、团队或者员工会议上提出来讨论。比如说，你必须与合作伙伴讨论一下有关明年发展的想法；你希望同生活伴侣协商一下春假的日程安排；你需要给秘书指派一项复杂的任务，没办法一下子在电子邮件中交代清楚；你必须在周一召开的有关调整费用报销政策的员工会议上宣布一项新决定。

---

① 我使用的“议事日程”是美式英语的含义——涉及某人或某个会议的项目（相当于其他文化中的“日程表”、“进度表”或“日志”）。

> 你应该为那些需要多次参加的会议或频繁会晤的人列出专用的“议事日程”清单。

这些行动应该各自记录在单独的清单上，每个清单对应一个人或者某个会议（假设你定期参加这个会议）。有些人已经在使用类似的方法了：把要向老板汇报的信息整理在一个文件夹中。如果你认真整理你的下一步行动，你会发现需要3~15个此类清单。我建议为以下这些人设立单独的清单：老板、同事、助手、配偶、孩子。除此以外，还应该考虑你的律师、投资顾问、会计师、电脑顾问，以及你要通过电话或当面与之商讨一件以上事情的人。

> 你的职责范围越广，你在组织中的地位越高，你就越能通过与他人沟通和商议把事情搞定。

如果你经常参加某个长期的例会——员工会议、计划会议、委员会会议、家长/教师会等——它们也同样应该拥有独立的文件夹，把需要在这些场合用到的资料放到对应的文件夹中。

如果某一段时间内，你会与某个人进行频繁的接触，你也应该在此期间保存一个关于此人的清单。比如说你的房子正在进行装修，那么就应该为这个工程的工头设立一个单独的清单。当他下班以后，你可以在施工现场转转，看看有什么事情需要同他交换意见，然后把它们写入这个清单。这个清单一定会给你带来巨大的帮助。

鉴于这类清单效果显著，你的管理系统应该允许你方便快捷地增添新的“议事日程”清单。比如，在活页夹式计划手册中的

“议事日程”部分，为某个人或者某个会议插入一页纸或者一个表格，只需要几秒钟就能完成。同样，往平板电脑的“议事日程”目录中增加一个专门的“备忘页”也花不了太多时间。

“阅读/回顾”清单 你肯定会发现你的“工作篮”中有不少东西是需要你阅读的。对于这些东西，你应该已经遵照“两分钟原则”的要求，对许多内容进行了大致的浏览——扔掉无用的，把有用的归档，需要进一步阅读的则进入下面的处理程序。

那些需要你花费两分钟以上阅读的资料，应该一并妥善保管，使之成为一堆注明“阅读/回顾”的文件。按照我对清单的定义，这样的一堆文件就可以称之为清单了。但更有效率的做法是：按照其内容，对这些文件和杂志进行分类，放置在指定的文件托盘或者便携文件夹中。

> 那些最不擅长利用时间的人总是第一个跳出来抱怨时间不够用。
>
> **——让·德拉·布鲁斯尔**

对于许多人来说，需要“阅读/回顾”的东西很可能是一大堆资料，这也是我们强调只有那些你确实希望花两分钟以上时间阅读的东西才能归为此类的原因。即便这样，你面对的资料数量也足以让你手足无措。如果你的阅读资料没有明确的界线（未做到清晰分类），那么这肯定会让你对这堆资料逐渐变得麻木，并最终导致系统全面失控。而有了清晰的边界，至少能让你准确了解其中包含的内容和存货数量。这样一来，你就可以根据自己的阅读能力来调整阅读资料的数量，你能更准确地判断哪些资料需要保留、哪些应该扔掉了。

一些专业人士（如律师）仍然坚持使用大量的印刷文件，尽管他们的大多数文件是以数字格式生成和维护的，但采用实物形态的文件处理问题仍然是最佳方式。在这种情况下，除了“阅读/回顾”文件盒或文件篮，根据重要程度为需要仔细阅读的材料创建一个“阅读/回顾”类别，是很合情合理的。

当你参加的会议被延误的时候，当你在研讨会会间休息时，约了牙医却不得不等候片刻时，当然还有准备在火车或飞机上打发时间时——在这些时间碎片中，如果你身旁恰好拥有这样一叠阅读资料，那对你将会非常实用，因为这些零碎的时间都是可以用来阅读的大好时机。由于生活中充满了这种可以利用的时间片段，那些手边缺少“阅读/回顾”资料的人只会让这些时间白白浪费。

我们获得的数字信息包含需要阅读和回顾的数据，其中大部分对我们的工作或生活并非至关重要，而可能只是有趣，可以在事务所处的相关领域创建一个整理箱。在你的电子邮件文件夹下或“浏览网站”行动清单里创建一个“回顾/观察”文件夹，用来妥善保存推荐视频、博客或网络链接的电子邮件。

组织整理“等待”清单

如同行动需要整理成清单一样，那些等待别人完成的任务也需要组织成清单以提醒自己。“等待”清单上的内容，应该是那些你不关心过程，只关心结果的事情（或由别人负责的事情）。比如你可能正“等待”在剧场预订的戏票、公司订购的新扫描仪、用户对某个提议的答复，诸如此类。如果某件事情的下一步行动需要由别人来完成，你就没有必要将这个行动列入行动清单了，你只要想办法提醒自己这个任务该由谁来完成就可以了，这就形成了“等待”清单。你的任务就是根据需要定期回顾这个“等待”清单，检查完成的情况，并决定是否需要你执行某些行动以推动事态的发展。

> 对他人做出的承诺进行跟踪管理，可以避免因为他们不兑现承诺而导致的危机。

对许多人尤其是管理者或监督者来说，收集、更新、完善、审阅我们所关心的他人未兑现承诺清单，会令你感到轻松愉悦，并能明确工作中需要重点推进的事务。

也许你会发现，这个“等待”清单只有放在手边才能发挥作用，而且与“下一步行动”清单放在同一系统中才能取得最佳效果。某个任务在结束之前，可能会多次在不同的清单中来回转移。比如，你可能需要给卖方打电话，要求他们提出一个工程方案（这当然要记在“电话”清单中）；打完电话之后，你要做的就是等候他们提出方案（然后就转到了“等待”清单中）；当接到方案之后，你就要找时间看看（转入“阅读/回顾”清单）；看完之后，你可能把方案交给领导，由他最后拍板（再次进入“等待”清单或者你的“在电脑前”清单）。[①]

当你和负责完成清单中所列事项的人会面或谈话时，随时利用你的“等待”清单大有裨益。与坐等时间流逝和陷入尴尬气氛相比，提及此前的某个事由（比如：“哦，冈萨雷斯的建议进行得怎么样了？”）会显得更得体。

对于此类内容尤为重要的是，清单上要包含每个项目的时间要求，以及商定的所有截止期限。当你说“但我的订购日期是3月20日”或者“三周后你可能拿到投标书”时，你一定要遵守这个时间，这是非常重要的。就我的个人经验来说，单是这个战术细节就极为重要。

要知道，“等待”清单中的内容都是要由别人完成的。当你认识到这一点的时候（特别是手中正拿着这样一份清单的时候），你的感觉肯定会很棒。

使用原始信息作为它自身的行动提示

跟踪任务最高效的办法就是，当提示信息出现的时候，就第一时间将其相关行动列入清单或存入文件夹。一般来说，原始的提示信息在经过处理之后就没有用了。比如，与领导开会的时候你会写些笔记，但是会后你把这些笔记归纳整理成具体的工作和

---

① 在这种情况下，数字清单管理工具（以及位于独立文件夹的低科技含量文件）会有优势，因为它们允许你在行动发生变化时随时调换各类别中的项目，而不必重写或再次思考。

行动之后，笔记本身就没有用了。有些人喜欢保留语音消息，总觉得“以后可能用到”，但这种方式对于提示信息的管理来说，实际上并不怎么高效。

> 把可付诸行动的书面文件和电子邮件与其他信息分开。

但是，也确实存在一些例外。某些类型的输入信息，其本身就是最为有效的行动提示，使用它们本身要比把它们列入清单的效果更好。这种方法尤其适用于某些书面资料和一部分电子邮件。

纸质提示信息的管理

某些事务本身就是其工作的最佳提示。最好的例子就是，“阅读/回顾”中所包含的文章、出版物和文件资料等。显而易见，你完全可以直接把《财富》杂志放到“阅读/回顾”篮中充当提示物，如果你还坚持要在行动清单中写下“看一下《财富》杂志”，这就有点画蛇添足了。

另一个例子是：有些人仍然使用纸质账单进行支付，你可能觉得把所有的账单留起来一同支付比较容易，那么你就可以把自己的各类账单存放在一个标题为“待支付的账单”（或者“待处理的财务票据”）的文件夹或者篮子里。与此相似，报销的发票也应该如此，要么立刻处理，要么保存在“未报销的收据”信封或者是文件夹中。[①]

对于你的具体工作类别、新事务和工作场所来说，仅使用原始文件本身或许更有效。比如，一位客服人员可能会接收到许多服务申请，并将这些申请按要求填写在统一格式的表格中。在这种情况下，这些表格就可以作为最佳的行动提示。律师或会计师可能会处理那些需要花时间审核的文件，以便明确行动计划，而这些文件可能会堆积在书桌上特定类别的文件夹中。

当你决定保存事务提示信息（是列一张清单？还是采用文件夹或数字目录中的原始文件？）时，还要考虑后勤方面的问题。如果你经常外出，就要考虑提示信息的便携性。但是，如果你的所有工作都可以在办公室里完成，那么把原始文件当作其提示信息的载体可能会是更好的选择。

> 对材料进行组织整理的主要目的是减轻认知负荷，不必再不断地思考“我需要怎么处理它”。

无论你选择采用哪种方式来保存提示信息，你都应当将它们按照“下一步行动”的类型分成不同的组。如果某个客服任务需要你接下来打个电话，那么就应该把它列入“电话”清单（或者文件夹或数字存储设备）中；如果下一步行动需要你查看某些信息并将其输入到电脑中，那么它就应该纳入“在电脑旁”清单。依我之见，

① 注意，如果你不能把这些需要处理的票据时刻放在眼前，那你还是可能会忘记处理它们。仅仅是把它们归拢到一起还不够，你还需要确信你能妥善回顾并处理这些票据。

对工作流程管理的最大破坏，就是把同类型的所有文件（比如客服申请单）都放在一个工作篮或文件夹中，根本不考虑完成它们需要采取的下一步行动是否是同类型的。某个申请需要你回个电话，另一个申请需要你查看一下相关的数据，而另外一个则需要等候其他人提供进一步的信息，可你却把它们都放在一起了。这样的做法最直接的后果就是，每次你启动一项任务，都要再次判断它的下一步行动是什么，这很快就会让你厌烦，并且对这一大堆没有明确下一步行动的文件感到麻木。

我的个人管理系统都是基于清单构成的，所以它非常方便，但是我仍在办公室保存了一个“阅读/回顾”文件夹，还保存有一个塑料材质的旅行版同名文件夹。尽管我还以数字形式存储并阅读某些杂志，但在手边保存有形版本仍能发挥后勤保障和审美愉悦功能。

电子邮件类提示信息的管理

与纸质材料类似，那些需要付诸行动的电子邮件，其本身就是最好的行动提示——它们自动保存在你的电子邮件管理软件中。特别是当你的工作是以电子邮件为核心（每天接收大量邮件，大部分时间花在处理邮件上）的时候，尤其如此。在这种情况下，你就可以直接将电子邮件管理软件作为你的工作管理系统，而不是把电子邮件中包含的任务从收件箱提取出来列成清单，或者分配给另一个清单。

许多人都会发现在电邮软件的导航栏上建立两三个特殊的文件夹会非常有用。其实在电邮软件里面，大部分文件夹都是用来存放、归档各种参考资料的，只要我们想想办法，就可以找到一套有效的方法来组织和管理我们的行动提示信息（也就是需要付诸行动的电子邮件）。我们要把这些邮件放到“收件箱”（邮件接收后自动存放的目录，这里也是大多数人习惯存放邮件的地方）之外的地方。①

如果你选择这种方式，我的建议是，为那些需要“超过两分钟行动”的邮件建立一个单独的文件夹（在此重申，对电子邮件，你也应该遵照“两分钟原则”进行处理）。这个文件夹的命名应当以特殊字符开头，这是为了：（1）以此来区别这个文件夹与其他保存资料的一般归档文件夹；（2）让这个文件夹始终处在导航栏的最顶端。微软系统里的“@”和Lotus里的“–”标记或连字符就可以。那么你可以建立一个“@行动”文件夹来存放这些需要采取行动的邮件。

接下来，你应该创建一个标题为“@等待”的文件夹，它将出现在“@行动”相邻的位置上。当你接收到的邮件有你需要跟踪的信息时，你就可以将它们拖入“@等待”文件夹中。这里还可以存放那些通过电子邮件委派出去的任务：你要做的就是将发

① 如果你的未处理电子邮件从未占满整个屏幕，只需将其保存在一个方便查阅的位置来提醒你。一旦邮件的数量增加到你不能一眼看完，那最好是将其提取出来列成清单。

出的电子邮件拷贝一份（抄送或密送），放入“@等待”文件夹中就可以了。①

有一些电邮软件（如Lotus Notes）允许你在发送邮件的同时，复制一份并归档存入你自己的文件夹中[发送的时候使用“Send and File（发送并归档）”按钮]。其他软件（如Outlook）可以在“Sent Mail”（已发送邮件）中找到发送出去的邮件。在后一种情况中，对于许多人来说，最有效的方法是：当他们通过邮件分派任务时，给自己“抄送”（cc）或者“秘密抄送”（bcc）一份，然后把接收到的邮件存入“@等待”文件夹中。（通过简单的设定，就可以让Outlook把你转发给自己的邮件自动保存在某个指定的文件夹中。）

> 将积压的电子邮件数量清零，比动辄积压上千封邮件更节省精力。

清空电子邮件“收件箱” 采用上面的方法，可以让你清空收件箱中的所有邮件——这可以让你的视线更加清晰、头脑更清醒、工作更轻松。恢复“收件箱”的本来功能——它是一个接收信息的缓冲区，它所包含的语音邮件新信息或未读文本需要你尽快处理，以便为接收新的信息腾出空间。很多人把“收件箱”当作一个保存信息的仓库，归档文件、参考资料、未确定下一步行动的资

① 有些电子邮件应用程序允许将邮件转移或链接至某个“任务”清单或区域，并在那里进行同样妥善的处理。不过，必须对该软件足够熟悉才能在处理的过程中做到简单化和无缝化。

料甚至包括垃圾，统统混杂在一起，这肯定会让你对“收件箱”内的东西感到麻木——虽然你双眼盯着屏幕，但你的大脑根本没有思考。

再说一次，清空“工作篮”（对电子邮件来说就是“收件箱”）中的内容并不意味着你已经解决掉了其中所有的问题。它仅仅代表着，你已经删掉了一切可以删掉的内容，把你暂时不需要采取行动但希望保存的事情归档了，完成了所有那些不需要两分钟就能解决的事情，并把那些等待结果和需要行动的邮件移入相应的文件夹中。现在，只要你打开“@行动”文件夹，就能看到所有你需要花时间采取行动的邮件。这与你手忙脚乱地搜索很多页邮件，生怕漏过某些重要的事情相比，是不是简单多了呢？

关于四处散落提示信息的警告

把要做事情的提示信息置于你的视线之外，这明显存在着危险。个人工作管理系统的首要任务就是让你能随时看到想要看到的行动提示，这样才能让你正确地选择将要采取的行动。离开办公室之前，或者你决定当天主要执行计划外事项之前，你应该逐一查看那些未确定下一步行动的邮件，就像你对待“电话”清单和“在电脑旁”清单一样。而电邮软件中的“@行动”文件夹，其本质就是“在电脑旁”清单的一个延伸，所以对它们也应当一视同仁。纸质的“悬而未决”文件夹（记得前面提到的大量申请表格吗？）也应当视为一个记录了提示信息的清单来处理。

纸质材料有时比数字形式的材料更实用。

无论提示信息散落于何处——在文件夹里、在清单上，还是在电邮软件里——只要能够平等对待它们，并且保证定期回顾，那么就不存在任何问题。你需要确保不把任何行动提示信息遗落在系统的角落中，而让它无法发挥应有的作用：提示你去采取行动。在数字时代，这样做或许会招致风险，因为一旦脱离显示屏，这些材料往往无法发挥提示作用。这使得许多电脑达人重拾纸质材料——纸质材料具有实体性和可见性，使人们更加相信这种提示工具真的可以有效提醒他们。

为了能够真正做到心里没有牵挂、无忧无虑（为了与好朋友聚会、出去散步），你必须让自己确认所有的行动提示信息都已经妥善保管了，所有事情都在你的掌控之中，不用担心会漏掉任何事情。并且，你应该可以在几秒钟之内就完成整个确认过程，而不用花费几天。

组织整理项目提示信息

创建并维护一个包含所有项目（再重申一次，需要多个步骤才能完成的事情，我们将其称为项目）的清单吧，这绝对意义重大！这个清单里包含的事情肯定比你预想的多。如果你还没有开始创建这个“项目”清单，那么我建议清单的格式应该简单，与你的行动清单类似就行了：可以是电子清单，或者一页纸的清单，或者是写着“项目”字样的文件夹（每页纸一个项目）。

“项目”清单

“项目”清单中不应该包含项目执行的具体细节或方案，也不应该按照重要性、大小、紧急程度来排序——其实它就是一个包含了所有未完成任务的目录。实际上，在日常工作中，你根本不用去理睬这个“项目”清单；每天占据你主要精力的是你的日程表、行动清单，以及突发的特殊事务。记住，你无法执行“项目”，你能够执行的是“行动”。不过，了解各个项目所涵盖的范围非常关键，它可以提高你对自己的控制及关注内容的长期满意度。

“项目”清单意味着你可以凭借它来宏观控制各个项目的进度，并确保各个项目都处于自己的掌控之中，同时它也能让你对自己的工作量有一个客观的认识。

> 一个完整而正确的“项目”清单，是让你将视线从微观转至宏观的重要工具。

一个完整项目清单的价值

我曾经提出了一个非常宽泛而又简单的项目定义，即实现一个预期结果需要一个以上的行动这个定义很重要，它可以捕获影响你意识的微妙因素。如果你在一个基于正规项目（制造、软件、咨询等）的行业工作，或许很难意识到“为我们的孩子找条狗”和“找一个好裁缝”是项目！但是，不管你叫它们“项目”还是其他什么，仍然需要给予它们某种关注，以缓解它们给你造成的心理压力。

将这些完整、即时、明确的事项列入自己的清单，并养成维护它们的习惯，这或许是你最具价值的行动，它能让你从此实现无压力的工作效率。下面是部分理由：

- 对于控制和关注至关重要
- 缓解微妙的紧张状况
- 每周回顾的重点一目了然
- 促进关系管理

对于控制和关注至关重要 当你意识到需要处理的事情在不断干扰你的大脑时，无论它们是大是小，你都不可能真正放松自己，获得良好的工作状态。这就像在未完成、未定期回顾此类事项的外部清单时，“我得去重审我的驾驶执照”在你的大脑中所占的空间会和“我需要为明年的会议制定一个议程”一样大。

缓解微妙的紧张状况 我们意识到的需要处理的小事或更微妙的事情之所以会造成更具挑战性的处理压力，这仅仅是因为它们没那么“显眼”。项目往往不是条理清晰且井然有序地出现的。它们一开始似乎只是某种简单的情况、沟通或行动，但它们会慢慢超出你的预期。你以前想过处理女儿上幼儿园的事情，但现在登记表出了问题，或是后勤细节发生了某种变化。你以前认为你开出的发票完整无误，但现在客户说他不认同你收取的某项费用。

首先确认这种情形是否真实存在，并将其列入你的预期结果系统，从而采取适当行动，这将会创造可观的新能量，并产生意想不到的积极效果。

使每周回顾的重点一目了然 正如我在其他地方指出的，每周回顾是实现长期承诺和日常行动成功匹配的关键因素。而一个完整的项目清单应该是实现这个目标的关键所在。每周确保自己知道要（或者不要）为孩子找狗，以及要（或不要）为明年的会议制定议程，这种做法至关重要。但是，在你有能力从这一角度考虑事情之前，相关的项目清单必须已经存在，至少应该有个雏形。

促进关系管理 无论你是和你的老板、员工、搭档谈话，还是喝你的家人谈话，对于你所做出的可能与这些人相关的所有承诺进行管理和回顾是极为重要的。在时间、金钱和注意力等有限资源的分配方面，你总是会面临各种挑战。当其他人也在争取此类资源时，就这些显性和隐性协议进行谈判（和频繁谈判）是有效缓解这些内在压力的唯一途径。一旦高管及其配偶和员工看到企业许诺他们的工作和生活前景，就会促使相关参与方进行极具重要性和建设性的对话。但是，如果没有一份完整的清单，这种情况绝不会发生。

何处寻找待发现项目

你有可能在这三个主要领域发现“隐藏”项目：

- 当前活动
- 较高视野的利益和承诺
- 当前的问题和机会

当前活动 有些项目往往需要从你简单保存的日程表、行动清单和工作区中收集。

你列在日程表上的哪些会议讨论结果（过去的和未来的）无法通过会议本身完成或解决？你可能会注意到有个预定电话会议，会议内容涉及客户要求获得新的定制程序。瞧！这就是一个项目——“为客户XYZ查找可行的定制程序”。你儿子所在学校的老师为学生家长安排了一场晚会，并且已经定好了日期，这让你想到有个关于儿子上课时间的问题需要解决。对于值得确认的项目来说，如即将开始的个人或商务旅行、列在日程表上的会议等所有事项均应接受评估。

此外，你的清单上还很可能有涉及下一步行动的未确认项目。我们的同事很多时候都会在“电话”清单上列出“打电话给马里奥：筹资事宜”这样的事项，却未能将“敲定筹资人”确认为应该列入“项目”清单的事项。

显然（但有时并没有这么明显），你的公文包里会有待审查的建议书或者合同，你家里的书桌上会有待填写的表格，你的手包里或许会有一块坏掉的手表，这些都是真正的项目构件。要进行复核，就要将它们与进一步的结果和最终结果关联起来，而不要保持工作流程各自独立。

较高视野的兴趣和项目 你或许有一个好机会，可以从更长远和更重要的角度，即职责、目标、愿景及核心价值观，来敏锐地关注你的某些项目和兴趣。

对你的专业职责（那些你需要在本职工作中做好的事情）和需要你维持特定水准的生活领域进行回顾，能提示你那些一直引起某种程度关注的事项，以这种方式来确定相关项目很重要。

如果你有职业目标、公司目标和战略计划，你是否确认了你的所有相关项目，以便执行相应行动？如果行政人员没能意识到至少要为自己理清一个相关项目，我通常不会让她取出并审核任何长期规划文件。

你已经开始关注并准备对其采取某种行动的事项——孩子长大或父母老去、你的退休事宜、生活伴侣的愿望、你想探究的趣事和创意行动——是否会在近期介入你的个人生活？这种思考往往能导致创建一些至少是“探究”性质的项目，这些项目一旦得到确认，将令你产生一种全盘掌控自己世界的满足感。

当前的问题和机会 一个丰富的清单项目收集来源往往是那些范围广泛但不够明确的事项，如果不确认此类事项，未将其处理成具有行动步骤的真正项目，它们就会干扰你的注意力。

这些事项分为三类：

- 问题

- 流程改进
- 创意和能力建设

项目问题会在何时发生？总会发生。当你将某个事项评估为问题，而不是评估为可以直接接受的事项本身时，你就是在假设有一个潜在解决方案。是否存在解决方案有待确定，但你至少需要做些探索研究。“探索改善弗雷德里克和他学校的关系”、“解决房主的处境和建筑维护事宜”、“结束与商业伙伴的赔偿纠纷”，对于这些非常真实的项目，你或许会反对做这样的定义。一旦你真的对其评估、列入清单并设计了下一步行动，你会惊讶自己在无压力工作效率游戏中的优雅表现上升到了一个新高度。

此外，无论是在职业还是个人领域，你的管理、维护和工作流程中总会有潜伏项目。你发现自己在抱怨哪些系统问题？或者简单地说，事情搞定（或没搞定）的程度如何？在你的归档、存储、沟通、招聘、跟踪或记录程序中，有什么事令人沮丧？在你的个人或业务费用报告、银行业务或投资流程方面，是否有任何地方需要完善？你如何与朋友和家人保持联系？还有一些项目类型往往不可捉摸——当它们逾越了轻度刺激和真正干扰（或鼓舞）之间的界限而值得处理时，你却很难及时注意到它们。

最后，或许还有一些事项是你一直告诉自己要了解或体验的，以便促进你的自身发展或创意表现。你想学意大利烹饪或是画画儿吗？你是否一直在告诉自己，最好去学习有关数字摄影或社交媒体营销的网上课程？许多这样的“或许想要”项目只是安然待在你的“将来/也许”清单上，这是很有可能的。但是，随着你对GTD的效果更加熟悉，你会愿意采用这种方法，更乐意定义项目清单上的相关预期结果，从而将新的、有趣的、有用的经验纳入你的生活。

仅用一张清单？还是进一步细分？

大多数人发现，使用一张清单是最佳的选择，因为“项目”清单是作为一个总目录来用的，而不是用作每日的工作指导。在组织整理系统中，“项目”清单为你记录所有尚未完成的事务，这样你就能更加容易地总揽全局，做出恰当的战略决策。

坦白地说，你拥有多少个项目清单都无关紧要，只要你可以根据需要经常地浏览这些内容就行了，这也是“每周回顾”的主要内容。

细分项目清单的几种常见方式

在某些情况下，进一步细分“项目”清单可能会缓解焦虑情绪。下面，我们来逐一看看这些情况。

个人/职业 许多人喜欢把自己的项目划分为两个清单：个人私事和职业工作。如果你也属于这类人，那么我建议你要像对待你的“职业”清单那样，认真对待“个人”清单，而不是等到周末空闲的时候才去查看它。很多私人事务也需要你在平日里去

处理，这一点与“职业”清单中的事情一样。私人事务处理中的疏漏，也可能造成不良后果，甚至会严重影响你的工作。

委派给他人的项目 如果你是一位高级管理人员或者公司主管，你肯定有那么几项已经交给下属去完成的工作。把这些项目直接列入“等待”清单中，要比单独创建一个“项目-已委派”清单效果更好：你只要定期查看“等待”清单，就可以确认所有委派的工作是否按照计划进行了。

特定类型项目 很多人在工作中都会遇到同一类型的多个不同项目，在这种情况下，为这类项目建立一个子清单可能会更有效。例如，企业培训师或主题演讲人可能会建立一个独立的类别，叫作“项目-待交付”，按时间顺序，列出所有即将由自己处理的此类事件。这和其他“项目”清单中的内容类似，都需要关注并持续维持推动它们的进展，直至将其完成；不过与其他项目不同的是，它们都按日程顺序被列入了一个独立清单，这么做很有用。

> 适度的复杂性可以实现最优的简化效果。

如果你是一名房地产经纪人，那你肯定会同时处理多个客户要求，所以若能一目了然地看到所有“进行中的销售”，肯定会对你很有帮助。它可以是列入某个项目管理软件或数字设备中的独立清单，但是为了使其功能得到最佳发挥，需要使清单保持完整，并定期回顾清单中的项目。

一些人喜欢根据自己关注的领域进行项目分类——家长跟进

有关自己子女的项目，企业家按其承担的各种职责（财务、销售、经营）划分项目，等等。

此外，确定以何种方式进行项目分类很重要，但更重要的是，确保你的项目清单的完整性和及时性，并在对项目充分评估之后将其清出你的大脑。不管你现在采取的是什么组织方式，一旦你的管理系统应用经验变得丰富，一旦工作和生活的重心发生了变化，你就会改变现有的清单结构。

如何处理子项目

某些项目中会包含一些子项目，这些子项目都可以视为一个独立的项目。比如说，你现在搬进了新房子，要装修，那么你会列出一些需要采取行动的任务："完成露台施工"、"升级厨房"、"设置家庭办公空间"等等，这些任务都可以被当作相互独立的"项目"来处理。在这种情况下，是在项目清单中写个"装修新房"就涵盖了所有这些工作呢？还是将各个子项目一一列出？

事实上，怎么做都可以，只要你保证能够根据实际需要经常回顾项目的各项内容就可以了。这世界上没有包治百病的灵丹妙药，对于多个项目的横向管理和单个项目的纵向管理也是如此，没有万能的工具和方法，你终归还是要定期回顾和掌握进行中项目的整体情况（一般都利用"每周回顾"的机会进行）。如果你将一个大项目的主题列入"项目"清单，那你就应该针对该项目另列一个子项目清单，将其与项目计划等资料放在一起，共同作为回顾项目时候的“项目支持资料”，以便你在回顾主项目时取用。如果各个子项目之间存在逻辑上的先后关系，我建议你采用这种方式。在这种情况下，某些子项目需要“等待”其他子项目完成之后，才能够开展，所以也就无须先考虑它的“下一步行动”。比如，在“评估和升级家庭用电系统”完成以前，“厨房升级”工作是无法开展的。或者，你每次只能开展一项重大住房工程，所以要按照优先程度依次进行。不过，在其他子项目之外，“完成露台施工”或许是你可以单独推进的事项。因此，对于大项目中可以单独推进的部分内容，你要持续更新其下一步行动。

不要在这个问题上犹豫不决。如果你还没确定方案，那我推荐你将“大项目”列入“项目清单”，然后在“项目支持资料”中收录“子项目清单”，以确保在“每周回顾”中能看到它们。这往往便于你从更高的角度随时审视你的整体生活状况。如果你觉得这种方法不太完善，那你还可以将那些进行中的子项目列入项目清单中。

> 如何在清单中列出项目和子项目，这完全取决于你自己，你只需要确保自己知道变动内容的所处位置，并根据需要经常回顾，将它们清出你的大脑。

没有任何一种方法能够完美地追踪所有的项目和子项目。你要做的就是确保自己不会忘记这些项目，并且知道在哪里能找到这些项目的提示信息。[①]

项目辅助资料

项目辅助资料不是项目的行动信息，也不是项目提示信息，它只是支持项目行动和决策的辅助信息。

不要把项目辅助资料作为项目提示信息 通常的情况是，人们保存了一堆文件或者塞满资料的文件夹，以及大量的电子邮件和数字文件，以此提醒自己：（1）他们接到了一个项目；（2）他们需要对此采取一些行动。人们基本上是将这些项目支持文件当作行动提示信息了。问题是，这些项目所需要的“下一步行动”和“等待”的任务都还不明确，都包含在成堆的文件和电子邮件当中，你需要从中挖掘出具体的下一步行动——这简直就是大量等待处理的材料，而不是具体的下一步行动。它会持续不断地催促：“赶快行动！快做决定！快点跟进！”当你忙于每天的具体工作时，这种文件肯定是你最不愿意拿起来的东西。你会对这种成堆的文件逐渐感到麻木，它们不会让你立刻投入行动，它们只会让你变得更加烦躁和焦虑。

如果置身于这样的环

> 你周围有哪些事在持续给你心理暗示，要求你对其采取行动？

---

① 我写本书时，正忙于从加利福尼亚迁往欧洲的事情。几个月来，我的项目清单上一直保存着一个项目：“搬到阿姆斯特丹”。上周，由于事情迫在眉睫，必须采取多项行动，我把那个项目分为15个事项。现在，我每周都需要关注从“开立荷兰银行账户”到“敲定在圣塔巴巴拉的艺术品收藏”等事项。

境之中，你首先要做的就是将这个项目列入“项目”清单当中，并以此提醒自己它的存在。然后，将具体的行动步骤和“等待”的事情组织到合适的清单当中。最后，当可以采取具体行动的时候（比如说打个电话），你才需要将项目支持资料都拿出来以支持你的具体行动（在打电话的过程中可能需要查阅一些资料）。

再次强调（别嫌我烦），不要将辅助资料作为行动提示信息——那是行动清单的职责。如果这些资料中除了包含一些特定的参考资料，还涉及地方计划方案以及工作概况等内容，这时你就需要把这些资料安置在一个更加醒目并且便于随时调用的地方，而不是与文件柜或电脑中其他的参考资料混在一起。如果你养成在每周例行的回顾检查时拉开文件柜的抽屉，或者打开电脑中的相应目录和文件来扫一眼每个计划的良好习惯，文件柜就是存放这些资料（或许是来自电脑文件夹的打印件）的最好地点；如果做不到这一点，你最好还是把这类工作的辅助材料存放在一个常备的文件夹中，或者置于一个独立的“悬而未决”的工作篮中，放在你的书桌上或者文件柜中，抑或是其他容易看到的地方。

让我们再回头看一看装修新房的例子。你可能建立了一个标明“升级——平克顿 37 号”的文件夹，专门用于保存有关露台、厨房和布线的各种计划、细节问题以及备忘录。当你进行每周回顾时，一看到“工作”清单上“升级新房”这一项内容时，你就会取出“新房子”文件夹，翻看所有的备忘录，以确保不会遗漏任何行动。接着这些行动便会被立即执行、委派给他人处理或者推迟并放入你的行动清单之中。而在你执行具体行动的过程中或者下次每周回顾的时候，你就可以再次拿出这个文件夹查看并进行整理。

许多人与现有和潜在客户交往时，往往试图使用“客户文件夹”和/或客户关系管理（CRM）软件来“管理客户”。问题是，这种方式将两类东西混在了一起：一些是需要作为背景资料来保存的事实或者历史数据；而另一些则是需要持续跟踪的具体行动，它们直接推动人际关系的发展。把后者放在你的行动清单体系中会更加有效，而客户信息则可以存入有关客户的一般性参考资料中或者存放在“客户信息库”中。但是，如果我需要给一个用户打电话，我希望提示信息清清楚楚地列在我的“电话”清单上，而不是隐藏在别的什么地方。①

组织整理对项目的想法

在第3章中，我曾经提到过，你的大脑会经常闪现出一些与工作相关的想法和念头，它们不是可以立即执行的行动，但是你希望将它们保存起来。这些想法和念头正好属于“项目辅助资料”

---

① 软件技术将持续推进工作流程的自动化，与此同时，CRM和其他应用程序会触发行动提示，等等。在理论上，这将减少单独跟踪此类项目的需求。在实践中，每个人仍需处理由软件生成的本职工作，并在自己的整体系统内实施管理。此外，在我们的承诺和软件应用过程中，各种变量往往非常微妙，变化迅速，在颇为详细的可预见未来发展方向上，即便是最先进的技术也不足以完全依赖。

的范畴。它们可能是有关你下一次旅行的一个念头，也可能是对某一项工作计划的阐释。这些想法可能源于收音机里的一条新闻，或者是杂志里的一篇文章，谁知道呢，反正是你脑海中冒出的有用的东西，那么你该怎样处理这些想法呢？

在这里，我建议你考虑这样几个问题：要用何种形式来保存项目提示信息；如何在这种保存方式下写入更多信息；如果有大量相关信息，应该保存在哪里？大多数人都有多种方式来保存“辅助资料”：在清单中加入说明；采用电子邮件或者数据库方式来管理电子信息；用文件夹或者笔记本的方式来管理纸质信息。

> 不应该失去关于某个工作、主题或者话题的任何一个想法。

添加笔记 大多数管理软件都允许你在清单或者日程表的条目上添加笔记。如果你在某个软件中保存了一个“项目”清单，你就可以在清单中找到某个项目，打开（或者新建）笔记，敲入你的想法。这种方式对于“信封背面”的思考方式尤其适合。如果你的“项目”清单是纸质的，那么你就可以在项目后面贴上一个即时贴，写上你的想法；或者在每页一个项目的文件夹中，在相应项目的那页纸上写下你的想法。无论如何，你要保证你在回顾项目的时候，能够看到你的这些想法，并能对其善加利用。

电子邮件和软件应用程序 在数字时代，处理项目的方式无穷无尽。电子邮件或许包含与项目相关的适用信息，可以将它保存在一个专门的电子邮件参考文件夹中，并做相应的标记。如

果与某个项目相关的电子邮件数量很多，可以考虑创建两个文件夹："约翰逊合作关系——积极"和"约翰逊合作关系——档案"，诸如此类。如果你还没有这样的文件夹，不妨创建一个更加严格的数字数据库，来组织整理有关某个项目或课题的想法，你会发现这么做是值得的。21 世纪，此类工具竞相涌现——从简单、优雅的云记录和允许随意自定义的笔记本管理软件，到集体共享文件和项目管理系统，再到个人项目组织应用程序（从独创性的思维导图到组织大规模写作和研究工作无所不能）。

在数字项目支持方面，好消息是选项分类可以多种多样，美中不足的是，我们很容易经受不住诱惑，将具有潜在意义的信息分别存到不同位置和设备中，以至于我们几乎无法回到原点：我们不知道它的全貌，无法在适当的时间、从适当的角度概括其整体状况，不能确定将何种数据保存在什么位置……所以，我们最终会尝试协调它的所有内容，令其全部回归我们的大脑！我不断寻找有趣的新方法，来跟踪有关我所做的各种事情的信息，不过，只有在我保存了描述清晰、方便理解的项目清单，并确保就相关细节定期回顾所有相关系统内容时，我才能保持头脑清醒。

> 数字时代的内在风险是：有多少数据，就会有多少互不相干的存放位置。

纸质文件夹 每个项目都有一个单独的文件夹，这样的系统非常便于保存纸质的支持资料；虽然技术含量不高，但确实是一种非常简洁的方案。管理简单、运用灵活，这些特点造就了一个良好的通用参

考资料的归档体系，它能够让你轻而易举地将那些从会议上搜罗来的零碎纸片归入恰当的文件夹。有时候，在规划会议和谈话中利用有形文件夹回顾并评估项目相关信息，要比试图利用数字文件夹更容易些。我经常会打印出与项目相关的所有潜在可用材料，如电子表格、时间表、电子邮件、网页等，把它们放在手头以备交流之需。

笔记本／活页夹 活页笔记本的一大优势是，可以为某个项目设定一页或者几页纸作为其专门区域。多年来，我一直坚持使用一个中号的笔记本，前面是“项目”清单，后面是“项目辅助”资料区。在后页的部分中，我随时保留几张空白页，用于记录我的灵感和想法，或者用于制订计划以及考虑细节问题。尽管纸质个人系统结构日益让位于数字系统结构，但记事本模式仍然有其价值，它可以支持一个更加集成和多层次的平台，以便进行极具针对性的思考。

上述每一种方法，对于项目思考成果的管理，都能取得显著的效果。关键在于：发现项目笔记中隐含的具体行动；根据需要定期回顾这些记录。

此外，为防止整个系统变得“陈腐”，一旦项目笔记中的内容过时或者无用了，你就应该立刻删除这条笔记。我发现捕捉这些思考成果、想法的最大益处在于促进了我的思考过程，而不是那些记录下的想法（其实大部分想法都没有付诸实现！）。所以，当你发现某些想法变得无用以后就尽快删除它们吧，以免让这些旧的想法扰乱你的思绪。

组织整理非行动性资料

很多人都习惯于将可执行的事务和大量不可执行的事务（这些事情或资料可能是有价值的，但是不需要采取行动）混在一起，这恰好是很多人的个人管理系统存在的最严重问题之一。在工作和生活中，我们也应该将那些非行动性的事务和资料管理得井井有条，这一点和管理行动提示信息与项目提示信息同样重要。如果没有将这些非行动性资料很好地组织起来，就很可能会影响我们整个系统的正常运作。

非行动性资料可以划分为三大类：参考资料；提示信息，它们所代表的事情在当前不需要采取任何行动，但日后可能有此种需求；以及你根本不需要的东西（垃圾）。

参考资料

一般来说，你在工作和生活中接收的大部分资料都属于参考资料。你不需要对这些参考资料采取任何行动，但是它们包含了一些信息。出于各种原因，你想保留这些资料。你所要决定的是：要保存多少资料，需要多大空间，以何种形式保存，要保存在什么地方。这通常由个人或组织来决定，当然要基于相关的规范，并且要考虑到合理性和个人喜好等因素。在这个过程中，我们一般不需要关心参考资料的具体内容，但如果（由于系统中保存的信息过多或过少）需要对整个系统进行调整，你就需要考虑参考资料的具体内容了。

大多数人都存在的一个问题是：他们收集到的所有资料依旧停留在“材料”阶段。也就是说，他们并没有分清哪些是行动性的，哪些是非行动性的。一旦你明确了它们各自的界线，作为参考资料的“材料”就不会再分散你的注意力，也不会混入待完成的工作，它仅仅是你的资料库而已。你所需要决定的仅仅是这个资料库有多大。当你充分实行参考资料管理之后，你会变成一只硕大无比的北美老鼠（善于贮藏物品），能够充分利用你的空间（包括实体的和数码形式的）来储存各种参考资料。当我增大了电脑中硬盘的容量，并将外接驱动器和云空间的备份容量扩展到几乎无穷大时，我也能因此保存更多的电子邮件，而且其中更多的是数字照片。既然增加参考资料的数量不会给你增加任何精神负担，那么何乐而不为呢？

各种参考资料管理系统

参考资料现在会以各种方式（主题和媒体形式）出现，对其进行组织整理的方式也有很多。下面简单介绍一下最常用的几种：

1. 一般性参考资料归档系统——纸质、电子邮件和简单的数字化存储。
2. 专门资料的归档。
3. 联系人管理工具。

4. 图书馆/档案馆式的归档系统。

> 你的参考和归档系统应该是一个方便快捷的数据库，它保存的应该是各种非行动性资料，而不是行动或项目的提示信息。

一般性参考资料归档系统 正如我在此前几章强调过的，一个好的归档系统是保证处理和组织整理过程正常进行的关键。而且，当你面对大量需要处理的纸质资料和特定数字信息的时候，一个良好的归档系统就是不可或缺的。按理说，你现在应该已经在清空工作篮的过程中建立起了一个"一般性参考资料归档系统"。这个归档系统应该非常方便快捷，它应该就在你的手边、触手可及，便于实施个人管理和回顾，甚至可以保存参考性纸质文件或者你在网上读到的某篇文章，并把归档的过程变成一种享受。如果你现在还没有建立起一个这样的系统，那么我建议你立即翻回到第 4 章，重新阅读相关段落。

大多数人最终都要创建一到四个有形文件夹、数十个电子邮件参考资料夹，以及可能多达数百个的其他数字存储位置和类别。[①]网络本身也不过是一个庞大的数字档案柜，它既能弱化你创建数字参考图书馆的必要性，也能生成你希望在自有系统收集并组织的那类信息。信息过剩及其评估和组织形式的持续增多，会

① 作为一个准美食家，我一直在跟踪我有意光顾（通过别人推荐）的位于世界各地的任何餐馆。在一个软件应用程序中，我可以查找（比如"位置-伦敦-餐馆"）并浏览我的清单。仅仅是"我想光顾的餐馆"这一主题，其内容就占据了我电脑里的数百个文件夹和子文件夹。

迫使你区分不可执行和可执行信息，创建和维护一个便于使用的参考数据存储系统。

专门资料的归档 如果关于某一主题的归档资料需要占用50个以上的文件夹，或者归档资料内容庞杂，那么你就应该考虑为它分配一块专门的区域、抽屉或者数据库，并建立一个独立的字母排序的归档系统，或者其他便于搜索的系统。比如说，你正在忙于两个公司的合并，需要保存大量的纸质文件，你就很可能需要整整两个文件柜来保存这些要用到的资料。如果你有某项特别的业余爱好，比如园艺、航海或者烹饪，那么你很可能需要一个专用的抽屉来放置相关资料才能满足自己的需求。

这里要特别指出的是，如果某个参考资料同时可以归入多个领域（可以放入某个一般性资料归档文件夹，也可以作为专门资料进行归档），那么你就很可能陷入一个两难的境地：放入一般性资料归档系统呢，还是放入专门归档系统？当你读到一本关于木栅栏的工具书并想将其保存起来的时候，是应当放到“园艺”资料柜中，还是将其作为普通的“家务事”放入一般性归档系统？一般来说，除非是明确属于某一特定类别，最好还是将资料都归入一个统一的一般性参考资料系统。

联系人管理工具 在你所需要保存的信息当中，有很大一部分是你所处的社会关系网中其他人的联系方式。你需要保存各类信息——手机号码、住宅电话号码、办公电话号码、电子信箱地址，等等。此外，如果你认为有价值，也许你还会保存他们的生

日、家庭成员的名字、个人爱好、兴趣等信息。如果从人事管理和法律的角度考虑，需要保存的信息就更多了：雇用时间、工作履历、目标和前途等。

大多数数字和纸质管理工具的“联系人”部分（连同日程表）是最常使用的内容，因为人人都需要查询电话号码。需要指出的是，这些信息是最为纯粹的参考资料，无须对它们采取任何行动，将它们保存起来仅仅是为了将来查询之用。尽管这个世界似乎变得越来越数字化，许多人仍然收集成堆的名片，它们在隐隐约约地喊叫：“快点做决定！对我做点什么！”

但是，一旦你从这些新事务中过滤出了可执行项目，这类信息的保存也就不再神秘，你只需考虑个人需要和便携性就可以了。只有当人们试图将其联系人管理工具当作行动提示的时候，问题才会不请自来。要知道，这种方法根本行不通，除非它是一个功能强大的CRM系统的一部分，既包含客户信息，也包含经过适当分配和整合的行动触发因素。只要与你联系人相关的所有行动都经过了确认，并已列入你的行动提示清单，联系人管理工具的作用就等同于数据存储了。

现在唯一的问题（或机会）是你要保存多少信息，要以何种形式（或设备）来保存才能让你随时随地查阅呢？目前为止还没有一个完美的解决方案，但是随着移动数字互联网工具的力量日益强大，并能链接至各种数据存储空间，访问的便利性和选项模糊性也会同时增强。

图书馆/档案馆式的归档系统：基于个人的 同一信息载体，在不同的层次上都包含着各种有用的信息。如果你深入挖掘，你会从中获得各种各样的信息。鉴于你的需求、对数据的具体适应程度，以及推动你的关系网成为全球性信息的科学技术处于不断变化中，保存多少资料、需要多详细、采用何种方式这些问题也就没有确定的答案了。相对于你的个人组织和工作效率而言，这并非一个核心问题，只要你所有的项目和行动都已经纳入一个管理系统当中，就应该能满足你的需求和能力了。

> 如果资料纯粹是为了参考，那么，唯一的问题是它与耗费的时间和空间是否等值。

建立某种程度的统一标准会使归档这件事情变得更加轻松。那些随时需要查阅的资料，应该记入你随身携带的移动设备或记事本中。那些需要在特定会议或事件中使用的资料，应该放入公事包、电脑包或者书包中。那些在办公室才会用到的资料，可以放在办公室的个人归档系统中或者放在办公网络上的服务器中。那些工作中很少用到的资料，则应该放在档案部、储藏室或者浩瀚的云空间里。那么对那些在互联网上查到的资料呢？除非你需要在网络连接不佳的情况下使用这些资料，否则你不用保留它们。如果需要的话，可以把这些网上资料打印出来或者存入电子设备，这样你就可以把它们带在身边了。

你瞧，对参考资料系统的组织和管理，已经转变成了一系列简单的、基于目的的逻辑判断。在这里，区分行动性和非行动性是非常重要的一步。第二步则是确定这些信息的潜在用途，以及它因此应以何种方式存储在什么位置。一旦你完成了这一步，要管理多少参考资料就完全由你来决定了。某些资料是否值得你花费时间、空间和精力进行保存，这完全取决于个人判断。“完美”的参考资料系统并不存在。它的结构和内容要求做出极具个性的决定，这个决定应该基于现有价值和必要的收集、维护工作之间的比值。你最好从你真正想保存的信息着手，确定将其放在哪个可供检索的最佳位置，一切从头开始，不要试图选择或设计只具有理论意义的系统。随着时间的推移，你一定可以将自己的参考材料图书馆打磨成一个更具规模和合理性的框架，如果这能在升级日常事物管理的基础上进行，那就再好不过了。在这个寻找最佳处理方式的过程中，某种程度的模糊性是可以接受的。关键在于定期回顾、评估你的系统，进行必要的动态进程校正。

“将来/也许”类事情的管理

现在，在你组织未执行项目方面，还有第二个功能需要完善，那就是记录那些可能在以后需要付诸行动的事情。比如说：打算将来进行的一次旅行、想要阅读的书籍、下一个财年要着重解决的问题，或者是你想要学习的某项技能。为了实现这一功能，我们需要建立某种能将事务记录下来，并让我们可以再次对其进行思考的机制。

有好几种方法可以实现上面的目的，它们都能帮助你将这类

> “将来/也许”类的事情并非是毫无价值的。相反，它们通常是你生活中最有意思、最激动人心、最有创造性的事情。

事情清出你的大脑，并且妥善保管。你可以建立各种形式的“将来/也许”清单，也可以将这类事情写入日程表或者纸质“备忘录”中。

“将来/也许”清单

当你对自己的大脑进行“大扫除”时，通常会发现一些不确定何时进行的事情。在这类事情中，比较典型的有“学习西班牙语”“为玛茜买一匹马”、“攀登华盛顿山”、“写一部悬疑小说”以及“盖一间度假小屋”等。

无论你现在采用的是什么样的个人管理系统，我都强烈建议你创建一个“将来/也许”清单。然后把自己想到的事情都写到里面去，你会发现，这个过程会让你创造力大爆发，想出好多新奇的好点子。

你很可能还会惊奇地发现，你以前列在这个清单上的一些事情已经快要实现了，而你可能并未刻意为此进行过努力。如果你相信“想象会改善认知和行为”，那么也就不难理解“将来/也许”清单是如何在潜移默化中影响你的工作和生活了。罗列清单的过程本身，就会让你对自己所期许的事情有更加清楚的认识和准备，也会促使你在日常生活中向这些目标努力。“机会只垂青有准备的人”，这也是我长久以来的人生体验。除了你的工作篮以外，这类

“将来/也许”的事情还有两个重要来源：你那富有创造性的想象力，还有你目前正在执行的项目清单。

> 激活并维护你的“将来/也许”清单可以释放你的创造性思维——你可以在不必付诸任何行动的情况下，想象各种很酷的行动。

为你创造性的想象力创建一个清单 当你有了时间、金钱和机会，你都希望做哪些事情呢？把它们逐一地记录在“将来/也许”清单上。典型的事情包括有：

- 为你的家庭购买或者建造房屋
- 开始从事的业余爱好
- 想要学习的技能
- 想要表达的创意
- 需要购买的服装和饰品
- 想得到的玩物（高科技或其他类型玩具！）
- 计划中的旅行
- 希望参加的组织
- 打算参与的公益性活动
- 想了解的事情、想做的事情

重新评估当前进行中的项目 这是一个好机会，可以让你从全新的角度（即职业、人生目标和个人承诺的角度）出发，回顾检查你的“项目”清单，并且考虑你是否应该把当前的各种承诺和责任转移到“将来/也许”清单中。如果通过审慎的思考使你

认识到，“项目”清单中的某项内容可能在今后几个月或者更长的时间内，都不会进入实施阶段，那你应该干脆把它转入“将来/也许”清单中。

人们有时发现，将他们的“将来/也许”项目进行更详细的分类很有好处。与你想象性质的“遗愿清单”（比如：攀登尼泊尔的一座山，或者为弱势儿童创建一个基金）相比，思考那些一旦条件具备就会在你家里真正实施的项目或许会有很大不同。如果是在一家公司，这种差别或许会体现在“停车场”想法（“我们把这个问题留待下个季度的会议上讨论吧”）和不断跟进项目（你会在大量资金涌现时极力推动的项目）想法之间的对比。这里的关键是，随着你尝试这些选项，你要注意你的清单和子类别是令你不安，还是给了你激励。

“将来/也许”的特殊类别

每个人都会有一些自己非常感兴趣的事情。将这些事情列入清单的过程，肯定会给你带来不少乐趣。比如：

- 食品——秘方、食谱、餐馆、葡萄酒等
- 子女——要和子女一起做的事情
- 想读的书
- 想看的电影
- 关于礼品的一些主意

- 想要浏览的网站
- 周末的外出旅行
- 想法——五花八门（因为你也不清楚应该归属于哪个类别）

这类清单处于“参考资料”类和“将来/也许”类的交叉区域。说它是参考资料，因为你可能只是收集它们，把你喜欢的上等葡萄酒、餐厅、书籍添加到对应的清单中去，以备日后随时查询；说它属于“将来/也许”一类，是因为你需要经常回顾这些内容，以提醒自己在有机会的时候尝试一下清单中的内容。

这也正是进行组织整理工作的又一个好理由：让你更轻松地抓住那些感兴趣的东西，让生活更加多姿多彩，而不是整日身陷无休止的工作。

堆积“保存及回顾”文档的危险

许多人都有堆积如山的“保存及回顾”文件夹、一个塞得满满的抽屉或者电子邮件文件夹，它含糊地涵盖了“将来/也许”类的事情。人们对自己说：“等我有空的时候，我会看看这部分内容”。乍看起来，这个“保存及回顾”文件夹似乎是存放东西的一个极为方便的场所。但是我个人不建议采用这种方式，因为在我所接触的所有人中，他们只做到了“保存”但却并不“回顾”。他们对这一大堆资料麻木不仁，而且充满抵触情绪。如果你无法定时对“将来/也许”清单保持关注，并且头脑清醒地思考其中的内容，那么“将来/也许”清单也就丧失了它存在的价值。

> 我们有能力做的，也有能力不去做。
>
> ——亚里士多德

此外，我们还应注意到，一个管理良好的“将来/也许”清单与保存各种“材料”的收纳箱之间，是存在着巨大差别的。通常来讲，你收纳的大部分材料都是需要你进一步加工处理的，有的需要归入“阅读/回顾”类，有的需要放入参考资料系统，而有的则需要转化为实际的下一步行动并标注在日程表或者备忘录中。实际上，在大多数情况下，对那些“保存及回顾”文件夹中的内容进行恰当的处理之后，你会发现“保存及回顾”文件夹已经被彻底清空了。

用日程表记录将来要做的事情

当你发现需要提醒自己在未来进行某件事情的时候，日程表将是一个非常好的选择。对于日程表的使用，很多人都习惯于在里面放置大量的事情（就像前文说到的），但是显然这是个不好的习惯，而且这样也远没有发挥出日程表的真正效用。

日程表的三大用途之一，就是记录那些“需要在特定日期获取信息”的任务。这类用法涵盖了不少事务，但是最明智的做法是：记录在日程表里的事务，一定得是你想暂时抛于脑后但又希望在某一天得到提醒的事情。这样的事务数不胜数，下面列出几类：

- 提醒自己开始落实某个项目
- 你可能想要参与的活动
- 提醒自己做出决定

提醒自己开始落实某个项目 如果你手头有一个项目，目前还不需要对其开展工作，但是需要在将来某个时间提醒自己开始行动，这时，你就可以在日程表中选择一个合适的日期，写入这个项目的提示信息。这些指定日期的信息，应该写在日程表的日期格中；当那一天到来的时候，你看到了这个提示信息，就会把这个项目列入你的“项目”清单中，从而激活这个项目，使之步入正轨。下面列出了这类事情的几个例子：

- 需要提前着手准备的某些特殊活动（产品发布、筹款募捐等）。
- 需要做前期准备的常规活动，如预算检查、年会、计划活动或者会议（比方说，你肯定不想现在就把下一年的“年度销售会议”或者“让孩子们为下个学期做准备”添加到你的“项目”清单中吧？写到日程表中吧）。
- 重要的纪念日，你可能希望在此日期到来前做些准备（生日、周年纪念、感恩节等）。

你可能想要参与的活动 也许你经常收到各种研讨会、演讲、培训班和社交文化活动的通知，你可能希望当活动临近时再决定

是否参加。因此，你先确定一个“临近”的时间，并在日程表中这个适当的日期上写上一笔，如：

“明天商会举办早餐会。”

“雄狮足球队的门票今天开卖。”

“今晚 8 点，BBC 有关于气候变化的特别节目。”

“下周六去花园俱乐部喝茶。”

如果你现在突然想到了任何类似的活动，就立刻把它写入你的日程表吧。

提醒自己做出决定 有时候，你需要做出一个非常重要的决定，但是又无法（或不希望）立刻就做出这个决定。没关系，在涉及你的自我管理程序时，你只需确定决策所需的额外信息是来自你自身，而不是外部（比如，你只是想把问题留在第二天解决），或者你有充分的理由直到最后时刻才做出决定（从而能在你选择推进方式之前尽量保证所有因素的即时性）。但是，为了能使不做决定成为适当举措，你最好要撒出一张可靠的安全网，对未来可能出现的相应问题保持关注。日程表就像一条“安全带”，它会确保你不会忘记去做这个决定。①

① 如果你使用的是一种可以随意访问的日历表，你显然需要谨慎对待这些触发因素。数字日历表通常有“私人”分类功能，利用这个功能可以防止其他人看到相关内容。

> 如果你的系统中有一套延迟决策的机制，那么你对某些事情就可以暂时不做决策了。

属于此类的某些典型决定：

- 雇用/解雇
- 重组/并购/出售/剥离
- 换工作/职业
- 可能发生的战略转向

你肯定会想："把如此重要的决定就这样放在日程表中，合适吗？"那么你可以问问自己："是不是有这样的情况：一些重大任务并不需要立即做出决定，可以把它推迟到以后再处理，以便让自己在当前可以保持较为轻松的工作状态？"如果答案是肯定的，那么日程表就是放置这类任务提示信息的最好地方。

"备忘录"系统

对于管理那些需要在日后执行的行动，还有一种堪称一流的方法，那就是"备忘录"系统。[①]它就像是一个三维立体的日程表。对于那些你日后会感兴趣的事情，你可以将它的原始版本以实体形式的提示信息保存在其中。它可被看作是你自己的邮递系统，你可以建立属于自己的邮局，通过它给未来的自己发封邮件，通知未来的自己到时候去完成某件事情。我自己多年来就一直在

① 通常也称为"未定"、"提前"或"滚动跟进"文件系统。

使用“备忘录”系统。尽管通过科技手段将这类提示转化为软件和移动设备上的数字化内容很容易，但用“备忘录”这种低技术含量的方式能使你的诸多事项管理起来更容易。有关这些事项的数字化管理前景正在不断推进，但在我的个人系统中，仍有许多事项是由充当提示信息的有形系统进行有效管理的。

从本质上讲，“备忘录”系统是一个非常简单的文件夹系统，它允许你将未来需要的各种提示信息收入其中，并在指定的日期展示在你面前，就好像这些提示信息会“自动”地出现在你的工作篮中一般。

如果你有一个秘书或助手，你就可以把这项工作交由他来完成，这个过程和“备忘录”系统的使用颇有几分类似。典型的例子有：

- “在我开会的那天早上，把这个议事日程交给我。”
- “既然星期三的会议上才会用到这个，那么，星期一时再把它交给我考虑一下。”
- “在去香港前两周时，提醒我一下，我们来安排一下具体细节。”

每当新的一天到来，你都可以拿出当天的文件夹，查看一下有什么要做的事情。

如果你担任高级职务，想在工作中让你的助手完成这类工作，我没有意见。但是如果你想将这种井井有条的管理方式融入你的生活，你就必须保持自己的“备忘录”系统功能。这个文件夹系统能发挥许多功能，它的工作范围甚至可以超过你的助手，在处理私人事务上也能使你得心应手。我利用自己的备忘录系统来管理我某天需要携带的旅行文件、关于即将到来的生日和特别活动的提醒（这会在我的数字日历表中占据过多视觉空间）、一些有趣事项的打印件（我或许会在几个月后有空时再做探究），诸如此类。

你只需每天花几分钟时间，就能让这个“备忘录”系统运作起来。与你的付出相比，你的回报将非常丰厚。这是一种独特的执行功能：决定不在某个时间点之前做出决定。

建立一个“备忘录”系统 如果你在一个物理系统中这么做，你需要准备 43 个文件夹：其中 31 个分别注明从“1”到“31”，代表一个月份内的 31 天，另外的 12 个上面写上一年中的 12 个月份。代表日的文件夹放在前面，最前端放置的是明天的文件夹（如果今天是 10 月 5 号，那第一个文件夹就应该是“6”号）。随后的文件夹代表着本月中剩余的日子（从“6”到“31”）。在“31”号文件夹后紧跟着下一月的月份文件夹（11 月）。再往后，是编号“1”至“5”的日文件夹。接着是剩余的月份文件夹（12 月、1 月到 10 月）。每天结束时，把第二天的文件夹中的内容放入工作篮，再把这个文件夹排列到后面，（这时，这个原本代表 10 月 6 日的文件夹，就变成了 11 月 6 日的文件夹）。按照同样的方法，当下一个月的文件夹排到最前端时（在 10 月 31 日你清空所有的日文

件夹后，紧接着看到的就是“11月”文件夹，而所有的日文件夹则按照“1”至“31”的顺序紧随其后），把其中的内容都放入工作篮，将这个已经清空的月文件夹排在其他月文件夹的后面，这时它代表的就是下一年的“11月”。这个“备忘录”系统的好处是，随时都可以保存接下来的31天和12个月内要提醒的事情。

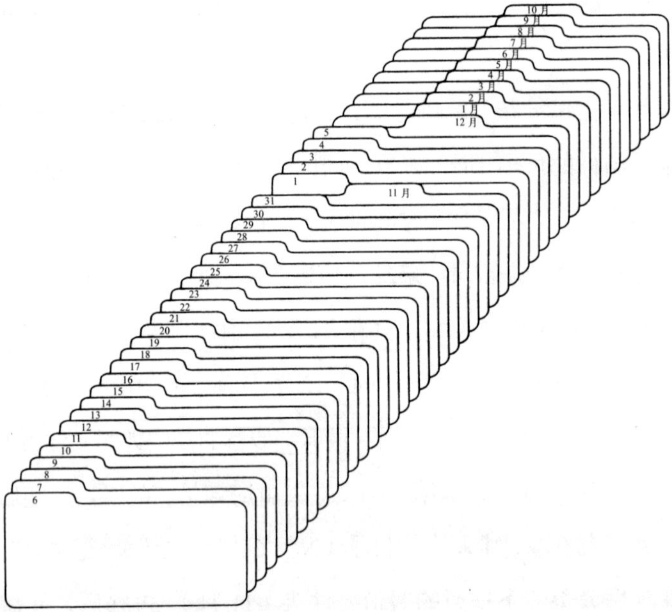

“备忘录”系统样例（10月5日）

采用文件夹来建立你的备忘录系统的最大好处是，你可以在其中存储货真价实的文件资料（在某个日期你需要填写的表格，需要审查的会议议程，以及你准备到某天予以支付的发票，等等）。

为了促使这个系统正常运转，你必须做到每日检查和更新。如果你忘记清空每日文件夹，你就不会再信赖这个系统来处理重要的资料，而不得不寻找其他途径来管理你的事务。如果你即将离开一段时间（或者在周末无法查看这些文件夹），那你必须保证在离开之前检查你离开那段时间的文件夹，并对其内容进行预先处理。

核查清单：创造性和建设性提示

在个人系统的组织整理工作中，最后一个值得我们注意的问题就是建立和使用核查清单，它可以帮助你关注项目、工作流程和程序、事件、爱好、职责等领域中可能出现的潜在问题。就本质而言，我们讨论过的任何提示清单或类别都是核查清单，因为它们的功能是提供核查或审查事项，以确保你不会在该领域遗漏事项。不过，核查清单的更普遍含义是指列出有关某个主题、程序或者某种关注/行动领域的内容，供你在特定时间或参与特定类型行动的任何时间使用。这些内容的范围很广泛，从你工作或生活方面的总体关注领域，一直到关于如何将图片上传到网站上的详细说明。

很多年前，阿尔弗雷德·诺斯·怀特黑德中肯地指出："文明是通过越来越多的不假思索的重大行动来推动的。"清单为这种宏观观察提供了一个微型版本：无论何时，当你因为某种规律性的新现象（"每年年底，我想要/需要……"）或者因为需要你详细回想的某种特定情形（"举办研讨会之前，我需要……"）而必须进行思考时，你都应该把这些工作委托给你的“外脑”——这个管理系统要保存需要你在特定时刻从事的具体行动。①

数量极多的潜在核查清单可以让你更轻松地控制生活和工作领域的各种情形。如果你曾经为了做菜而参考食谱，你就是在使用核查清单来提高你的关注度和工作效率。如果你的董事会曾委任你在年内完成三个关键举措或成果，那么在董事会召开之前，你可以利用核查清单进行回顾。

由于我所描述的是如何理清和组织你大脑中的内容，为了开始执行这个系统，我将侧重于人们通常面临的一系列主题，核查清单往往是这些主题的最佳解决方案。

你希望关注的事项

当我们帮助别人清理其大脑时，所呈现的往往是这样的事情：

- 定期进行体育锻炼
- 多抽些时间陪陪孩子
- 为部门筹划更多积极计划
- 让我的团队保持高昂的斗志

① 关于此项功能及其价值（以及不予关注的代价！）的有力阐述可见阿图·葛文德（Atul Gawande）的著作：《清单革命：如何持续、正确、安全地把事情做好》（*The Checklist Manifesto: How to Get Things Right*），大都会出版社，2009年。

- 确保我们与公司的策略保持一致
- 实时更新我们的用户培训列表
- 更注重自己的精神实践
- 更关注员工的个人目标
- 保持我的工作动力
- 保持并升级与公司关键人物的现有互动

面对你内心这些含糊不清的承诺和分散你注意力的事情，你应该怎么办呢？

首先，对项目和行动心中有数

对于大多数这类“材料”而言，它们是可以转化为项目或实际行动的。对于许多人来说，完全可以把“定期参加体育锻炼”转化为“制订定期运动的计划”（项目）或者“给萨莉打个电话问一下健身房和私人教练的情况”（实际行动）。这时，内心的承诺就可以转化为项目或实际行动，之后就可以按照正常的方式纳入你的个人管理系统中了。或者，“让我的团队保持高昂的斗志”应该成为一个具备特定行动步骤（“给我的人力资源总监发电子邮件，听听她对这个机会的看法”）的项目（“在我的部门探索团队建设进程”）。

然而，在这类情况之外，还有些别的情况，而且往往需要借助适当的核查清单加以解决。

规划工作和责任范畴内的关键性区域

像“坚持锻炼身体”或者“让我的团队保持高昂的斗志”这类目标，还是需要制定某种概况核查清单，才会便于定期回顾和检查。面对任何事情时，你的大脑都会在各个层面设定不同愿景和标准，它们直接影响你的决定和选择。所以，了解自己在各个层面上的不同愿景和标准是非常有必要的，只是很难做到习惯性保持和遵守。

我在前面曾经建议过，你的“工作”至少可以定义为6个级别，每一级别都应该拥有专门的确认手段和评估方法。在每一个不同的级别中，你都应当建立一个核查清单，它应该包含该级别中所有对你来说重要以及有所承诺的事情。它可以包括：

- 职业目标
- 服务
- 家庭
- 人际关系
- 公共事务
- 健康和精力
- 财政资源
- 创造性的表达

现在我们下降一个层次，专门针对你的工作来进一步考虑。对责任、员工、行业价值等不同的方面，你都需要为自己建立一些提示。这可能会包含以下各点：

- 团队士气
- 工作流程
- 时间进度
- 人员问题
- 工作量
- 交流沟通
- 技术

所有这些事务全都可以纳入你个人管理系统的各个清单中去。根据需要来提醒自己，以保证你的航船能沿着正确的方向平稳前进。很多时候，个人管理系统的价值仅在于可以确认特定领域的状况良好，不需要添加或改变任何东西。不过，明白这一点也会促使你减少不必要的关注。

情况越是异常，控制力越应加强

对于某件事情（或某个领域）来说，我们对核查清单和外部监控的需求，与我们对这件事情的熟悉程度成反比。如果你已经从事某项工作有相当长的时间了，并且不需要在这方面做出任何改变，那么也就没有必要在你的个人管理系统中专门对其设立外部监控措施。你知道工作的每个步骤应该在何时进行、如何进行，这样才能保证一切正常。你可以在睡梦中实施管理，但实际上这种情况非常罕见。

你是否曾经不得不遵照某种规定的顺序，去管理某笔独立的金融交易，登录并更新某个软件应用程序，甚至通过几个必要步骤查询朋友的度假屋，同时你还曾经问自己："等一下，我现在想要怎么办？"在此类状况下，如果你希望或需要重复这些步骤，那你就需要一个核查清单。我在电脑和软件方面是个半文盲，每当我们的IT专家指导我解决一些常见故障时，我很容易说服自己要记住他们告诉我的步骤。我历尽千难万险，学会了为他们创建核查清单。

许多时候，在你对某项工作足够熟悉以前，你都需要某种形式的核查清单来帮助你抓住工作的重点。比如，如果公司的CEO突然不知所踪，你不得不立即填补他的空缺，那你就需要立刻过目一些资料，以掌握目前工作中最为紧迫的方面。如果你刚刚接受了一个新职位的任命，其中一些新职能对你来说相当陌生，那你一定希望拥有一个控制和管理的指导框架，哪怕只是在最初的几个月也好。随着我们在公司内部设计了一个新的组织结构和操作系统，我们已经可以使用许多关键核查清单来帮助执行我们的会议决策，直到它们成为我们工作中必不可少的一部分。

> 核查清单功效显著，它使那些重要的工作不再给你带来忧虑。

通常，在情况快要失去控制的时候，我会暂时开列一张清单，上面写着我不得不处理的任务，直到情况重新得到控制。比如，当我和妻子决定为我们经营多年的生意创造一个全新的经营模式时，我承担了一些以前没有的职责，如财会、电脑操作和维护、市场营销、法律事务和管理。一连几个月，我都必须坚持认真地把这些责任范围内的核查清单摆在面前，填补所有的空白，尽最大努力平稳度过这一过渡期。当生意在某种程度上稳定下来以后，我就不再需要这些核查清单了。

各个级别的核查清单

根据你的需要大胆地创建各种类别的核查清单吧。你可以建立各种各样的核查清单——从“生活的核心价值”、“郊游的有关事宜”到“可能的假日礼物”。列出清单——特别是当你一想到某件事情时就为它列出清单，这将成为对你最有效，同时也最便捷的一种方式。

为了激发你的创造性思维，下面我列出一个核查清单题目列表，这些都是我使用过多年的清单。

- 工作责任范畴（工作的职责范围）
- 运动疗法（肌肉抗阻训练计划）
- 旅行核查清单（旅行前要检查和完成的事情）
- 每周回顾（在每周回顾中要检查和更新的事情）
- 培训计划的组成要素（当推出某个培训新课程时，一切需要处理的情况，从前期到后期）

- 关键客户
- 要保持联系的人（所有你想联系的圈内人）
- 年终活动（这一时期的所有总结活动）
- 个人发展（应该定期评估的情况，以确保个人平衡与进步）
- 笑话

慢慢地习惯于使用各种核查清单，包括特殊的、临时性的和永久性的核查清单。根据需要随时创建和删除核查清单。确保你有一个方便访问的空间，用来保存一个有吸引力甚至有参与乐趣的新清单，比如一个活页记事本，或者一个随时可用的软件应用程序。合理而恰当地运用核查清单，可以极大地提高你的个人工作效率，并缓解你的心理压力。

> 能够并愿意即时创建一个可供必要时访问和使用的核查清单，这是高标准自我管理的核心内容。

小结

到目前为止，你应该已经收集了生活和工作中所有的未尽事宜，并且已经进行了逐项的处理，明确了它们的价值和需要采取的行动，最后还把处理结果纳入了一个完整的系统——这个系统包括了对当前和未来所有工作项目的完整概览。当你完成上述事项后，你也就已经准备好进入下一个步骤了——检查回顾。

第 8 章
回顾阶段：保障系统的有效运行

实行这套工作流程管理方法的目的，并不是让你的大脑偷懒，而是想尽办法充分利用大脑的资源，并让它工作得更加优雅、更有效率、更具创造性。只有在大脑 100% 投入到当前的工作中时，才能达到这一目的。为了做到这点，你必须确信你正在做的事情是确实需要完成的，而其他没有进行的工作确实可以暂时“不去进行”。这能改善现有条件，使你始终保持最佳行动状态。定期回顾你的系统，反思其内容，保持其时效功能，这是实现系统清晰度和稳定性的前提。

例如你有一个电话清单，但是如果有一些你必须要打的电话却没有被列在这个清单上，你的大脑就不会再相信这个电话清单，从而导致你的大脑在完成这个低脑力要求的活动时也无法感到轻松。结果，你的大脑又不得不重新担负起记忆、加工处理和提醒的责任，从而又像以前一样低效运转。

所有这一切意味着，你的系统不可能处于静止不动的状态。

这个系统必须实时更新，紧跟事态的发展，这样才能帮助你在行动的时候做出恰当的选择，这也正是回顾过程的主要目的。同时，回顾过程还可以从不同角度对你的生活与工作进行持续不断的评估。

现在，你需要考虑两个重要问题：

- 回顾应该要关注哪部分的内容？安排在何时进行？
- 回顾应该怎样进行？每隔多久进行一次才能确保整个系统持续运转，并解放你的大脑，使之能够从事更高层次的思考和组织整理活动？

一次真正意义上的回顾检查活动，将使你的思维变得主动、活跃，并更加高效地面对你的生活和工作。这类思维可以是精力集中的产物，也可能源于心血来潮，而这些思维的火花，通常都是在你对行动和项目清单进行有规律的回顾时迸发出来的。

要回顾哪部分的内容？在什么时候进行？

在你的个人管理系统中，你应该可以在任何需要的时候看到需要的行动提示，这正是个人管理系统和个人行为的基础。其实，这个道理是显而易见的，但是很少有人在处理和组织后能够达到这一要求。

当你身边有部电话并且正巧有些空余时间时，你就可以拿出电话清单扫上一眼，是否选择一个电话号码拨打出去全由你自己决定；当你正准备去与老板或者合伙人会面时，花一分钟浏览一下你所记录的要与他讨论的所有事情，会让你的这次会晤更有成效；当你打算去干洗店取回衣物时，应该先快速检查一下还有没有可以在途中解决的事情，以便一次性办妥。

> 只要你保证在适当的时间查阅适当的资料，那么每天的回顾检查时间可能仅仅是几秒钟而已。

人们经常问我："你花多少时间来关注你的系统？"我的回答是："只要我能够对当前的行动感觉良好就足够了。"实际上，我花在这方面的时间通常是这里两秒、那里三秒这样累积起来的。从某种意义上来说，我的各种行动清单就构成了我的办公室。就像你在办公桌上贴着即时贴、堆着文件一样，类似的记录在我的"下一步行动"清单和日历表上也随处可见。如果你已经彻底完成了收集、加工、组织整理一切事务的步骤，很可能只需要零散地在这里或者那里短暂回顾一下，就能帮你找到当天所要执行的行动计划。

首先看一看你的日程表

查看最频繁的应该是你的日程表（或者是每日备忘录之类的东西），这样你就能看到哪些是当天必须进行的工作。这样你就了解了当日的时间和空间要素。比如，你看到自己早8点到晚6点都排满了会议，只有中午有半个小时的午饭时间，这能帮你确定当天是否还要执行其他任务。

然后看一看你的行动清单

当你检查了所有对时间有严格要求的活动，并对它们进行了适当的安排之后，接下来你该浏览的是对应当前情境的行动清单。例如，当你正坐在办公室中时，你就可以看一下你的电话清单、电脑工作清单，以及其他办公室内的事务清单。但是这并不意味着你要完成清单上所有的内容；你仅仅需要结合当前的时间长度、自己的精力等，选择一个合适的行动，并将其执行。你应该充满自信：自己绝不会遗漏任何重要的事情。

> 维持生命和追求幸福这两件事并非各自独立。
>
> ——安·兰德

坦白地说，如果你的日程表的内容非常可靠，并且你的行动清单也没有问题，那么在你每天的工作中，只查看这两样东西就足够了。事实上，我有的时候根本就不需要去查看行动清单，因为在我看了日程表之后，就知道自己已经没有时间去完成其他任务了。

根据情景选择恰当的回顾内容

你应确保自己能随时查阅想查看的清单。当你和生活伴侣劳碌奔波了一天，最终放松下来的时候，你希望确定你们共同承担的家庭事务，这时如果你能拿出需要共同讨论的事务清单无疑是非常方便的。如果你的老板突然走进你的办公室，打算与你谈谈当前的工作，你能够立刻拿出最新的工作清单和准备的话题清单，这显然将大大提高你的工作效率。当然，这也有助于树立良好的工作形象。当你突然得到一个书面邀请，请你和某个刚认识的潜在客户共进午餐，这虽然不在计划之列，但极具战略意义，那么，你能用多快的速度整理相关资料、打印相关数据，重新考虑为本次会面（进展顺利的话，可能会延长到下午）准备的其他会谈内容？

更新你的系统

要保证你的系统是值得信赖的，关键的一点就是定期以更高的视点检视自己的内心，并对系统进行更新。当然，如果你很长时间都没有对系统进行更新，系统会远远落后于客观情况，更新一次系统将会耗费大量的时间和精力。要知道，如果你的系统远远落后于客观情况，你的大脑就不得不把大量的精力浪费在“记忆”、“回忆”之类的低级工作上。

> 为了让知识转变为生产力，我们必须学会见林观木。我们必须学习使两者结合起来。
>
> **——彼得·德鲁克**

现在我们将面对一个很大的挑战：一旦你体验到了拥有一个清晰的大脑是怎样一种滋味，领悟到事事处于你的控制之下是多么惬意，那么你要怎样做才能维持这种状态呢？经过我多年的研究和实践，并且经过很多人的实践检验证明，保持状态的最好办法就是“每周回顾”。

每周回顾的重要作用

如果你和周围的大多数人一样，你会发现，你的脑子再好使，也不可能跟上世界变化的步伐。而我们大多数人，则都有这样一种倾向：放任自己纠缠于大量超过自己处理能力的事务。工作时，我们把一天的时间安排得满满的，一个会议接一个会议；下班后还是不时地想起要完成的任务、要履行的约定；我们每天在任务、合同、约定、协议中纠缠，我们的创造力也在这日复一日的劳作中不断萎缩。

> 每天需要你处理的工作数量，总是超出你的可承受范围。

这种旋风式的生活模式更加凸显了每周回顾的重要性，它让你有机会夺回生活的主动权，对事情重新评估、重新安排，让自己重新找到平衡。而这些恰恰是在每天疲于奔命的忙碌中，无论如何也做不到的。

每周回顾还有一个重要的作用，就是让你在面对如潮水般涌来的事务时，始终记得最要紧的工作、最重要的目标，把握住自己的方向。这会让你认识到，有的时候必须学会说“不”——而且要斩钉截铁、毫不犹豫——才能让你保持清晰的方向，免于陷入混乱的境况。给自己留一点时间吧——至少让自己能从“项目”的层面考虑一下自己面对的问题，这会对你大有帮助的。

什么是每周回顾

非常简单，每周回顾就是为了再次清空大脑并为未来几周确定方向而需采取的行动。它执行了工作流程管理阶段——收集、理清、组织、回顾所有那些待定的承诺、意图和倾向——直到你能够确认："我目前已经完全掌控了我没有处理的一切事情，一旦我决定处理，马上就可以付诸行动。"

从实用的角度来看，实现这个目标需要这三个举措：确认、更新和创新。确认即确保你收集的所有东西都得到处理。更新即确保你的所有定向"地图"或清单经过审查并保持最新。随着你实现了确认和更新，创造部分在一定程度上可以自动发生，你将很自然地形成某些想法和观点，令你的工作和生活思考增值。

确认

这是将你在忙碌的一周中产生的所有碎片化结果进行归拢的初始阶段。会议笔记、你收集的收据和名片、孩子学校的通知，以及你在钱包、公文包、智能手机、夹克等所有不可思议的位置和你的更衣室柜台上不知不觉间积累的各种东西，此外还有在电子邮件文件夹、社交媒体等标准输入渠道出现的东西。

收集散落的纸片和材料 搜罗出各种各样的零碎纸张、名片、收据，以及所有藏在你的办公桌、衣服缝隙中的纸片，把它们统统收入你的工作篮，以备处理。

清空收集工具 检查所有日志、会议记录和记事本上的各种

内容，确定并列出其中的所有行动项目、等待事宜、日程表事宜，以及将来要完成的事情，并将其中包含的资料进行归档，需要阅读的资料要归入“阅读”文件夹，将电子邮件、文本和语音邮件的文件夹清空。在这一过程中一定要严格要求自己，收集、处理你所遇到的一切有关交流、工作、创意、信息的记录，同时清理掉没用的垃圾。

清空大脑 把大脑中的一切事情都写下来，包括新的项目、行动、等待事宜、未来要完成的事情，以及所有尚未捕获和理清的事务。

更新

你现在应该“后卫前置”，清除你系统中的过期提示内容，保持你的活跃清单完整反映即时情况。步骤如下：

回顾“下一步行动”清单 清除系统中已经完成的行动（不是删除，而是标记为“已完成”），检查将要执行的行动的提示信息，以便记录。很多时候我都动作过快，以至于没有机会标记清单上的许多未完成项目，更无暇弄清下一步行动。现在是采取适当行动的时候了。

回顾过往的日程表数据 仔细检查日程表上两三周之前的详细项目，搜寻未完成或紧急行动项目、参考信息等诸如此类的资料，并将它们重新纳入你当前运行的系统中。掌握每一项“哦！这提醒我……”内容及其相关行动。你可能会注意到自己参加过

的会议和活动，从而触发你思考有关此项内容的下一步行动。一定要保证将上一周的日程表全面地扫描一遍，确保没有遗漏。

回顾即将到来的日程 浏览一下将来的事务安排情况（长期的和短期的），确保对即将发生的事情和约会做出安排和准备。你的日历表是可以定期回顾的最佳核查清单之一，可以借此回避最后一分钟的压力，并触发创造性的思考。①应结合项目对即将到来的旅行、会议、会见、假期等进行评估，将你已经探测到但尚未实施巡航控制的任何情形添加到你的"项目"和"下一步行动"清单中。

回顾"等待"清单 是否有必要采取任何跟进行动？是否需要发送电子邮件，以了解最新情况？是否需要在有关某人的日程清单上添加项目，以便能和他/她进行基于最新内容的谈话？记录任何下一步行动，检查已经记录的任何内容。

回顾"项目"（和更大成果）清单 逐一地评估所有的项目、目标和愿景，以确保你目前的管理系统没有遗漏任何一个需要采取行动的项目。浏览任何积极、相关的项目计划、支持材料和任何其他进展材料，以促成新的行动、完成项目、待办事项等。

回顾任何相关的核查清单 基于你的各种约定、利益和职责，是否有你需要或想要去做但尚未完成的其他事宜？

---

① 如果允许其他人在你的日历表中添加项目，这一点尤其正确。但是，如果不允许他人在你的日历表中添加项目，而你突然发现有个会见是别人安排的，这很容易令你感到惊讶和不快！

创造

这种方法并不仅仅涉及清理和清除，虽然它们是帮你达到理清和专注状态的关键手段。不过，就我本人在这个领域的探索经验而言，最终动力还是为分析、评价具有创意和价值的新思想、新方向营造空间。如果你迄今一直在实施这种方法，那么在很大程度上这并不需要你投入大量精力去实现。我们人类天生具有创造性，我们的存在就是为了生活、成长、表达和扩展。挑战并不在于创造性，而在于消除阻碍我们的创造性能量自然流动的东西。就实践而言，这涉及集中你的行动，让思路自然涌现，捕捉并利用它们的价值。在阅读和应用任何此类技术的过程中，如果你遇到了类似于“啊哈！这让我想起了……”或者“嗯，我想我可能要……”的任何情形，你就会将你的思维具体化并加以反思，这样的话，你就是在证明这个过程的自然性。

正如我说的，你或许不必关注这个问题，因为你的大多数创意思维可能已经涌现并纳入了这个过程。不过，你或许会发现，一些额外触发因素有利于完成这个过程。

“观点”（point of view）是人们面对过量信息时的一种极为有效的解决办法；这是一个凭直觉处理的过程，摒弃无足轻重的资料，将其精简至本质的、相关的、可以控制的程度。在信息爆炸的世界，使用“观点”将成为最为稀缺的技能。

——保罗·萨福

回顾“将来/也许”

清单 核查其中有哪些内容变得更值得关注、更具行动价值，将其转化为项目。删除已经存在很久的项目内容，因为环境和你的重心发生了很大变化，这些内容已经完全可以忽略。但要在清单中添加你刚刚考虑到的可能发生的新情况。

收集你的奇思妙想和新奇的点子 你的脑中是不是经常会冒出一些新鲜、巧妙、富有创意、发人深省、风险十足的念头。你可以利用这个机会对它们进行整理，并添加到你的管理系统或“外脑”中。

整个回顾处理过程只是一个对未尽事宜集中整理的过程，但是却很少有人能做到持续执行。要知道，每次执行这样一个过程之后，我们都会重新获得清醒的头脑，并再次体验到那种轻松控制生活的状态。当然，回顾的范围是极大的，尤其是如果你个人管理系统的结构和空间不足以容纳最新的完整数据的话，需要回顾的范围会更大。而且，鉴于你面临的各种日常压力和需求，即使你有一个适当的控制中心，你也无法轻而易举地做出反思和调整。

进行回顾的恰当时间和地点 每周回顾是非常关键的，你有必要为它建立一个合适的环境、准备合适的工具，并逐渐养成习惯。一旦你为整个系统工作建立起一个舒适的工作区域，你会发现定时进行回顾变得轻而易举——你完全可以把更多的精力放在具体事情的处理上。

到那时，你所需要做的就是，每周抽出几个小时，让自己摆脱日常事务的干扰——并不是要完全置身事外，而是将视野至少提升至审视所有项目及其状况的高度，来更好地总揽你关注的所有其他内容。

如果你拥有自己独立的工作空间，你就可以让自己免于外界的干扰；如果你的工作是周一至周五的标准五天制，那么我建议你在最后工作日下午留出两个小时的时间，专门用于每周回顾。之所以选择这个时间，主要是因为下面三个原因：

- 对于这一周的事务，你很可能还记忆犹新，这使你能够进行完整的反思和回顾（“哦，我差点忘了，我还得给她打个电话说说那件事情……”）
- 如果你在每周回顾的过程中，发现必须与他人取得联系，这时你就可以在他们周末外出度假前与他们取得联系。毕竟这个时间段，大家都还没有下班。
- 清理一下自己的大脑和办公桌，让自己把所有不必要关注的事件都抛到脑后，这样就可以安心地享受周末的休闲时光。

也许你是那种非常忙的人，忙到连正常周末休息都无法享受。我就是这样，在周六和周日，需要处理的事情和平时一样多。但是，我们还是需要寻找合适的时间来进行每周回顾。我出差的时候经常会经历长途飞行，这为回顾提供了一个理想的机会。许多人都养成了适应自身生活方式的“每周回顾”习惯，从每周六早上照常到他们最喜欢的咖啡馆消磨时光，到每周日在女儿参加唱

> 随时走开，享受些许放松。持续不断的工作会削弱你的判断力。走远些，因为远离工作更容易发现不妥之处。
>
> ——列奥纳多·达芬奇

诗班活动时待在教堂后排，这些时间都可以用来进行回顾。

无论你的生活方式属于哪一种，都必须形成一个每周重新审视行动计划的“惯例”。也许你已经拥有了这种模式（或者与之类似的某种形式），那么尝试在其中加入更高层次的回顾内容，将它变成你的每周回顾吧。

有些人发现他们很难抽出时间进行回顾检查，因为工作和家庭随时都会出现新的问题，他们根本就没有闲暇时间停下来重新组织工作。我所见过的压力最重的专业人士，要数那些在工作时必须随叫随到并且能够迅速做出响应的人，下班后，他们还要回家应付几个不到 10 岁的孩子，以及同样奔波了一天、满身疲惫的配偶。唯一称得上闲暇时间的，可能就是每天上下班途中的一小时空闲了。

如果你恰巧属于这种情况，那么你所面临的最大困难就是找到合适的时间和地点，来让自己的每周回顾一直贯彻下去。我建议你要么每周五的晚上在办公室中加班几个小时，要么在家里打造一个令人放松的、可以正常工作的空间。

高级管理人员的回顾时间 我培训过许多管理人员，我建议他们在每周五的日程安排中规划出两个小时的时间。对于他们来说，最大的问题就是，在“高质量的思考”和“及时处理突发事

件”这两者之间难以取舍，这确实让人难以抉择。然而，那些工作经验更丰富的人却能认识到“磨刀不误砍柴工”的道理——安排一段不被打扰的时间，仔细梳理自己的工作——这其实就是某种程度上的每周回顾。我们的一个客户供职于一家全球最大的公司之一，负责高管选拔，他建议利用高质量的时间进行回顾和重新分组，以确认某人具有其组织高层严重缺乏的出色的直觉决策能力。

> 工作上的好点子经常在非工作时间蹦出来。

甚至连那些已经把静心思考融入工作中的管理人员，仍然常常对那些更加宏观的回顾和1楼视野层面（项目）的思考漠不关心。一边是一个个紧张的会议，一边是携酒漫步于夕阳下的池塘边，在这两者之间，需要有一个中间状态，让你有时间对事务进行思考和重组，让自己在更高的层面上控制自己的生活。要知道，任何人都不可能随时保证自己的所有事情都已经彻底得到确认、澄清、评估和实施，这根本就不可能。

> 思考是工作和生活的精髓，同时也是最难做到的事情。帝国的创建者们在争分夺秒地认真思索时，其他人却在嬉戏。如果你不是自觉地去努力开启这种自我指导的思维过程，那么你就是在向懒惰屈服让步，你将永远丧失控制自己生活的能力。
>
> ——**戴维·凯克奇**

“大局”的回顾

某些时候，你必须搞

清楚你的宏观目的、长期目标，以及从根本上对你的决定起推动、评估和排序作用的愿景和原则。

在你的工作中，最重要的目标和目的是什么？你有明确的一年或者三年规划吗？你的职业生涯如何规划？目前的生活方式是否令你满意？从长远目标的角度来看，你是不是正在做你真正希望或者需要做的事情呢？

本书的重点并不是那些3楼到5楼视野的事情。但是我希望读者能够着眼于更高的层面来思考问题，其实这也是我的目的所在——帮助你使自己的生命体验变得更加轻松愉快。当你在“地面”和“1楼视野”层面上能够更快地处理问题时，你自然就会有时间去思考其他更高层面的问题了，因为这样才能让你的头脑获得真正的清静。

对于更高层面的回顾工作，你需要多久进行一次呢？这个问题只有你自己才能回答。在这里，我必须提出的原则是：

> 没能控制自己的日常生活之前就试图设定目标，往往会削弱而不是增加你的动力和能量。

无论是在生活还是工作中，如何找到合适的范围、如何做出合适的决定、如何确定合理的时间间隔，都只有一个标准，就是让你自己感到一切都清清楚楚就可以了。这是对你的终身邀约，也是你的终身义务，旨在让你实现所有未竟使命或者意向。

多年来，我通过自己的切身经验和密切参与许多人的日常生活发现，从根本上推进并掌控日常生活的方方面面，能自然而然地为更高层次的事务提供丰富的灵感。正是因为深层动机的驱使，我们才背上了各种复杂的职责，在履行职责的过程中才会感到困惑，力不从心。你觉得很有必要生孩子；现在你有了自己的孩子，他们成了你至少需要管理20年的重大事项。你觉得必须有所成就，在这个世界创造被认可（并能货币化）的价值；于是你创办了一家企业，或者致力于一项高尚的事业，因此你现在事务缠身，觉得无力应付。对现在的你而言，更多的目标或许是不必要的，你需要在追求已经付诸行动的目标时有种轻松感，并相信你可以自如地执行任何新目标。

为了理解这个世界，人们必须时而背过身去。

——阿尔伯特 · 加缪

其实，我们往往可以从一个新角度来审视我们的愿景、价值观和目标。不过，以我的经验来看，如果你认为自己未能顺利应对你为自己创建的世界，你就会拒绝和自己对话。改变你心目中的一个目标或愿景需要多久？如果要改变的话，不需要太久。让你相信可以实现自己承诺的成果需要多久？我的经验是，至少需要两年时间来执行这种方法，并使之成为一种习惯，才能达到这种程度的自信。这并非坏消息——这很正常。好消息是，一旦你开始应用这些最佳做法，就可以即刻在日常更具操作性的生活和工作层面实现更大的掌控，而且，它很可能揭示你此前无法认识或利用的更重要行动的真实意义。

这种未来导向的思维方式的另一个方面是在设定目标时保持

极大的灵活性和随意性。一个重要的例子首先出现在软件领域，即“敏捷项目管理”成为成功创业的规范做法。创建一个愿景，尽最大努力想象它的样子，尝试做出一个可能被市场接受的产品，然后在来自现实世界的反馈的基础上灵活行事，而你的愿景和执行方式也随之日渐成熟。这里的启示是：积极的未来思维固然很关键，也很美妙，但是，未来思维只有与物质世界里的执行信心相结合，并全程纳入响应和校正措施后，才会最有效地呈现。

> 这个世界本身永远不会不知所措，或者充满困惑——只有我们会，而且是我们对待世界的方式让我们感到不知所措和困惑。

收集、处理、组织整理和回顾这几大过程的最终目的以及最大的挑战是回答这个问题：现在的时间是星期三早上9点22分，你要做些什么呢？

第 9 章
执行阶段：选择最合适的行动

具体到每一个繁忙而辛劳的工作日中，你该如何根据各种情况来选择最合适的行动呢？

正如我曾经提到的，答案非常简单：相信你的感觉，或者说相信你的本能反应、你的直觉——可以作为你的参考点的任何东西，它们能让你退后一步，与自身的智慧源头联结。如果你既做过深思熟虑的选择，也做过膝跳式反射般的应激性决策，你就会理解我的意思。

> 在你进行选择的时候，迟早都要依靠自己的直觉。而且，有多种方法可以让你增强对直觉的信任程度。

这并不意味着让你的生活随心所欲——当然，除非你真想如此。实际上，我曾经尝试过在生活中放弃一切，而且我可以说，这段经历如果不是必需的话，也自有其价值。[1]

如同在第2章概括出来的那样，有3个评估方法对行动的决策过程极有帮助，它们是：

- 确定某一时刻具体行动的“四标准法”
- 评估每日工作的“三分类法”
- 总体检视工作的“六层次法”

这些标准或模式的排列次序，恰好与典型的由上至下的思路相反。这也正是本书所提供的管理方式与其他个人管理方式的不同之处。接下来，就让我们从最底层开始入手吧。

确定某一时刻具体行动的“四标准法”

记住，当你确定下一步行动时，是依据下面的四重标准进行的：

---

① 你可以通过各种途径来达到放弃一切的境界。你可以无视整个真实世界，忽视它的现实状况，转而信仰宇宙。我曾经以自己的特定方式这样做过，这真是一种神奇的经历。当然，我不会想要把这种经历强加于人。我曾想要断绝一切现实关联，尽管我没有选择结束自己的生命（但真的是死里逃生！）。关于如何与这个我选择参与其中的世界进行合作，我还有许多东西需要了解。不过，你还是应该向你内心深处的感知力（它本身便具备了生活的智慧和能力）臣服，这将把你带到一个更高的思维境界。相信自己，将会给你带来全新的自由；相信自己的第一感觉，会让你拥有更高的工作效率。

1. 情境
2. 有多少时间
3. 有多少精力
4. 重要性

为了能够让你更加深入地理解这些标准，下面我将逐个进行说明。

情境

在任何时候，你首先要考虑的是你能够做些什么？你身处哪里？手头上拥有什么工具？是不是有一部电话？你是否能见到你想见的人，与他当面讨论你早已写在日程表上的那些内容？你是否在逛商店，而这里恰好有你想买的东西？因为不在合适的地点，或者手上缺乏合适的工具而没有办法完成某些行动，那么你也就没有必要想起那些行动了。

正如我前面谈到的，你应该根据不同情境来组织整理你的行动提示信息——“电话”、“在家时”、“在电脑旁”、“外出”、“与乔相关的事”、“有关员工会议的安排”，诸如此类。既然情境在你选择最佳行动方案时是发挥作用的第一要素，那么，按照情境而分类整理的行动清单，自然可以在你选择行动的时候减少大量不必要的选项。如果你把大量行动罗列在同一个清单中，但是却不能在同一个情境下执行，那么在选择行动的过程当中，你就不得不花费大量的精力对这些行动进行重新的思考和筛选，以决定到底该执行哪个行动。

如果你前去客户的办公室，等到了那里，发现会见要推迟15分钟，你就可以参考你的“电话”清单，找出可以有效利用时间的事情来做。你应该根据需要，随时打开或者合上行动清单。

> 在约束中能感到自如，那你就是自由的了。
>
> ——罗伯特·弗罗斯特

根据相应情境来对行动提示内容进行分类的另外一个好处是：这让你不得不在处理事务的时候就决定其具体的下一步行动。我的所有行动清单都是按照这种方式组织起来的，所以在我确定某个行动应该放在哪个清单中的时候，必须先确定该行动的具体内容。（这个行动需要用到电脑吗？还是会用到电话？或者需要去商店？与我的妻子实时对话？）那些只给自己准备了一个“混合”行动清单的人，经常发现自己在应该执行行动的时候，却在思考下一步行动到底是什么。

我经常鼓励我的合作伙伴在开始清理工作篮时，就建立起不同类型的清单。因为这会自然而然地让他们明确，为了推进项目发展，所需要执行的具体行动是什么。

创造性的情境分类

随着这个方法的持续执行，你必然会找到一种创造性方式，根据自身情况对情境类别进行定制。尽管通常是按照所用工具或所需物理位置进行分类，但往往还有其他独特方法可以对你的提醒内容进行筛选。

我会在长途旅行之前创建一个临时性的“出行前”类别，将必须在出发前处理的所有行动清单内容纳入其中。在执行完毕之前，我需要回顾的唯一清单就是这个了。有时候，我会有许多下一步行动需要采用“创造性写作”模式；尽管这些行动在电脑上有记录，但和需要在笔记本电脑上处理的其余事情相比，它们需要的思考时间和思维模式有所不同。将那些内容分类列入一个不同的“创造性写作”行动清单，你会觉得管理重点事项变得更加轻松，也更有效率。现在，我把我需要电脑辅助的各项行动分成了三类：不需要互联网连接的、需要互联网连接的，以及纯粹的网上冲浪（有待在网上搜索的可能有趣或值得关注的事项）。

多年来，我见证了人们有效采用了以下类别：“傻瓜行动”（不要求动脑筋的简单行动）和“不到5分钟行动”（快速“制胜”）。有时候，人们更愿意根据其生活和工作的重点领域——“财务”、“家庭”、“管理”等——进行提示内容分类。最近，有人和我分享了她在基于行动的直接情感回报（服务他人、生活稳定、长远发展等）进行分类方面的价值收获。构建“下一步行动”清单的方法谈不上“正确”与否，但它必须最适合你，而且这部分系统内容可能随着你的生活发生改变而变动。①

如果你是这个流程的初学者，或许觉得掌握这些细节和区别没那么必要或重要。你必须记住，当你为了履行你的生活和工作承诺，去真正确认你要采取的所有下一步行动时，你的确认数目很可能远远超过 100 个。要真正创建一个有效的“外脑”并取得惊人成果，就要以某种程度的敏锐性去管理此类基础性工作，从而获得不可估量的回报。

有多少时间

选择行动的第二个要素就是你所拥有的空闲时间的长短。“10 分钟后必须参加会议”与“连续几个小时的空闲”，这两种情况一定会让你做出不同的选择。

显而易见，了解一下目前可供自由安排的时间一定会大有帮助（这正是日历和时钟的价值所在）。如果你的行动清单中罗列的行动非常全面，那么它就能提供更多的选择、更全面的信息，

---

① 在一个理想世界中，你能如愿看到有关下一步行动的各方面提示内容：时间、精力、位置或所需工具；情感回报；所服务的生活领域；目标和所支持的项目。问题是：对于其潜在价值来说，多大规模的结构才会显得过分？如果把内容输入系统需要大量思考和工作，你就不会去做。用于列表和分类管理的数字应用程序为我们提供了更多机会，可以将我们的信息细分为多种新形式，但要始终做出慎重评估，判断是否值得在“白热化战争”中应用这个系统，并为之付出必要的精力。（自第一代软件电子表格程序问世以来，你可能已经通过建立纵列和排序宏，创建了针对特定情境的分类功能。不过，是否需要进行一次全面检查，以便插入“给我哥哥打电话”这类提示内容？）

从而使你更加轻松地根据当前的空闲时间来选择恰当的行动。换句话说，如果你在开会之前只有10分钟的时间，你就应该选择执行一个10分钟内能够完成的行动。但是如果你的清单上只罗列着那些“重大”或者“重要”的工作，你就无从选择了，因为通常这类事情都无法在短短的10分钟内完成——尤其是它们缺失下一步行动提示的话。对于那些花费时间较短的行动，你完全可以利用每日的零碎时间来完成它们，这也是提高办事效率的最有效的途径。

此外，很多时候你得连续数小时绞尽脑汁地埋头工作，此时你会希望转移一下注意力，用轻松的方法实现小目标。因此，对于你的行动列表上的某些简单事宜，要尽量令其处理步骤方便、快捷。更改餐馆预订、打电话给某个朋友祝他/她生日快乐、订购鸟食，或者只是步行到隔壁市场或药店采购你“任务”清单上列出的物品，都属于此类。

有多少精力

为了提高工作效率，你可以改变所处的情境，或者转移工作的焦点，但是你却无法决定自己的精力是否充沛。每当一天快要结束时，经过了一整天马拉松式的预算规划会议，恐怕你连给客户打个回访电话、着手起草一项绩效审查政策、和生活伴侣讨论一个新的敏感话题都感到力不从心了。但你完全可以选择给航空公司打个电话订张机票，处理一下积攒的报销票据，走到露台上

> 每个人都有思维敏捷的时候，也都有思维迟钝的时候。
>
> ——丹尼尔·科恩

观看日落，扫一眼商务日志，或者只是清理一下书桌抽屉。

将所有要执行的下一步行动都列入你的清单吧，这会让你根据自己的精神状况来选择最合适的行动去执行。

我建议你时刻带着一份小事清单：上面列出的都是一些花费极少精力或创造力就能完成的事情。当你精神疲惫、体力不支时，就可以拿出这份清单来执行。这类事情包括闲时浏览（杂志、文章、目录和网上冲浪），将联络数据录入电脑中，文件夹的整理，笔记本电脑中资料的备份，甚至仅仅是给花浇浇水、装订书钉——实际上，你有大量类似的琐碎工作等待你去完成，可不要将你的高效时间浪费在这些事情上。

这也就是我们要求个人管理系统一定要界线分明的最好理由：即使当你并非处于巅峰状态时，它也可以使你能够轻松自如地保持较高的办事效率。试想，如果在你感到疲惫不堪时却面对这样一番景象——需要阅读的资料杂乱无章，各种票据摆满书桌，归档系统毫无条理，工作篮里面更是一团乱麻——这会让你感到有大量亟待整理和组织的工作；还会让你感觉更糟糕、心情更郁闷，让你根本无法完成任何事情。提升士气的最好办法就是完成某些工作，所以，经常留一些轻松的小事在手头上吧。[①]

选择下一步行动所依据的3个首要标准（情境、时间和精力）表明了建立完善的下一步行动提示系统（也就是行动清单）的必要性。在执行行动的过程当中，很多时候你是不需要进行协调性和组织性思考的，因为这一过程应该早已完成了。你要做的就是从众多清晰具体的下一步行动中选择适合当前状况的就可以了。

即使你状态不佳，也没有理由变得松懈、低效。

重要性

当你根据前三个要素，划定了下一步行动的选择范围的时候，之后应该考虑的就是相对重要性："在筛选出的这些行动中，对我来说，哪一项最重要？"

"我怎样确定哪件事情是最重要的呢？"我的学员经常问我这个问题。通常他们面对的工作数量超过了他们的承受能力，所以必须在这些工作中做出选择，同时也意味着有些工作无法完成了。

除非你对工作了如指掌，否则，你不可能对抉择感到胸有成竹。

在你结束了一天的忙碌时，为了能够坦然面对未能处理的事情，你必须对自己的责任、目标和价值观有一个清醒的认识。这

① 当然，最具执行效率而无须付出大量精力的事项，和为了有意避免较为困难的事项而执行的事项之间还是有细微差别的。

通常是一系列内容的复杂组合，包括你所在组织的目标、价值和方向，你生命中的重要人物，还有各种重要的关系等等。这个标准源于包含六层视野的承诺模型，我曾经提及这个模型，并将在本书的后面部分进一步阐述。

评估每日工作的“三分类法”

确立事务的先后次序，也就意味着某些事情比其他事情更重要，但是这种重要性是针对什么而言呢？在这里，我们说的重要性，是针对你的工作——你从自己或其他人那里接手的事务或任务——而言的。这时，我们就需要在你的思考过程中引入接下来的两个评估标准了，它们能够帮助你确认需要进行的工作。这里需要提醒各位，虽然本书的方法是立足于你的日常工作的，但是这里的“工作”却是更加广义的，它包含了你打算促成的任何事情，无论是职业的还是个人的。

对于当今的多数职业人士来说，每天的日常工作本身就已经成为一项艰苦的挑战。了解到这一点，将对我们创建一个高效的管理系统有所帮助。就像我在前面曾经解释过的那样，在一天的工作中，在任何一个时间点，你所进行的活动不外乎以下 3 种：

- 执行事先安排好的工作。
- 处理突发事件。

• 安排自己的工作。

也许你正忙于处理行动清单上的事情，或者正在对付刚刚冒出来的新问题，或者正在处理着新接收的信息，以确定接下来的具体行动：要么立刻动手，要么列入清单稍后执行。

这本是一个基本常识。然而却有许多人对第二项活动纠缠不休——似乎对付出乎意料的事情更容易一些——而对其他两项置之不理。这种做法绝对是弊大于利。

> 通常，人们更容易卷入随时冒出来的紧急事务中，而不是按部就班地去处理自己的工作篮、电子邮件和其他悬而未决的问题。

比如，星期一上午10点26分，你正在办公室里。你刚刚接听了一个不期而至的电话，是一个客户打来的，足足谈了半个小时，你还做了长达3页的电话记录。11点时，也就是半个小时后，你还有一个预定的员工会议需要参加。头一天晚上，你陪岳父岳母一同外出到很晚，直到现在还感觉有些头昏脑涨、反应迟钝（你告诉你的岳父，今天要给他带回什么东西来着？）。你的助手把刚收到的两个国际快递包裹放到你的办公桌上，并说希望谈谈关于三个紧急会议邀请函的事情，因为他还不知道你的态度。两天后，你还要参加一个大型战略决策会议，而你还没有把自己的想法写下来。早上你开车上班的路上，汽油表的警告灯亮了，该加油了。早些时候，当你在大厅遇到你的老板时她告诉你，在今天下午3点的会议之前，你应该仔细看看她发给你的电子邮件，会上要讨论相关内容。

在星期一上午 10 点 26 分时，你的系统是不是已经完好地建立起来，并能够协助你应付这个局面了呢？如果你仍然把某些事情存在头脑中，如果你仍然在苦苦挣扎、试图拼命抓住你清单中“最关键”的问题，那么我认为答案便是否定的。

我已经注意到，人们更倾向于处理意料之外的事情或者是紧急状况，而不愿意着手处理、组织、回顾以及评估那些并不明了的工作。人们很容易陷入“忙碌”和“紧急”的状态之中，特别是当你的办公桌、电子邮箱以及大脑中堆积着大量尚待处理的问题时。

在我们的生活和工作中，大多数事情都是不期而至的，通常，它们都自然而然地成为当前最重要的事情。对于某些专业人士（以及幼儿的家长）来说，这毫不夸张，因为他们的工作性质要求他们能够当机立断地处理那些突然冒出来的新工作和新问题。比如，当你的老板突然出现并希望占用你几分钟时间的时候，你就必须予以关注。一位高级管理人员要求你处理某个紧急状况，这个任务就一下子凌驾于你的所有工作安排之上，成了头等大事。在执行一位大客户的订单时发现了一个严重的问题时，你就不得不立刻着手处理它。或者你的宝宝咳得很厉害，这也需要紧急处理。

这些紧急的情况都可以理解。然而，当你没有对清单上的其他工作进行重新查看和评估时，你的焦虑情绪就会不断增加。只有在你清楚地知道所有你“应该执行却尚未执行的工作”时，这种焦虑才不会继续困扰你。这就要求对工作篮进行定期处理以明确你的工作，并且坚持定期全面回顾包含了所有预定工作的各类清单。

如果你能根据情况有意识地放弃事先已经确定的工作，转而去应对那些突发事件，那么这肯定是你尽自己所能做出的最佳选择。然而，大多数人在面对大量的项目和行动的时候，评估、管理和决定的能力还尚待提高。如果你盲目地让自己忙于处理随时冒出的突发事件，结果就只能导致自己精神沮丧和焦虑不安。而人们却经常将压力和效率低归罪于这些“意外的事件”，但如果你清楚地认识到哪些事情是你在做的，哪些事情是你将要做的，“意外的事件”就只不过是发挥创造力和特长的好机会而已。

> 并不存在所谓的中断情况，只是对新事务管理不善而已。

人们对意料之外的要求或请求持消极态度的另一个原因，是他们认为自己的系统和行为无法“标记”需要采取的任何后续行动，或者他们此时正在进行的工作。他们明白自己需要针对刚出现的新工作采取某种行动，但他们不相信仅凭文件夹中的简单提示，就能确保自己能够对新工作进行适时处理。所以，他们停下了此前的工作，立即着手处理刚出现的事情，还抱怨刚出现的新工作扰乱了他们的生活。其实并没有发生中断目前工作的情况，只是出现了管理不善的情形。

此外，如果你只是把注意力放在突发事件上，而使工作篮和行动清单长时间地遭受冷落，那么原本不紧急的事情，在经过一段时间之后，也会以紧急事件的形态重新找上门来。这进一步地增加了突发事件的数量，简直就是火上浇油。

许多人借口处理这些不断出现的突发事件，来逃避安排工作、管理清单的责任。特别是当你对个人管理系统失去控制的时候，往往更容易倾向于应付手头上那些实际并不十分重要的事情。我们经常以此为借口逃避堆积如山的工作。

在这里，我们就要提出“知识工作”技能的概念了。当今世界要求人们在管理和控制数量庞大的悬而未决事务时明确工作界线，但大多数人成长的环境却并非如此，所以人们通常缺少这方面的技能。一旦你培养起这种技能和习惯，对输入的信息进行加工处理，并输送到一个完善的系统中去，你就能够更加自信地决定：哪些事情需要做，哪些事情可以稍后做，哪些事情应该立刻做。

时刻保持自己的平衡

当你达到大师级别时，你就可以像格斗家一样闪电般地移动双脚，随心所欲地移动重心。比如，当你处理工作篮时，助手走进来告诉你有一个情况需要你立刻处理一下。别急，你的工作篮不会自己跑掉的，等你回来的时候还可以继续处理其中的内容；在你拨完电话号码，等待对方接听时，可以扫一眼你的行动清单，了解一下打完这个电话之后可以执行的另一项行动；当你的小宝贝儿在客厅爬来爬去，而你要高度关注你必须处理的特别事项时，你可以针对自己的“在电脑旁”清单做些简单的网上研究；在你等候会议开始时，可以拿出随身携带的“阅读/回顾”文件袋来进行阅读；当老板与你的谈话时间超出你的预估，让你离下一个会议开始前只有12分钟可以支配时，你仍然可以不费力地把这段时间充分地利用起来。

> 对所有突发事件置若罔闻（姑且认为这是可能的），就意味着放弃了所有机会、丧失所有主动性，同时也失去了丰富多彩的生活。
>
> ——**史蒂芬·柯维**

任何人都不可能多任务并行，都是一次只能做一件事。如果你停下手头的工作，与办公室中的某个人攀谈起来，你就无法执行清单上的行动或者处理刚刚出现的情况。这要求你对自己做出的决定充满信心。

那么你应该怎样做出决定呢？还是需要依靠你的直觉——某个意外出现的工作真的比其他工作更重要吗？为了保证能够自信地做出决定，你需要每隔多久清空一次工作篮？每隔多久对全部清单进行一次回顾？

人们常常抱怨说是接二连三的干扰阻碍了他们完成工作。然而，在现实生活中，干扰和打断原本就是难以避免的。当你能够熟练地、快速地分析处理突发事件，并学会利用各种零碎时间来完成行动的时候，你就可以在不同的任务之间敏捷地切换了。比如，你可以在等待电话会议接通的时间里浏览一下电子邮件。但是，这种切换的过程务必要保证整个管理系统的平衡。研究已经证明，你无法真正做到多重任务化，也就是说，你无法在同一时间有意识地专注于一件以上事情；如果你试图那么做，它会显著削弱你的执行能力。如果你的大脑是你保存内容的唯一系统，你会在内心尝试执行多重任务，这在心理学意义上是不可能的，也是许多人感受到诸多压力的原因。不过，如果你确立了将尚待完成的项目暂时搁置的做法，你的注意力显然就能转移到下一个行动上，然后等卷土重来时，你已经能像同时迎战四个对手（其实是靠快速转移注意力）的武术家那样动作精准。

尽管如此，即使你在捕捉和标记即时事件方面达到了“黑带”水平，你也必须学会在诸多任务中做出快速、适当的选择，以保持工作流程的良好平衡。记住，要保证你的所有选择都服从你的生活或工作目标。

> 面对意外出现的工作时，一定要冷静地考虑清楚它是否值得你停下其他工作，千万不要为了忙碌而忙碌。

应付意外事件的能力是一个人工作能力的一项重要指标，也是其保持正常和可持续生活方式的关键。但是，如果你没有做到将所有事情纳入你的管理系统、置于你的控制之下，即使你一天24小时都在忙忙碌碌地处理各种突发事件，也不可能达到理想的工作效率。为了让自己在面对突发事件时知道该如何处理（是丢在工作篮中，还是打断手头的工作立刻处理），你需要全面、深入地了解自己的所有任务及其兼容情况。达到这一境界的唯一途径就是，在多个层面上，对生活和工作进行正确的评估。

总体检视工作的“六层次法”

我们已经在第2章里讨论过，工作中的六个层次可以类比为高度：

- 5楼视野：人生。
- 4楼视野：长期展望。
- 3楼视野：1~2年的目标。
- 2楼视野：关注和责任范围。
- 1楼视野：当前的工作。
- 地面：目前的行动。

其中每一个层次都是其上一级层次的具体和细化，并要为上一级提供支持和服务。换句话说，每一层次都要服从上一级，越是在上面的层次，重要性越高。如果你打算打一个电话，而这与你的生活目标或者价值观发生冲突，那么这时你就应该毫不迟疑地维护自己的立场，取消这个行动。如果你的工作安排无法让你实现自己的短期目标，那么你就有必要重新思考工作的重点和职责。

让我们一起来看一下有关由下至上管理方法的第一个实例。你需要打的这个电话（行动）事关你目前正在促成的一个合同

（项目），这会直接影响你签订的合同总额（工作职责）。这单生意可能是你在销售方面有所进展和突破（工作目标）的一个良机，因为你所在的公司渴望进军这个全新的市场领域（机构的目标）。这将促使你在经济和事业两方面都更加接近你的奋斗目标（人生目标）。

> 你要做的是发现你的世界，然后全身心地投入其中。
>
> ——佛陀

或者我们换一个角度，从上往下来一次。你已经下定决心打算自立门户，发挥你在某一领域中得天独厚的资源和才能（人生目标），因此，你开办了自己的公司（前景），并在此期间完成了几个短期的具体目标（工作目标）。这赋予你一些重要的角色和职务（工作责任），还有一些需要尽快完成的任务（项目）。而这些任务，都需要你执行具体的操作（下一步行动）才能获得进展。

想要达到轻松掌控生活的境界，最好的方法莫过于均衡掌控以上各个层次。无论对于哪个层次，你都应当尽全力完全收集其中的未尽事宜、内心的承诺等牵扯你精力的事情。它们全都有意无意地来自内心各层次视野的推动和影响。只有对自身和所处的环境都有全面客观的认识，并确信你能管理自己的创建事项，才能让自己脱离忙碌的苦海。你的电子邮件有什么内容？你需要启动或者和你的孩子共同完成什么项目？你在现有工作岗位上需要处理哪些事项？你的录音电话上还有没处理的留言吗？你为子女问题制定了哪些目标和项目？你的工作职责是什么？激励你工作下去的目的和动力是什么？这些都是你要收集和处理的问题，有些问题通常隐藏得很深，难以发觉，但是在挖掘、搜索和处理的过程当中，你通常会变得更加敏锐，从而很容易就发现被忽略的重大目标。

洞察生活中的真实状况是一件令人不可思议的事情，对现实情况的正确观察所带来的神奇效果，一定会令你震惊。检查一下个人经济状况的精确细节，搞清你打算收购的这家公司的历史资料，或者就一起人际关系的纠纷了解一下到底谁对谁说了什么话，即使无法立竿见影地解决问题，也会对你大有帮助。

> 取得成功的最佳场所是你目前的位置以及现在的工作。
>
> ——查尔斯·斯瓦

完成一切，并且对此感觉良好，这要求你主动认知和适当处理进入你意识生态系统的所有事务。要想掌握摆脱压力、提高效率的艺术，这一点是不可或缺的。

自下而上地工作

人们为了提高工作和生活的效率，通常都是采用自上而下的思考方式。想想自己到底为何存在于这个世界上；然后找到能够实现自己人生价值的生活方式；什么样的职业或工作才能使你实现这种生活方式；目前你的工作又需要完成哪些具体的事情；最后再考虑有哪些行动是需要你立刻实施和落实的。

> 在任何层次上，你都有充分的机会找到最重要的事情。你要做的就是关注那些需要你关注的方面。

实际上，你随时都可以从任何一个层次入手，来思考生活和工作的重点。对于我来说，在任何一个层次上都有一些我可以完成的事情，它们都可以加强我对生活和自身的认知。我从不会感到无所事事，等待我完成的事情太多了：描绘和展望愿景；重新评估目标；识别或创建项目；确定具体的行动。诀窍就是在恰当的时机内去关注那些需要你关注的方面，以便让你及时明确了解自己的一切行动。

所有事情的重要程度都是由它的上一层次所决定的，因此人们都会认为采用自上而下的思考方式会更有效率。比如，你花费了大量的时间思考和筹划当前的工作，可随后发现这个工作并不是你想做的，这样你就把本该用在另一项重要工作上的时间和精力给浪费了。可问题在于，如果你对实际操作的层次（进行中的项目和行动）缺少控制能力，并对自己在其他层次的控制管理能力缺乏信心，那么盲目地采用自上而下的思考方式就只能让自己不断受挫。

> 当底层已经陷入失控状态时，仍然自上而下地进行管理，将有可能成为效率最为低下的方法。

从实用的角度来讲，我建议采用自下而上的方式进行工作。这两种方式我都曾教授给我的学员。经过一段时间的观察，我发现那些牢牢控制工作和生活细节的学员，往往能以此为基础，有效地提升视点。

采用这种自下而上的工作方式的首要原因就是，这种方式能够让你清除内心的烦扰、释放受困的心灵，让你有精力去关注那些更有意义、更重要的方面。同时，这种方式还具备高度的适应性和自由度，无论你处理什么事情，它都会让你更有效率。因此，无论你目前从事何种工作，这种方法都是值得学习和借鉴的。改变你的想法吧！你会很快适应这种新的行事方法。重新设定一个愿景或目标轻而易举，但要以一种简化、协调和无压的方式去具体落实，却必须经过学习和实践。这将证明你自己完全有能力面对更大的挑战，相信我。

> 处理你的关注事项，然后你会发现真正吸引你的东西。

多年的经验告诉我，你考虑最多的事项就是你要处理的最重要事情。你认为它不应该占据你的大脑，这是事实，但此事无关紧要。它存在，而且有其存在的理由。在某种具有理论意义的排序清单中，“买猫食”当然不可能排名靠前，但如果你此时考虑最多的就是这件事，那么以某种方式进行处理就是你的“1号任务”。一旦你处理了关注事项，就会感到如释重负，从而看到你真正的关注事项。而当你又做了处理，你又会看到你的真正关注事项，依此类推。我曾与之合作的高管们几乎无一例外地遭遇一个最大困扰，那就是要管理日常生活中的点点滴滴——电子邮件、会议、旅行、陷入混乱的项目，等等。一旦他们开始掌控一切，他们的注意力必然会转向更高视野的关注和兴趣领域——家庭、事业和生活质量。所以，不要担心哪种层次的视野或者哪种生活内容是最优先处理对象，只管处理当前情况。一旦这么做，你会更有效地发现并解决对你而言真正重要的事项。①

虽然“5楼视野”（目标和原则）是最高的层次，但是经验告诉我，只有我们充分了解和实施了其他各个层面的工作（特别是“地面”和“1楼视野”高度的事务），我们才可能获得更大的自由度、更丰富的资源，去关注和开展那些更加重要的工作。如果你的船正在沉没，你显然不会在乎它的航行方向！自下而上的方式绝不代表下面的层次重要性更高，但从实践的角度来看，在人们力求达到平衡、高效和舒适的生活境界时，这种方式确实能起到极为关键的作用。

地面 首先你需要保证行动清单完整无缺，这本身就可能是一项十分艰巨的任务。那些专注于收集和落实这些行动的人发现，有许多事情（往往有一定重要性）已被他们遗失、忘记，或者干脆被彻底忽视了。

如果你所收集到的日程表以外的“行动”和“等待”事项总数不超过50个（要包括所有的约会、会议等），那么你的收集很可能还不彻底。如果你已按照第二部分相关章节给出的步骤严格执行，那我确信你已经将所有任务完全收集起来了。如果你没做

① 这很可能是某人拒绝接受和执行“搞定”方法的原因之一。某些更高层次的视野问题会因此显现，从而导致人们感到严重不适，以至于无法面对所有任务。荒谬的是，保持不可开交的忙碌状态至少会是保持坦然心态的临时性有效方式。

到这点，而你也确实想要彻底完成这个层次的事务，那么我建议你专门留出一段时间，按照第4~6章的内容严格执行一次。

当你对这一层次的所有内容都已经完全掌控的时候，你会发现自己自然而然地对各件事情孰轻孰重（事情的优先级）有了一个清醒的认识，而在此之前，你是不可能达到这种状态的。

1楼视野 完成你的“项目”清单。这个清单应该包含所有需要一步以上的行动才能够完成的事情。这会帮你认识到每周的工作内容，并且让你的大脑从无休止的回忆和思索中解脱出来，从而让它也有休息的机会。

如果你将生活和工作中所有想要完成的事情都列入了这个清单，你就会发现其内容要比你想象的多，而这是你原来没有意识到的。仅仅是创建这样的一个“项目”清单，就会让你清楚地知道，一旦你有了时间，你应该去做哪些事情。通常，在对“项目”清单的内容进行更新的时候，人们会发现有几件可以推动项目进展的事情是非常容易完成的，可以立即实施或者列入你的行动清单。

> 针对你当前的工作，列出在各个层次上的事务清单，这样你很容易看出这些事务的先后、主次、轻重缓急。

只有极少数人完成了这步工作，并将自己的目标清楚地罗列出来。要知道，只有切实掌握了你的所有项目，你才会知道今天下午应该做什么。

再次重申，如果你已经按照本书所讲的方法严格实施，那你应该已经列出了你的“项目”清单。我们培训的大多数学员，通常会花费 10~15 小时来完成收集、理清和组织整理这几个阶段的工作。这之后，他们才能得到一个能让自己完全信赖的项目清单。

为了进入最原始水平的“心如止水”状态（大脑中除了当下，没有其他），1 楼这个层次似乎将一些最有趣的挑战纳入了视野。对于所有人来说，总会有各种情形迷惑、吸引或干扰我们，但我们并不清楚如何应对。你的儿子和数学老师关系不够融洽；你纠结于执行公司的某项流程该用多长时间；你不太放心你的筹资委员会运营人员；你一直在想你应该重拾绘画爱好；等等。要平息这种微弱的噪声，就应该确认其各自（项目）的客观结果，以及纳入你信任系统的下一步行动。实现掌控的标志，就是能够持续参与这个层次的无压力工作游戏。

2 楼视野 这一层次是“目前的职责”，也是我希望以适当标准维护的生活领域。你在扮演何种角色？从职业的角度来讲，这个层次是关于你当前的职位和工作的。从个人角度来看，这个层次包含了你在家庭、社区扮演的角色，当然还应该包含你对自己的认知。

你可能对自己的角色早有认识，这样就可以写出其中的内容。如果你是最近刚刚接任了一个新职位，那么在合同或协议中肯定会对你的工作责任有清晰的描述。如果你以前进行过“个人目标设定”和“价值取向认知”之类的活动，那么你就可以把当时写下的内容和前面的内容列在一起。

> 如果你连自己的工作职责范围都不知道，那么，你的工作肯定让你难以招架。

接下来，我建议你建立一个名为“焦点领域”清单。你可能会将这个清单分为“职业”和“个人”两个方面，以便于在回顾的过程中使用。这个清单将成为你自我管理过程中最有价值的核查清单之一。它不像“项目”清单那样需要你进行每周一次的回顾，它会在更长的时间周期中发挥作用。这个清单可以每一到三个月回顾一次，以帮助你启动新的项目，具体的时间间隔要视具体“领域”的情况变化速度确定。

一般来讲，在一个人的职业方面，主要的工作职责可以有4~7个方面，在个人生活中，这个数量也差不多。工作中常见的职责范围有：员工培训、系统设计、长期规划、行政管理、客户服务、市场营销、设备维护、计划实施、质量控制、资产管理等。在一家大型机构中供职或者拥有自己的企业，你的关注范围将会有很大不同，在后一种情况中，你要注意的东西会更多。在私人生活方面，常见的职责项目有：抚育子女、配偶、宗教团体、健康、志愿服务、家庭事务管理、家庭资产管理、自我提升、艺术爱好等。这些特定领域都可以被分别归入有用的子类别。“抚养”职责可以针对你的每个子女生成若干独立的清单。“营销”可以包括“项目设计”、“研究”、“社交媒体”等子类别。

设置“焦点领域”清单的目的在于，确保你不会遗漏所有的项目和下一步行动，从而牢牢掌控各个方面的情况。如果你客观地清理和评估你的各个职责范围，你就会发现有一些新的项目需要列入你的项目清单。在你检查这个清单的时候，很容易就能看出哪些方面进展良好，哪些方面遇到了阻碍。为了克服这些阻碍，就需要创建相应的项目，然后一步步进行处理。还记得我们以前提到过的“引子”清单吗？实际上，“焦点领域”只不过是“引子”清单的一个更加抽象和精练的版本。

在过去的30年中，我的每一位合作对象在进行这一层次的探索和整理时，通常都会发现至少两三个重大漏洞。例如，经理或高管的一个共同角色是“员工”。在经过思考之后，他们发现，需要在这一职责范围内增加一两个项目，例如，“升级办公辅助程序”、“雇用一位员工主管”或“升级绩效审查程序”。或者，当针对个人生活落实具体职责时，往往会出现诸如“研究瑜伽课”、“为孩子们计划暑期活动”的项目。

要想确定“重要性”和“优先级”，前提条件就是掌握所有事务，而且需要对其在多个层次上进行思考和归纳。如果你能够建立一个“工作职责内容”的核查清单，并保持其时效性，你在工作中就会感到比别人更加轻松，控制力更强。从不知道自己该做什么，到确定地知道自己当前该完成哪个行动，这之间的路程虽然不短，但只要按照我的方法去做，你就会达到目标。很少有人只做他们的本职工作，而且，要持续了解不断变化的新预期，需要不断参与交流。同样，很少人能够持续、客观地概括其平衡生活的所有相关领域——家庭、爱好或财务——以便在处理事务的过程中分别对待。从这些层面推动你的思维和管理系统不断发展需要付出长期的努力，然后，随着你在执行行动的过程中做出必要的选择，你的预定目标就可以实现。

3~5楼视野 前面3个较低层次的内容大多是针对事务当前状态的（你的行动、项目、职责），再向上的层次则主要涉及指导方向、目标取向等方面的问题。在这里，我们依旧要整理出一个清单［尤其是在顶层（目标和原则），可以对监测和纠正行为进行持续校准］，但其内容是关于“我现在要达成什么目标，我如何才能达成这个目标”。这其中会包含：你一年内的工作目标（3楼视野），3年的职业规划和个人价值（4楼视野），还有你的人生目标（5楼视野）。

> 当你无法确定自己的目标时，你也就永远无法感到满足。

我把最上面的3个层次合并在一起，是因为它们中的内容通常杂糅在一起、难以分离，也不方便单独分析。此外，本书的重点是实施技巧，而不是教人如何定义目标和前景，因此，我不想进行严密的论述。而且这方面的研究通常会涉及一些复杂、艰深的领域，包括商业战略、机构拓展、事业规划、生活方向和价值取向等。

我们的主要目的在于，抓住那些引发你当前行动的内在的、原始的动机（其中一些可能来自你较高层次的承诺和意图）。而根据深入的思考、分析以及直觉，来确定是否应该改变你的进取方向或者明确你的目标，则是另外一个议题。尽管如此，你还是能

> 选择的目标既要对你有重大意义，又不能大得根本实现不了。
>
> ——乔纳森·科泽

发现一些东西，能帮助你思考你的工作和其中的重要部分。

凭直觉想象一下12~18个月后你想要达到的境况：那时你的工作会是什么样的？那时的工作状况会引发哪些变化？要尽量具体，要考虑方方面面的细节，然后你就会了解到，为了达成这一目标，你在个人方面要做出哪些牺牲，要对目前的环境和自己的状态做出哪些调整和改变。当今的职场变幻莫测，这也导致了工作目标本身飘忽不定。所以，为了保证工作的正常进行，我们有必要为“确定工作目标”这一任务专门设定项目。

从个人角度出发，可能会考虑这样一些事情：“我的事业可能停滞不前，除非我向老板阐明我个人的志向”；“未来几年我的孩子打算从事哪些新活动，而我需要为此改变哪些原有的做法”；还有“我需要进行哪些准备才能保证我可以应付刚刚发现的健康问题”。

从一个更长远的角度出发，则会涉及这些问题：事业发展到何种程度了？个人生活进展如何？对于市场环境的种种变化，你的公司采取了哪些应对措施，这对于你个人有何种影响？这些是1~5年层面的问题。面对这些问题，每个人的回答都是不同的，但意义却同样重大。

不久前我培训了一位在某大型跨国银行任职的员工。几个月来，他通过实践这套管理方法，已经完全掌控了每天的工作。而现在，他认为投资创办自己的高科技公司的时机已经成熟了。这个想法一直令他感到畏惧，以致他一直没有办法开始行动，但是从“地面”这一层面入手，由下而上地逐步推进，便增强了这个计划的可行性，一切看起来都好像是水到渠成。我最近听说他近期经过努力取得了重大成就。

如果你目前参与了任何一项为期一年以上的活动（婚姻、孩子、一项事业、一家公司、某个艺术门类、一个终生爱好），你就有必要考虑一下，要做些什么才能让自己在这条路上走得更远、更好。

对此，你应该向自己提出的问题是：

- 我们机构的长期目标和目的是什么？为了履行我的责任，我需要完成哪些相关的项目？
- 我为自己设定的长期目标和目的是什么？为达成此目标，我该执行哪些项目？
- 还发生了哪些可能影响到我的行动的重大事情？

我要在此强调的是，设定新目标或者提高你的标准并非我的明确主张。相反，我是在引导你关注有关自己现状的真实情况。如果它们以或明显或隐蔽的任何方式存在，那么，要实现清晰认识的话，就必须采取针对性方法。

下面是回答这些问题时可能遇到的一些情况：

• 公司的工作重点不断转移，你的工作内容也随之不断变化。比如，你打算不在公司内部进行员工培训，而是将这部分工作外包给别的公司完成。

• 你在事业上的目标和方向。比如，根据目前的情况，你已经能够明确预见自己一年之后的工作状况，而那并不是你想要的。所以你想通过岗位调动或升职来调整自己，以便在事业上更加靠近自己的目标。

• 所在机构的目标和方向：全球化和国际业务。比如，你可以预见到，不久之后你的工作会要求你频繁地进行跨国出差，而你本人并不想过这种忙碌的生活，所以你需要思考一下如何重新调整自己的事业发展计划。

• 生活方式的喜好和不断变化的需求。比如，当你的孩子逐渐长大，你也就不必时刻留在家里照顾他们了，而与此同时，你对投资和实施退休金计划的兴趣也在增加。

当进行顶层的思维过程时，你必须提出一些终极问题。你的公司为什么存在？你自己为什么存在？是什么样的因素或动力，驱使你在生活的各个方面做出选择？这就是所谓的“大局”，有无数的书籍、教师和案例会专门指导你掌握这方面的要领。

知道“为什么”这么做，对于我们努力完成任何事情都是一个非常重要的问题。

在进行这一层次的思考时，你应当已经将其他层次的事务完全清理完毕，并且安排得井然有序了。就算是在最基本的层次，有件很小的事情没有处理，它也会牵扯你的精力，让你感到不舒服。

把“要事优先”的思维赶出大脑

在本章的最后，我建议你抽出几分钟时间，将阅读本章过程中你脑子里想到的事情都记录下来。不管是什么样的想法，只要它在你的脑子里闪过，就把它记录下来、写在纸上，别让它一直留在脑子里纠缠你。

下面我们就来一起处理这些笔记。你首先要判断，写出的某件事情是否需要立刻执行或推动其发展。如果不需要，你就可以将对应的条目删掉，或者将其放入“将来/也许”清单，还可以放在一个特别的文件夹里（可以命名为“在未来某一时刻，我有可能实现的梦想和目标”，专门用来记录你的梦想）。也许你希望继续进行这类有关未来的思考，并使用更加正式的方式——比如，你可以与你的合伙人共同草拟一份商业计划，或者同你的配偶一起规划未来的生活，或者为今后 3 年的事业发展制订一个具体的计划，或者请一个私人顾问，让他协助你完成这一思考过程。如果你这样做了，就应该把你的思考结果列入你的“项目”清单，并确认它对应的“下一步行动”。然后执行、委派或推迟这一行动。

完成这些工作之后，你自然就会将注意力转移到那些已经确中立是一种既不能突进也不能磨蹭的状态。中立并不意味着消极、自满或被动，而是从容不迫，允许在采取进一步行动之前新的信息、新的可能出现。当处于中立状态时，你其实可以提高自己的敏感性和直觉智慧。中立是萌发新机会的沃土。

——道克·奇尔德

定却并未充实细节的“项目”上来（也就是那些没有完全思考成熟的项目）。现在，你就要开始进行项目的“纵向”处理过程了。

第10章
学会控制项目

在第4到第9章中，我们介绍了如何清理自己的大脑，以及如何对何时该做何事做出正确的选择。这其实是一个横向的视角——它面向的是你整个生活中的所有事务和行动。而完善的时间管理系统还差一个关键部分，即所谓的纵向视角——激发自己大脑的活力，对某个特定事务进行深入的思考和大胆的想象。对于你参与其中的项目和情形，你或许的确理清了相关结果和下一步行动步骤，但有时你会觉得，创造性思考和详细的行动方案更有助于你加深对它们的了解。

在这一章中，我们将一起对项目的规划进行深入的研究和仔细的推敲。

我们需要更多的非正式计划

经过这些年来与数千位职业人士的接触，我可以大胆断言，实际上我们所有人都应该在生活和工作方面进行更多的、更频繁的非正式计划。这种做法会大大降低我们的心理压力，并能以极小的代价换来巨大的回报。对于你所参与的各种项目和情形，也许你确实能理清其结果和下一步行动步骤，但有时你会觉得有必要增进你对它们的了解，进行更具创造性的思考，并明确其执行过程。

> 任何一个成功的项目在进行到中途时，看起来都如同一场灾难。
>
> ——罗莎贝斯·莫斯·坎特

对于项目计划过程，最大的提升空间并不在工具方面。毕竟很多专业的、复杂的项目组织与计划工具已经非常普及了（比如甘特图等），大多数需要这些工具的人都已经在使用这些工具了。真正需要改进之处是，在计划的过程中，让你的创造性和预见性思维能够真正发挥作用。

而造成这种简单有效的思维缺失的最主要原因，是一般的自上而下系统无法应付在思考和预测中出现的数量庞大的细节。这也就是我主张自下而上的管理方式的原因。如果你感到对需要执行的任务失去控制，自然就会对计划产生抗拒，这会让你不知不觉在原地打转。但是如果你接受并认真实践了本书中的方法，你的灵感和创造性思维就会获得空前的释放。如果你的系统已经为接纳随时产生的奇思妙想做好了准备，那么你的工作效率肯定会大大提高。

在本书第 3 章中，我提到了项目计划的 5 个阶段，这些阶段会帮助我们将想法转化为实际行动。

> 你建立起的系统以及运用的技巧，应该能够帮助你更频繁、更轻松、更深层次地思考你面对的项目和情况。

下面是一些实用的技巧和方法，可以帮助你使用我所推荐的自然的、非正式的计划方法。尽管这些建议都是基于基本常识，但是大多数人往往都没能做到完全遵循。你应该随时将这些建议铭记在心，而不是在面对重要任务的时候把它们拿出来临时抱佛脚。

哪些项目需要你进行计划?

实际上，列在你的项目清单中的大多数项目，都不需要你进行刻意的“计划”，这些项目只需要你在大脑里过一下，自然而然就会得出下一步行动。比如说，你要“对车子进行保养”，你只要上网找到最近的4S店，约个时间就可以了。

然而有两类项目，确实需要我们进行某种形式的安排策划：（1）那些你已经决定了下一步行动，却仍然吸引你注意力的事务；（2）那些意外冒出新点子或临时出现新细节的项目。

第一类——这些项目，除了下一步行动以外，还有其他需要你确认和安排的方面。也就是说，在你确定了下一步行动后，还需要进一步的关注和处理。对于这类情况，你就需要应用自然计划法了（可能是其中一个或多个阶段）：定义目标和原则、展望成果、头脑风暴、组织整理。

第二类——这类项目的想法会突然冒出来，很可能不是在工作场所和工作时间（海滩上、汽车上或者会议上）。你应该将这些想法随时收集起来。这样一来，这些念头就可以先被保存起来，以后再做仔细考虑。

项目计划也需要确定下一步行动

你总会遇到几个这样的项目：你希望对其进行更加具体细致的安排，以确保万无一失。比如：你马上要去参加一个重要的会议，必须准备好会议日程安排以及一些相关的资料；或者你刚刚接受了安排公司年会的任务，你不得不尽快地使各方面准备到位，并把一些具体的工作分派下去；或者你需要向人力资源部门描述一下某个新职位的工作要求；或者你需要思考并制订近期的家庭度假计划。如果这些工作还没完全落实，现在立即确定下一步行动吧，并把它列入你的行动清单。这会帮助你开始对项目的计划，并有效地推进更深层次的规划。

典型的计划步骤

最常见的几种计划导向的行动方式为：个人头脑风暴、组织整理、召开会议、收集信息。

头脑风暴 对于那些一直吸引你注意力的项目，你需要开动脑筋，仔细思考；特别是当你不清楚下一步行动是什么的时候尤

其如此。对于这类情况，最合适的下一步行动就是“想想关于某个事情的点子”。

这个下一步行动，也要列入你的下一步行动分类清单，所以你要确定在哪里进行、如何进行。在进行这类思考时，是在电脑上进行好呢，还是用纸笔工具更合适？我会完全凭直觉选择其中的一种。对于我来说，要么把它记录到“在电脑旁”清单中，要么记录在“任何地点”清单上（因为随身携带笔和纸，所以我可以在任何地点绘制思维导图或者记录粗略的笔记来帮助思考）。

组织整理 也许你已经为某些项目收集了足够的笔记和辅助资料，现在你只需要将它们整理一下，使之更有条理。在这种情况下，你的下一步行动很可能像这样——“组织整理某个项目的资料”。如果你必须在办公室里才能执行这一行动（因为所有的文件和资料都放在办公室，没办法随处搬动），那这个行动就应该记在“在办公室时”清单上；如果你收集到的资料都是电子形式的，并存入了随身携带的笔记本电脑或数字设备中，这个行动自然可以纳入“任何地点”清单中；如果你希望用文字处理软件、演示软件、思维导图软件或者项目规划软件来辅助你的行动，就应该把这个行动列入“在电脑旁”清单。

召开会议 通常，把相关人员召集到一起，共同讨论、群策群力会让事情取得一定的进展。这通

> 机构（团体）中提高效率的最大障碍是，在面对问题的时候，当事人不知道是否应该召开会议，也不清楚应该让哪些人参加。

常意味着给相关人员或者你的助手发一封电邮，或者给某个关键人物打个电话来敲定一个时间。

收集信息 有时，计划工作的下一项任务就是收集更多的资料。比如，你需要同某人打电话聊一下，掌握他的情况（“给比尔打个电话，了解一下他对经理会议的看法”）；或者你需要浏览一下你刚刚接手的有关去年会议的资料（“查看一下股东大会的归档资料”）；或者你希望在互联网上浏览一番，看一下你正在工作的领域有没有什么新闻发生（“查看一下大学奖学金基金的情况”）。

随时产生的想法 不要错过任何一个可能具有潜在价值的想法和创意。许多时候，当你处于一个与计划工作毫不相干的地点时，却会想出一些好点子来。比如，当你正要去商店买东西时，会突然想到一个关于员工大会的绝妙念头；或者当你正在做饭时，会突然想到下次举办用户会议的时候要给参会人员送什么样的小礼品；或者你在看晚间新闻的时候，会突然想到公司的顾问团遗漏了一个重要的人选。

如果你想到的点子不是可以列入行动清单的具体行动，你就有必要想办法把它们保存下来。当然，确保没有遗漏任何想法的关键就是你的收集系统了，即你的文件夹、纸笔或智能手机等。你需要保存所有的想法、念头和创意，以便日后处理。

项目计划的辅助工具和架构

只要你手边随时都有理想的工具，无论你的脑海中出现什么样的想法，你都可以第一时间把它抓住、记下、保存起来。一旦你捕捉到这些想法，你就可以根据需要随时查询参考。

思维辅助工具

获取想法、提高生产力的最重要的绝招之一就是利用“形式决定功能”现象——合适的工具更容易激发你的好想法。（我的一些最有创造力的想法，就是在试用一款软件时产生的，这款软件的主要用途是以一种有趣的方式产生和捕捉数据。）

> 运气影响一切。让你的鱼钩始终垂放在你认为鱼会出现的溪流里。
>
> ——**奥维德**

在你思考的时候，如果不能动笔写写画画，或将其输入数字设备，你会发现自己很难长时间保持注意力高度集中（最多不过几分钟），独自一人的时候尤其如此。只要你在思考过程中能够使用一些外界的工具记录你的想法，那就像给风筝加上了线，你就可以一连几个小时保持高效而敏捷的思维。

书写工具

随时在手头准备一些方便好用的书写工具，这样你就不会因为缺乏记录工具而在潜意识里对思考产生抵触。对我来说，如果

> 形式往往能够决定功效。将自己置于易于捕捉思想的环境中，那些你都没有意识到的好想法便会自己冒出来。

手中没有记录想法的工具，我就无法投入地思考。

说来也怪，有时一个绝妙想法的诞生仅仅源于我一心想用一下我那漂亮又好用的圆珠笔或中性笔！也许你不像我这样，会受一个书写工具的驱使，但如果你也有这样的倾向，那就应该成全自己，在高质量的书写工具上进行一些投资吧。

建议你在每个位置都放上几支漂亮的圆珠笔，因为你很可能会在那里做一些记录——在你的书桌上，在厨房里，在书包、公文包、钱包和背包里。

纸张和记事本

除了书写工具，还应该准备一些实用的记事本等类似功能的物品。标准记事本功效不凡，因为你可以轻松地撕下记录着想法和事情的那几页，放入你的工作篮中，日后有机会的时候再进行处理。你还可以用原件或扫描件形式保存一些初步和非正式的思维导图和笔记，直接把它们放入别的文件夹。手写痕迹往往包含丰富的情境记忆提示，事实证明，这些提示具有长期价值。

> 离你最近的记事本在哪儿？把它们放得更近一些。

黑板和白板

如果有足够的空间，黑板和白板也是非常实用的思考工具，并且可以多次重复使用。

它们为你提供了充足的空间，可以在上面草草记上几笔心头闪现的想法。此外，当你在思考某一主题时，它们还可以使你的想法始终生动地展现在你眼前。在办公室和会议室中配备一些白板将会很有用，而且越大越好。一些公司已经设计出有可擦写表面的整体内墙，可以很方便地展开头脑风暴和临时视觉沟通。如果你有几个孩子，我建议你在他们的卧室中也装上一个。（我是多么希望在自己的成长过程中也有这样一个鼓励思考的环境啊！）注意在手边准备足够的白板笔——扼杀创造性思维的莫过于干掉的、无用的书写工具。

当两个人或者更多的人聚集在一起开会时，谁都可以在白板上写上几笔，一目了然。即使几分钟后你擦去了这些思想火花，但刚才把它们记录下来的过程本身就可以促进大家的建设性思考。（有时候，即便手头没有记事本，仅仅是在餐厅里的纸制桌布、餐具垫甚至是餐巾上漫无目的地描上几幅图表和写一些笔记，也会令我获益良多。）

> 只有在我将自己的想法表达出来之后，我才能清楚地了解自己的想法。
>
> ——E·M·福斯特

用你的数字化工具进行思考

在文字处理、思维绘图、提炼纲要、演示文稿或者电子表格程序方面，我喜欢运用笔记本电脑（较少用平板电脑）来进行思考。当我把需要考虑的事情以某种数码模式存储起来后，就可以自如地编辑、剪贴以及投入各种各样的应用之中，非常便捷。一旦启动电脑，坐在屏幕前，我的大脑就会活跃起来。这也成了掌握键盘输入技能的一个重要理由，这样你才能灵活自如地驾驭电脑。

较大的白板方便展现更具创造性的关联，并能扩展思维范围。同样的，我发现较大的电脑屏幕也能起到类似作用。随着全球数字和移动技术的快速发展，大家使用的各种设备自然在日益小型化，但其可用性和效率却大大提高。不过，我想提醒的是，智能手机之类设备的价值在于执行思考结果，而不在于生成创造性思维。[①]因此，我需要更多而不是更少空间。

辅助架构

除了拥有随身携带且得心应手的工具以外，一个可以方便地收集思考结果的系统也有利于提高效率。这就像在你的面前摆出纸和笔时可以帮助你进行头脑风暴一样，拥有便于组织整理项目细节的工具和环境，也同样可以推动项目计划的进程。

---

① 智能手机的相机功能有一大用途，那就是抓拍白板和画架垫上的想法，然后将上面的内容擦掉，便于为后续头脑风暴行动腾出空间，并将结果反馈给参与者，供其酌情使用。

根据需要创建文件夹或者活页夹

一个好的一般性参考资料归档系统，不仅要便于归档和查阅项目资料，还应该对项目规划起到重要的辅助作用。一个项目的进展，一般都是由某些关键数据、票据、资料推动的，所以，你非常有必要针对某个主题设立特定的文件夹。这样，当你手头出现相关资料的时候，你就可以立即将其保存到文件夹中。如果你的归档系统太过正式（或者根本不存在），那你一定会错过很多提前关注项目的机会。比如你刚刚参加完某一次特定主题的会议，写了不少笔记和备忘录，你就应该马上建立一个文件夹，把相关的资料全部放进去（当然是在确认了相关的下一步行动之后）。

> 如果缺乏一个良好的系统来存储你的糟糕创意，那好创意恐怕也会无家可归。

在培训客户时，我多次发现，当人们仅仅创建了某个主题文件夹，并放入可以收集到的备忘录和其他具有潜在价值的相关资料后，就可以大大地提高他们对事务的控制力。这种方式无论在客观上还是主观上，都能让你感到“一切都处于控制之中”。

如果你习惯使用活页本或者计划手册，一定要存储足够的空白页。这样，每当一个主题或项目出现时，你就可以马上为它分配一页。某些项目日后也许会占用比较大的篇幅，甚至会占据一个完整的记事本，但是开始的时候，一页纸也就足够了。绝大部分项目也就仅仅需要一两页空间，保存需要跟踪的几个想法即可。

纸张与数字化

对于那些日益适应数字化的人来说，会忍不住想完全摒弃纸张。鉴于已经有各种用于数字记录、扫描和字符识别的工具，从理论上讲，这么做应该没问题。但是，从其实践意义来看，纸张对我们大多数人仍然有用。出于种种原因，手写笔记不会消失，这不仅是因为相关工具的适用性，及其图示范围的有效性。当我们用不同设备进行表达时，我们往往会有不同的思考方式，许多人发现，用手书写和绘图能释放出更多精彩纷呈的创意。

此外，与我们在电脑屏幕前的发现相比，纸质材料更便于提醒相关信息、关系和观点。据我所知，许多数字狂们都已经在重拾纸质计划书和记事本，因为他们发现，这些东西更容易配合他们思考和自我提示。很多时候，我都会打印与某人、某项目或某主题相关的文件，然后把它们放在一个有形文件夹内，以便在开会、写作或研究时使用。尽管这些纸张大都会被循环利用，所更新的信息也将重新输入数字设备，但在此期间，有形材料能发挥电脑本身不具备的功能。

毋庸置疑，数字技术将继续升级，并将以低技术材料和工具无法企及的方式促进思考、规划和决策支持。但除非笔、记事本、便利贴、有形文件夹和打印文件被更好的东西替代，它们仍须在你的协调性个人管理系统中扮演某种角色。①

软件工具

我还没有发现堪称完美的项目管理工具。对于需要我们管理的大多数内容来说，自诩完善的很多应用程序要么太耗能，要么太简易。我曾经指出，我从没见过哪两个项目需要进行同等程度的细化和以同一种结构进行管理。所以说，很难创建出可以满足大多数的任意一种应用程序。我们发现，零碎的应用程序往往更加灵活，也更适用于我们的项目。

尽管如此，仍有多种类型的数字工具可以发挥非常重要的作用。大多数专业人士都熟悉文字处理程序、电子表格和演示程序，它们或许都是创建项目计划及其内容的最佳方式，尤其是在已完成目标、愿景、头脑风暴阶段的情况下。

通常更适用于非正式规划和头脑风暴的两类软件，分别是思维导图和分级概要应用程序。我在自己的大多数项目中都使用了一种数字思维绘图工具，用以开展针对性的头脑风暴，并捕捉那些随机迸发的想法。在大多数情况下，思维导图本身足以实现我对相关项目的掌控。

头脑风暴的另一个选项是分级概要程序，它允许创建标题和

---

① 如果纸张是新发现呢？哇！它能让你得到承载数字信息的视觉地图，而你能以物理和视觉方式进行操作和表达。而且，它不需要电池或电力就能捕捉、促进并分享创造性思维。哇！

子标题，描述其有限或扩展性细节。大多数好的文字处理程序同样提供此项功能。这些程序的优点是，它们可以处理范围广泛的复杂情形，从列举关于组织聚会的要点，到生成整部作品的结构。尽管出于删除、粘贴、重新排列数字文本的考虑，分级概要和文字处理程序通常更支持结构化思维，但它们仍然有助于生成创造性思维。

软件领域的高端产品是综合性项目管理软件。专业人员和机构有其特定需求，需要利用这些应用程序体现严谨性，对细节内容进行管理，因此，他们通常采用此类工具，并通常会基于公司的特定项目专门定制。这种软件还用于发射火星探测器、协调建筑施工、交付飞机和药品。

项目管理软件的低端产品应用，是在某个项目列表的“任务记录”位置记录随机想法，或者利用通用的记录生成和管理软件，创建关于某项目及其相关想法的记录。

如果你是电脑迷，你无疑会采用此类模式，以便开发、捕捉项目计划及其相关材料。要确保自己适应这些应用程序，从而专注于你的项目思考，而不是软件本身。这还便于你进行定期回顾，随时更新内容，通过持续清理和重新组织来保持其即时性。要记住，电脑有点像黑洞，随着记忆和存储容量不断扩展，具有这种零碎功能的新颖应用程序会不断激增，保存一切内容会变得更容易，而你手头最重要的项目材料则更难找到。

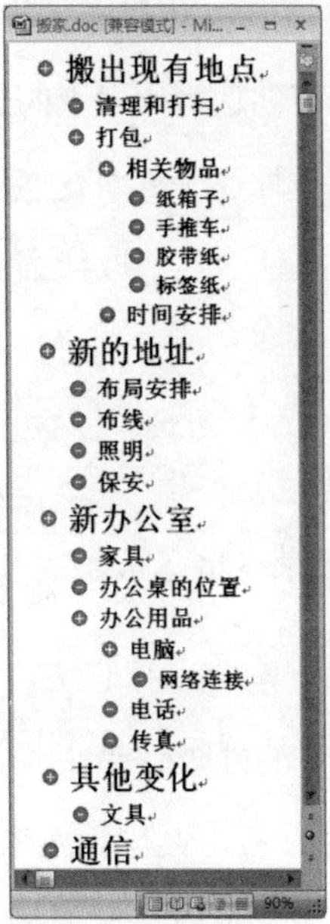

数字化形式的分级概要

如何在生活中应用这些手段？

就像你的“下一步行动”清单需要不断地进行内容更新一样，你的“项目”清单也应该如此。要做到这一点，你就应该抽出一段比较完整的时间（1~3 小时比较理想），对每一个项目进行尽可能深入的“纵向”思考。

现在，就请找出你目前最关心或者最感兴趣的

准备工具、创造条件，对项目进行一些创造性的思考。这就足以让你把大多数人抛在后面了。

几个项目，对这些项目进行一些思考、收集或组织整理工作。在此过程中你可以使用任何你认为用得上的工具。

每次一个、自上而下地逐个面对这些项目。问问自己："对于这件事情，我还需要了解什么？获取什么？记住什么？"

让我们把超前的焦虑变成超前的思考和规划。

——温斯顿·丘吉尔

你可以使用纸和笔绘制出思维导图，然后建立一个文件夹以保存这些纸质文件。你也可以在你的管理软件中，随手输入一些要点和想法。你还可以创建一个文字处理文件，写出这个事情的分级概要。

关键在于你要学会思考，运用思考的结果进行合理的管理。要培养一个好习惯：在考虑问题的时候高度集中精力，有预见性地发现问题、解决问题，而不是等到迫不得已时才行动。

gtd

part 3

三个关键原则

第 11 章
原则一：养成收集的习惯

前文介绍的方法和模式看似简单，实际上却蕴含了十分丰富的内容。它们构成了一整套系统的方法，使你的头脑摆脱杂事的困扰，确保你在工作中的表现达到极高的水准。这本身就已经成为采取这些做法的充足理由了。

> 在管理内部和外部承诺时能言行一致，这将会极大改善你所有的人际关系。

然而，这些正在发挥作用的基本原则还有更深远的意义。在接下来的 3 个章节中，我将介绍我 30 年来运用这些基本原则的心得体会。这些基本原则的运用会对个人产生非常重要的影响，同样，对大型公司或组织也能起到积极的作用。

在与别人交流（合作）的过程中，如果你在接收信息、组织整理以及管理的各个方面都做到无懈可击，别人自然就会对你给予特别的信任。更重要的是，你在处理自身世界的过程中带着一定程度的自信，这是难能可贵的。而这恰恰就是收集生活中所有未尽事宜所产生的直接结果，它将显著提高你的心理健康程度，大大改善你的人际关系质量——无论是在个人生活方面，还是在工作方面。

而且，一旦组织期待并强化这种最佳做法，不允许任何事情因沟通不畅而失败，让每个人为后续行动负责，由适当人选明确、跟踪相关承诺，就能显著提高组织文化的创造性，同时缓解其压力。

收集习惯给个人带来的好处

在整个收集过程中，你会有什么样的感受呢？大多数人的回答是：感觉糟透了，但又感觉好极了。这是怎么回事？

如果你同大多数完整地完成了收集过程的人们一样，你肯定会感到某种程度的焦虑。在我的研讨班上，当我让学员们描述他们在收集过程中的感受时，出现频率最高的是这些词汇："难以招架"、"恐慌"、"挫败感"、"疲惫"，以及"令人反感"。你是不是已经拖延了某项早该完成的任务？如果有，你自然会对此产生一种内疚感："我其实早就应该搞定这件事了。"

与此同时，你是否又有一种如释重负和获得控制力的感觉呢？大多数人的回答同样是肯定的。这又是如何产生的呢？在你完成收集的过程之后，竟然同时出现完全相反的感觉——焦虑和解脱，难以招架和控制良好。这到底是怎么回事？

当你直面你所收集到的各种材料时，会很容易找到各种消极情绪产生的根源，也就便于发现消除焦虑的方法。如果你同时从收集材料的过程中体验到积极的感觉，那就证明你其实已经开始铲除那些消极因素了。

消极情绪的来源

不良情绪来自何处？是要做的事情太多了吗？不对，要做的事情总是太多。如果你仅仅因为要做的事情比你能做的要多而感觉不好的话，那你就永远无法感觉好起来。因此，要做的事情太多并不是引发消极情绪的根源，这种情绪应该来自别处。

> 焦虑和内疚并不是因为承担了太多工作而造成的，而是由于你撕毁了同自己的约定而导致的。

当某人单方面撕毁了与你签订的协议时，你会怎么想呢？他和你约好星期四下午4点钟见面，而当约定的时间到了，他却连个招呼都不打就爽约了，这时你会有什么样的感觉呢？我想必定是沮丧和失望吧。当人们在生活中食言毁约时，他们为之付出的代价就是人际关系中信任感的丧失，这是一种绝对负面的影响。

你收集到工作篮中的东西都是什么呢？这些东西其实都代表着你同自己签订或者至少明确接受的协议——你在某种程度上告诉自己应该以某种方式进行处理的事项。消极情绪都是你违反这些协议所导致的直接后果——它们是自我信任感丧失的结果。如果你告诉自己要起草一份战略计划，却未能按时完成，这一定让你感到十分沮丧。如果你计划要整理一下当前的工作，但是最终却未能实现，那随之而来的自然就是内疚和挫折感。如果你决定要多抽出些时间来陪你的孩子，但是却没有做到，那你感受到的肯定是焦虑和挫败感。

应该如何减少消极情绪？

如果你的消极情绪来自于毁约，那么可以使用以下 3 种方法来对付这种局面，消除负面影响：

- 不签订协议。
- 完成协议。
- 重新商定协议。

所有这些方法都会让你感觉好起来。

不签订协议

面对一大堆积压已久的陈旧资料，最让人感到轻松的处理方式，就是决定不再理睬它们，直接把它们撕碎、回收或扔到垃圾桶。对付生活中未尽事宜的方法之一，就是学会说“不”！

只要你降低对自己的要求，便会立刻轻松起来。如果你对生活的各个方面——子女的抚养教育、学校的教学制度、团队的精神面貌、软件的代码——都降低标准，那你需要处理或关注的事情就会相应大大减少。[①]

没人愿意随便降低对自己的标准和要求。然而，一旦你理解了这种方法的真正含义，你就会减少“协议”的数量。我自己就是这样。过去，我为了赢得别人的赞赏，制定了大量的协议。直到后来，我因为无法履行协议而付出了惨痛的代价，这增强了我对协议的认识。我培训的一位保险公司的经理人，曾这样描述他从这种方法中获得的益处：“从前，我只会告诉每一个人，‘没问题，这事儿交给我吧’，因为我并不清楚我到底需要做多少事情。而现在我有一个一目了然的、毫无遗漏的工作清单。为了维护我的信誉，我不得不说‘哦，不行，我做不到，很抱歉’。令人惊讶的是，我并没有因为我的拒绝而被人厌恶，相反，所有人都被我的严格自律打动了！”

> 保有一份客观、完整的工作清单并进行定期回顾，可以让你更加轻松并理直气壮地说“不”。

一位客户——同时也是一位个人培训领域的企业家——最近告诉我，通过收集梳理自己的工作，他减少了生活中的焦虑和压力。把一切分散注意力的事情全部放进工作篮，这一习惯让他有机会重新考虑哪些任务才是真正值得关注的。如果他发现这个事情已经超出

① 在心理自助领域有一个流行的观点，即关注自己的价值会让生活变得更简单。而我的观点与之相反：堆积如山的超负荷任务恰恰源自人们对自身价值的关注。价值观确实为人们指出了生活的意义和方向，但要知道，你越是关注自己的价值，你就越会发现有更多的事情有待改进或完善。你的价值观确实会帮你做出选择和决定，但是绝不会让生活变得简单起来。

了自己的能力范围，那就可以直接把它丢入垃圾桶。

我认为这种方法十分成熟。整个方法最为重要的一点就是，在整个捕捉和追踪头脑中事务的过程中，你有两次机会去过滤掉那些你并不是真心希望完成的工作。多年来，我致力于让合作对象的“项目”清单变得清晰和即时，在这个过程中，每个人都曾确认他们认为应该致力于执行的某项行动并无价值。不清楚哪些工作是自己必须完成的，就好比不知道信用卡中的余额和限额，而对你的承诺漫不经心是更容易出现的情形。

完成协议

当然，根除消极情绪的另一种途径就是完成这项工作，然后标上“已经完成”。只要你完成它，就可以立刻感受到那种完成工作后的成就感。我相信，如果在那些花不了两分钟就可做完的事情刚冒头时就立即完成它，你就能体会到这种心理上的收益。我的大多数合作对象在花了几个小时清理完他们堆积如山的事务后，就会感觉非常棒，因为他们运用两分钟原则完成了大量事情。

> 远离奋斗时的重重压力，获取成功时的平和宁静。
>
> ——朱莉亚·路易斯·伍德拉夫

一个原本轻松快乐的周末很可能被家中积累下来的各种杂事消耗殆尽。而当你捕捉到所有的未尽事宜，并能随时在清单中看到它们，你的大脑中的某一个部分就会迸发灵感（或因为压力和紧迫感催生创造力），尽快把它们一一完成。

每个人都渴望成功。为了实现这一愿望，给自己安排一些能够轻松完成的任务是一个非常好的方法。

你是否曾经在整理或检查行动清单的时候，顺手完成了其中某个没有列在首位的不起眼任务？如果你有过，你就会明白我的意思了。

然而，这里还存在一个问题。工作清单和堆积的资料全部成功处理完毕之后，将体验到什么感觉呢？你可能会欣喜若狂。猜一下在3天之后你又将获得什么？对了——另一份工作清单，而且可能包含更加庞大复杂的内容！完成一项任务让你感觉良好、干劲十足，同时你也会期待着下一个更重要、更富挑战性的任务。

不仅如此，你的老板（或董事会）在注意到你出色的工作能力和显著的工作效率后，将会怎样做呢？你又答对了——分派更多的工作给你！这就是职场的讽刺：无论你做得多好，你都需要做得更好。

因此，既然你不打算大幅度地降低对自己的标准，也没有能力将事务立刻完成，同时仍然期望摆脱紧张压力的折磨，那你就必须学会下面提到的第三种方法。

重新商定协议

假定我曾经告诉你，我星期四下午4点钟与你见面，但当我约定好这一时间以后，情况发生了变化。考虑到我有一些更重要的事情需要处理，我决定取消我们星期四见面的约会。除了干脆到时不露面以外，还有什么更好的选择能让我们良好的关系不受损？没错——打一个电话对约会做出调整。这是重新商定协议，而不是毁约。

正是宽容，方能打开唯一可能通向创造性思维的道路。

——德斯蒙德·威尔森神父

现在你是否已经明白，为什么把所有的事务从大脑中清理出来、放在你的面前会让你感觉更好一些呢？这是因为当你注视着它们，就能做到全盘分析、客观判断，你会清楚哪些是可以立刻实施的，哪些是应该拒绝的，哪些是需要重新商定的。问题的关键是：你不可能同自己重新商议那些你已经记不起来的协议！

记不起你曾经同自己签订的协议，并不意味着你摆脱了这个协议造成的责任和压力。你可以向任何一个心理学家咨询，你的心灵是否能分清头脑中的任务是应该立即完成还是以后某个时间再完成，答案是：不能。这就意味着一旦你告诉自己应该处理某件事，然后仅仅把它存入短期记忆中，你头脑的某一部分就会自始至终地认为你应该立刻采取行动。也就是说：一旦你同时给自己布置了两项工作，并且只将它们保存在大脑中，压力感和失败感就随之而来——要知道“一心不能二用”，而且你的这种心理压力（显然很沉重）仍将由你自己承担。

如果你同大多数人一样，在家里也有一些贮藏区域——也许是一个车库，你过去（甚至是10年前！）曾经告诉自己应该清扫和整理一下这个车库，在那之后你可能每天都不停地提醒自己该清理车库。难怪人们活得这么累呀！每次走过车库，你就听到身体发出声音：“为什么我们只是路过车库呢？难道我们不应该彻底打扫一下吗？”你无法忍受这种抱怨的折磨，只要还有其他的办法，你就永远不愿再走近这个车库。如果你希望阻断这种不绝于耳的抱怨，有3种选择来对付你同自己达成的这个协议。

1. 降低你对车库的要求（你可能已经这么做了）。“我的车库是挺糟糕的……那又怎样？”

2. 履行协议——打扫车库。

3. 至少将“打扫车库”列入“将来/也许”清单。然后，当你进行每周回顾并看到这个项目时，你可以告诉自己：“本周先不行动。”然后，当你再路过车库时，你听到的心声只能是：“哈！本周先不行动。”

我举这个例子是非常认真的。我们的内心深处不会觉得清扫车库与购买一家公司或者改善你个人财务状况这两个协议之间有什么区别。在你的内心，它们都同样是协议——已经付诸实施的或者已背弃的协议。如果仅仅凭记忆来提醒自己需要完成某个协议，那么只要你当前没有采取行动，那它就始终是一个背弃了的协议。

与传统的时间管理方法截然不同

这种方法与传统的时间管理法有很大区别。那些传统方式可能会给你留下这样的一种印象：如果你觉得某件要处理的事情并不是那么重要，结果它就真的变得不重要了——不值得追踪、管理、处理。但是根据我自己的经验,这并不完全准确，至少对于没有清晰意识到的事务而言是不准确的。对事务的清晰意识正是我们处理事务的前提，所以我们必须保证在清晰意识的前提下签订协议。这要求我们对任何一个事务都应该加以捕捉，使之具体化，并进行定期的回顾检查，这样才能把它存放在自我管理体系中的相应位置。如果你不这么做，那么那些你没有清晰地意识到的事务将占用你更多的心思，比其本应花费的心思要多得多。

根据我的经验，任何仅凭你的大脑保存的事情，要么会缺少足够的关注，要么会占用过多的关注。收集所有未尽事宜的原因，并不是因为它们都具有完全同等的重要性，恰恰是由于它们的重要性不同。任何未收集到、未完成的事务（无论是否重要），同样都会产生心理压力，消耗宝贵的精力。

需要收集多少内容呢？

如果可以收集到一切未尽事宜，你将感到无比轻松。当你对自己说：“对了，我下一次去商店时，要买一块黄油”，接着把这一条加到你的食品清单中，你的感觉肯定会很好。当你想起“我必须给银行顾问打一个电话，谈谈有关托管基金的事”，就把它记在电话清单中，让自己有时间打电话的时候能看到它，你的感觉也会变得好起来。不过，这种感觉与你认识到你已经收集了所有事情时的感觉比起来，那简直是天壤之别。

什么时候你才能知道大脑中还有多少剩余的事情有待收集呢？只有当你完成全部收集时。如果你仅仅是模模糊糊地感觉到好像还有一些事情没有收集到，那你就无法判定已经收集到的事情所占的百分比是多少。那么怎样才能知道不存在剩余事务呢？——当头脑中不再浮现出任何事件的提示信息时。

这并不意味着大脑中空无一物。只要意识清醒，你的大脑肯定会专注在某一事务上。如果你每次将精力集中于一件单独的事务上，没有一丝分心，那么你就已经达到“心如止水”的境界了。

> 当你大脑中别无他物时，你将“活在当下”，“心如止水”，工作与娱乐合而为一。

我建议你在收集的过程中，积极地开动脑筋，仔细地考虑事务，而不仅仅是想起事务。当你对某个项目或情形进行思考的时候，要让此过程产生效果，而不仅仅是制造压力，提醒自己记起它们，要为此采取某种行动。为了能够全面地达到提高效率的目标，你必须尽力收集一切。要耗费一定的精力、改变原来的习惯，才能训练自己养成这样的习惯：当你的头脑中产生哪怕是微乎其微的协议时，也能立刻识别并捕获它们。尽可能全面地完成收集，每当新事务出现，你都要及时捕获它们，并使之成为你的习惯，这将使你变得比自己想象的更强大。

收集习惯给团队带来的好处

当团队（一个部门/一个家庭/一家公司）中的每一个人都养成收集的习惯，并且保证不会遗漏任何一件需要关注的事情，又会怎样呢？一旦达到这种境界，大家就根本不用费神去考虑“遗漏”的问题，所有人的精力都会节省下来，放在更重要的事情上。

但是，如果在信息沟通的环节上还存在隔阂，往往就会导致在关系或文化中产生某种程度的挫折感和普遍的紧张情绪。大多数人认为，如果某件事情不能得到持续关注，它就会在机构的处理流程中销声匿迹，最后这件事情通常会以突然爆发的方式重新出现，让大家措手不及。他们并没有认识到，之所以体会到这种感觉，是因为他们长久以来一直身处这种环境，以至于误认为这就是客观规律（就像地球引力一样）。但实际上这种情况是可以改善的。

> 在一只漏船上往外舀水，会削弱你指引航向和全速前进的能力。

几年来，不少成功人士通过对本书所提出的系统的学习，学会了将上面提到的这些好习惯整合进他们的个人管理系统和生活中，这使他们获益匪浅，并很快使他们在同行中脱颖而出。30多年来，我一直时刻清空大脑的“内存”，并随时将各种资料收入我的“工作篮”。每当我在别人的工作篮中发现一个没有处理的备忘录，或者发现他们在谈话中做出承诺，却没有以某种方式将承诺记录下来的时候，我都会感到惊诧和疑惑。这些行为对我来说是无法接受的。我还有更重要的事情急要着处理呢，不能总是为团队工作中的这种漏洞烦心。

我需要确信，我以电子邮件、语音留言、一段记录、一个字条，以及任何其他形式给出的信息都能传送到别人的系统中去，它们将快速地经过加工处理和组织整理的步骤，并且成为行动清单上的一个选项，最终得到执行。如果接收信息的人只习惯使用电话和语音留言，而不是电子邮件和书面文件，那么我就不得不放弃这些方式，转而使用对方唯一信赖的媒介。在那些关注执行效率和执行成本的组织中，这种情况是让人无法接受的。

当我们要做出改变的时候，我们必须确信进行改变的每一步骤都是恰当的，不会造成不良的副作用。短板原理告诉我们，木桶能盛装的水量是由最短的那块木板决定的，同理，一个机构的效率是由机构内效率最低的关键人物决定的。

在某些企业中我特别注意到一点：在那里，工作篮要么根本不存在，要么塞得满满的、长时间无人问津。这些企业内的交流往往是“中断”的，人与人、部门与部门之间的交流都是低效率的，人们对交流缺乏信任，而没有高效的交流也就没有高效的工作。我遇到过一些日程极为繁忙的高管，一旦他们开始及时回复他们的电子邮件，就能释放很多压力。当他们的员工和其他人通过这种虚拟媒介获知必要的、适当的反馈和决定时，他们就不再需要像以前那样，花时间尝试面对面与之交流。

有的企业则建立了严密的信息收集和传递系统，信息的管理和传递清晰透明，一目了然。几乎没有人会为了信息交流操心，大家都可以集中精力处理更加重要的问题。其实，这种信息收集系统对于家庭来说同样有效，你可以为父母、孩子、保姆、管家或者任何一位家庭成员设置工作篮。我和我的妻子就是如此，就算我们坐得非常近，我们也会把需要对方完成的工作放入对方的工作篮中。许多人都会对此感到惊讶，认为这太冷漠、太机械化了。事实上，这种做法能非常有效地避免打断他人正在进行的工作，而且使我们的关系更融洽，也让人感到更加自由——因为正是这种方式，让那些机械化的事务被纳入彼此的系统并得到处理，而不是在彼此面对面的交流时跑出来煞风景。

很不幸，我们无法强制每个人都建立起自己的个人事务处理系统。每个人在如何处理事务的问题上有绝对的自由，别人无权干涉。但是，至少你可以做到的是，确保他们（按照他们自己的方式）去处理、跟踪和管理事务，让他们知道这是职责范围内的工作而且必须完成。同时，你也可以将本书的内容拿出来与他们分享。这样，他们至少没有理由遗漏任何事情了。

> 作为一个成功的组织，它的内部必须创建这样一种文化（或者说习惯、机制）：每个人都可以坦然面对超出自己能力的工作量；对于那些无法及时完成的工作，可以对其重新协商、制订计划。

这并不是要求每个人都必须完成所有工作。如前文所述，“知识工作”意味着每个人都有做不完的工作。我希望我所做的是为大家提供一套方法来坦然地面对和处理这种状况。其中的一个关键方法就是对那些无法按时完成的协议重新进行商议，这会让我们减少负面感受。这才称得上是高水准的“知识工作”。要做到这一点，离不开一个严谨的收集系统。请记住，你不可能与自己重新商议那些你想不起来的协议，同样，你也无法与他人重新商议那些你和他们找不到头绪的事情。

一个团队学会使用完善的收集系统，就好比是大家正在驾驶一艘设备完好的舰船。当然，仅仅这样并不意味着舰船的航行方向正确，甚至也不能保证大家没有上错船，这只能确保他们的船具备了全速前进的能力。

第12章 原则二：确定“下一步行动”

我个人有一种使命感，要把明确下一步行动变成全盘思考的一个组成要素。首先，让我们想象这样一个世界：会议和讨论永无休止，事务间的相互影响让人无法得出结论，没人知道一件事情该不该做、如何去做、由谁来做。如果没人考虑“下一步行动是什么”，世界也许就会是这个样子。下面，再让我们想象这样一个世界：各个组织和个人都对任何一个意识领域的任何事物考虑周密并确定出具体的“下一步行动”，而且对行动的执行和结果的评估也都有严格的管理。如果每个人都尽力回答“下一步行动是什么”这个问题，世界也许就会脱胎换骨。这将使人们和组织从无休止的会议、讨论、协商中解脱出来，从而去专注于更重要的事情。

> 当一个组织习惯于将“下一步行动是什么”作为一个标准问题时，它会自然而然地在效能、生产率、透明度等方面获得显著的提高。

在过去的几年里，我注意到，每当个人或团队把“下一步行动是什么”

列为一个最基本的问题并坚持提出来时，他们自身的能力以及工作效率就会发生显著的变化。这个方法看似简单，但是它却难以得到全面的贯彻。

你可能面临的最大挑战是：一旦你自己和周围的人习惯于提问“下一步行动是什么”，再碰上那些没有同样习惯的人会让你感到异常沮丧。因为你已经认识到，这个问题可以帮助你快速地阐明任务、提出方案，所以当你看到别人不采用这种方法的时候，必然会感到难以接受。

对于我们对别人或自己做出的承诺，我们有责任予以兑现。为此，我们要尽早确定具体的下一步行动。毕竟，当事情刚刚出现的时候就着手处理，与当问题难以收场时再动手解决，是完全不同的。

“下一步行动”技巧的来源

这个简单但效果非凡的“下一步行动”技巧，是我在 30 年前从我的老朋友迪安·艾奇逊（Dean Acheson，与美国前国务卿没有关系）那里学来的，他也是我在管理咨询方面的一位良师。迪安花了多年的时间采访了许多管理人员，调查他们如何成功地使自己摆脱工作和环境对精神的困扰，以释放并激发能量，投入组织所需的重大变革。偶然一天，他从一位经理的办公桌上顺手拿起一张张写了任务的文件，并要求这位经理立即确定推动这些任务向前发展的必要的下一步行动。那位经理采取这一做法后效果非常显著，而且影响深远。这促使迪安在以后的数年中逐步完善这一方法，并将其发展成处理各种事务的标准做法。从那时起，鉴于迪安的见解给我带来的启发，这个重要概念被我们用来培训、指导了数十万学员，成为自我管理中最有效的技术。

这个思维过程并非我们生来就会，似乎也不能自然发生。当你呱呱落地时，你显然不可能问你的母亲：“呃，我们在这儿干什么呢，下一步行动是什么，由谁执行？”这个技巧涉及思维、决策和有意识关注，是要经过后天学习才能掌握的。只有存在明确的现实需求（比如在危机中），或者存在某种现实压力（源于老板、子女或意外情形）迫使你就下一步行动做出决定，从而避免遭受痛苦的后果时，这个思维过程才会自发形成。但是，在局势明朗并且必须采取行动时，要想将这种思维方式作为主动行为加以应用，则需要后天不断地实践。[①]如果使它成为你个人和组织生活的一部分，必将提高你的工作效率，使你的内心更加平静。

---

① 在此情形下，我有些犹豫地尝试应用这种措辞技巧。我们都具备了就下一步行动做决定的能力。我们每时每刻都在这么做，每天数千次，但大多是无意识行为。然而，提前就我们承诺推动的事情做出此类决定是一种强大而优雅的认知行为模式，它可以供我们学习、实践，并进行整合。它是“认知-工作规则”的一个核心要素。

找到需要执行的“下一步行动”

“下一步行动是什么？”——一个这么简单的问题，为什么会有如此奇妙的力量呢？

为了帮助你寻找这个问题的答案，建议你回头看看“清空大脑”时列出的清单（参见第5章的“引子”清单）。你是否觉察到，所有事情并没有始终如一地、高效地向前推进？事实上，大多数人的回答是肯定的，你至少会感到事情多少有些“困难”。

如果你一直没有确定具体的下一步行动（也许只是打个电话、发封电子邮件、和某人谈话、上网搜索某个内容，或者买件工具等等），那这一步行动就永远不会完成。具有讽刺意味的是，几乎每件事都只需花10秒钟进行思考和决策，就可以确定它的下一步行动。正是由于大多数人没有付出这区区的10秒钟，才导致事情不断被延误。

例如，在某人列出的清单上有一项写着“轮胎”。

我问：“这是什么意思？”

他回答：“我的汽车需要更换轮胎。”

“那么，下一步行动是什么呢？”

这时，他通常会皱起眉头，想一下，得出结论：“应该上网搜索一下轮胎商店和轮胎价格。”

这大概就是找出下一步行动所需花费的时间和认知投入——仅仅几秒钟的仔细思考，但大多数人却都没能如此处理他们手中有待完成的工作。

> 在行动中保持领先的秘诀在于尽早开始行动。而尽早开始行动的秘诀在于，把复杂的大任务分解成易操作的小任务，然后立即实施其中第一项内容。
>
> ——马克·吐温

这个需要换轮胎的人很可能已经考虑这件事情很久了，他可能多次坐在电脑旁，也不缺少时间和精力来采取那项行动，但为什么他没这么做呢？这是因为他当时所处的精神状态，使他根本不愿意对手头的事务进行深入思考，这其中当然也包括找出换轮胎的下一步行动。换句话说，他根本无心进行思考。

他所需要的仅仅是提前对此问题进行必要的思考。如果他早先已经对“换轮胎”这一问题进行了思考，并确定了下一步行动，那么他就可以在恰当的时间完成这一行动。比如，当他在会议开始前有15分钟的空闲、手头上又有一部电脑、精神状态指数为4.2（满分10分）时，他就可以拿出行动清单，看到上面列着“研究新轮胎”这一项，并高兴地想到“这件事我现在可以完成！”，他会真切地体会到上网搜索的冲动，至少这样做可以让他体验一下利用零碎的时间和精力来完成某项工作时获得的那种“胜利感”。在这种情况下，他也许没有充足的精力去起草一份重要的文件，但是他有足够的能力上网搜索，快速地收集一些简单的信息。极有可能的结果是，很快他就能看到汽车换上了全新的轮胎，并为此感到满足。

从最基础的层面入手，定义出行动的具体计划，并将行动提示信息有效地组织和管理起来，这是我们提高工作效率、营造轻松内心环境的关键。

这些技巧可以通过学习而获得，并且，还可以通过实践来使其不断完善。

通常情况下，由于我们没能对下一步行动做出最后的判断，即使那些最简单的事情也会被耽搁。我的学员经常会在清单上列出这样的条目："调整汽车发动机"。难道"调整发动机"是下一步的行动吗？当然不是这样，除非当你穿上工作服，手持工具走进车库，亲自实施调整发动机的行动，否则一切都是徒劳。

> 如果你不知道具体的下一步行动，那么在现实和目标之间就留下了一个潜在的、巨大的断层。

"那么，下一步行动是什么呢？"

"我得把汽车送到修理厂去。是的，我需要弄清楚修理厂能不能处理，我想我要给他们打个电话，约个时间。"

"你有电话号码吗？"

"呀，没有……那个修理厂是弗雷德向我推荐的，但我不知道它的名称和电话号码。我知道了，我还缺少一些信息。"

通常，这就是最普遍的情况。扫了一眼这项工作后，我们会不由自主地想，"我还没有获取全部的信息。"我们知道有所缺失，但又无法确定到底是什么，因此我们就退却了。

"那么，下一步做什么呢？"

"我需要弄到它的名称和电话号码。我猜，我可以从弗雷德那里拿到。”

“你怎么做到呢？”

“我可以给弗雷德发电子邮件！”

因此，真正的下一步行动是“给弗雷德发电子邮件，问一下修理厂的情况”。

你是否注意到了，在我们判断出下一步的行动方案之前，需要经过几个步骤呢？这种情况非常典型。在大多数人的清单和大脑里，列出的都是类似的事情，而不是具体的下一步行动。

为什么越是精明的人，延误的事情越多？

事实上，在那些最聪明、最敏感的人所列出的清单上，未解决和未决定的事情的数量也是最多的。这是为什么？想一想，我们的身体对于头脑中的想象是如何做出反应的。我们的神经系统根本分不清哪些是大脑的想象，哪些是现实的生活。

> 越是才智过人的人，越敏感，也越容易被自己的想象所感染。

为了证实这一点，我们可以一起做个实验。想象你走进了一个食品市场，来到了水果蔬菜柜台前。面前是柑橘类水果的货架——柑橘、柚子、柠檬。现在你看到了很多柠檬，旁边还有切菜板和水果刀。你拿起一个柠檬，切成两半，闻一闻它的美味！柠檬的汁水一滴一滴地往下流。好了，再切一刀，这样你手里拿着 1/4 的柠檬了，然后把这块全部塞进你的嘴里!

如果你一字不落地读完了上面的这段文字，你应该会注意到嘴里的唾液增加了，你的身体正在试图对付这些酸溜溜的柠檬汁！尽管这一切其实都只存在于你的想象中。如果你的大脑对你呈现给它的景象做出了反应，比如说，当你考虑到“报税”的时候，你的身体会有什么样的感觉呢？你是不是正在暗示自己“这太容易了”、“我们开始吧”、“完成，成功”，或者“搞定了”呢？大概不会。按照上面的原理，哪些人最容易对完成这类事务产生强烈的抵触情绪呢？哪些人总是不断地拖延工作呢？当然，一定是那些最具创造力、高度敏感、聪明绝顶的人！他们的感悟和创造能力可以在大脑中充分地展现出，执行这类工作时将会遇到的噩梦一样的可怕景象，以及如果工作不能顺利完成将会带来什么样的负面影响。瞬间，他们变得躁动不安，旋即便选择放弃了！

> 我是一个年老的人，能预想到许许多多的困难和问题。但是，它们中的绝大部分从未发生过。
>
> **——马克·吐温**

谁不会拖延呢？只有那些感觉迟钝的笨人才会一味地只知道接受，然后开始艰难地跋涉，完全不考虑事情搞砸的后果。而其他人则倾向于尽量推迟所有的事情。

报税？噢，这不是件简单的事，我肯定今年的情况会和往年不同。我已经看到那些表格了，它们看起来不一样了。大概今年会出台新的规则，我必须搞清楚。可能我还必须先读读那些该死的资料。冗长的表格、简短的表格、不长不短的表格，是和合作伙伴的表格放到一起呢？还是单独保存呢？我还要申请用发票抵扣税金，但是如果我这样做，就需要提供所有的发票。噢，天呀！我不知道我们是否能够拿得出我们所需要的全部发票。如果我们找不出所有的收据，又申报了抵扣税金，那么我们就要接受审计。那该怎么办呢？被查账？噢，不！税务欺诈，监狱！

仅仅扫一眼他们的税表，就已经有许多人把自己关到了心理意义的监狱里面，因为他们太聪明、太敏感、太富创造力了。在我多年来的培训生涯中，这种情况已经多次得到了证实。通常，堆积事务最多的人正是那些才智过人的人。我接触过的大多数经理和主管人员手上都有一些重要的、复杂的、尚未定性的工作，要么堆积在书柜和电子邮件中，要么藏匿在他们的大脑里。对这些恼人的任务，你的脑海中总是潜伏着消极的想法——“如果我们对它不看、不想、不听，也许它们可以保持安静！”，而本质上，似乎每个人都是潜在的掩耳盗铃者。

> 停止消极的想象总是能够集中你的精力。

那么，如何解决这些麻烦事呢？人们总是先喝上一杯。这确实可以帮助你忘掉烦心事儿。当摄入酒精之后，我们的大脑会变得反应迟钝。但通常的状况是，人们在微醉的时候会有一段时间感到精神振奋。为什么呢？因为酒精能够抑制神经的活动，同时也抑制了大脑中消极的想象，阻断了那些令人心神不宁的前景预测，这让我们振奋起来。当然，如果我们主动抑制大脑中那些令人沮丧的失败景象，我们的精力也会随之有所增强。然而，这种自我麻醉的策略只能暂时生效，那些“麻烦事”并没有因此而消失。而且，当我们用酒精麻醉自己的时候，我们同时也无法做出任何判断和选择，一切灵感、热情和精力的源泉似乎也同时消失了。

学会更巧妙地解除负担

还存在着一种解决方法：通过确定下一步行动更巧妙地平抑烦恼。当你确定了推动事务进程的下一个具体步骤时，就会有从压力中解脱出来的感觉。从本质上说，决定下一步行动不会使世界发生任何改变。然而，当你认识到你所关注的内容是一件可以完成的任务时，就会增强你的信心和方向感，让你有完成它的动力。如果你在“头脑大扫除”的过程中捕获了所有事务，现在就拿出那份清单，去决定每项内容的下一步行动吧。注意在此过程中你精力的变化。

> 无论问题多大、多严峻，你总可以向解决它们的方向迈出小小的一步，这就足以消除那种束手无策的感觉。行动起来吧。
>
> ——乔治·F·诺登波特

清单中的事务，要么强烈地吸引着你，要么令你深恶痛绝，不存在中间状态。对于清单上面的任务，你要么就是一心想尽快完成，要么就是极不愿意涉足其中。前者通常是你对某一事务确定了下一步行动后的情形，而后者则恰恰相反。也就是说，是否确定任务的下一步行动，会使你对任务的态度发生180度的逆转。思考并做出决定需要付出精力。当你注意到你的世界中尚有事情有待完成，但尚未确定下一步行动时，疲劳和沮丧感往往会提醒你！因此，大多数对其清单和组织工具的反应是负面的——并非因为其自身内容，而是因为尚未以充分、恰当的方式付诸思考。

> 你清单中的事情，不是吸引着你，就是令你深恶痛绝，绝不会有中间状态。

在对开始采用这种方法的人进行跟踪调查时，我发现导致许多人故态重演的一个难以察觉的原因，就是他们的下一步行动清单不再单纯地罗列下一步行动，而是再次变为他们的任务目录。当然，他们仍然走在其他人前面，因为他们毕竟把要做的事情记录了下来。然而，他们经常发现自己面临着重重的阻碍，而且常常把事情一拖再拖。这是由于他们的行动清单包含着下面这类内容：

“与大会组委会委员们见面”

“约翰尼的生日”

“招待员”

“幻灯片演示”

> 你的能力只够应付少数的意外事件，但是你绝对有能力预防多数意外事件的发生。
>
> ——布罗克·奇泽姆

换言之，事务又被还原到“材料”的状态，而没有转化为具体的行动。

在这种状况下，行动和材料没有明确的分界线，无论是谁，拿出这样一份清单的时候，都将不可避免地使其大脑进入超载状态。

这是额外的工作吗？确定下一步行动的过程会让你浪费额外的精力吗？不是，当然不是。比如，如果你想要调整汽车的发动机，那么你迟早都要去决定接下来的具体行动。问题是大多数人会一拖再拖，直到下一步行动变成“赶紧给汽车修理厂打电话，让他们马上派拖车过来！”。

> 直到最后一分钟压力逼人时才匆忙地做出决策，这导致了低效和不必要的精神紧张。

你认为大多数人是什么时候才开始真正地考虑下一步行动呢——是当事情刚刚露头时，还是等到事情快搞砸的时候？如果人们在事情的前期阶段着手处理，而不是拖延至后期阶段，他们的生活将会是完全不同的情形，这一点你也会同意吧？你认为以哪一种方式来生活更加积极有效呢？是每当事情在你的脑子里一出现，就立刻判定它的下一步行动？还是尽力拖延这一思考过程，直到无法逃避的最后一刻，再匆匆忙忙地赶去救火呢？

听起来有些夸张，但是，当我询问众多的客户，他们公司中的多数行动方案在何时决定时，他们几乎异口同声地回答“当问题爆发时”。一位来自跨国公司的客户，在公司内部对“压力的来源”进行调查时，排名第一的答案是“最后关头式”的紧急任务。而这类任务的出现，通常是由于团队领导没有在问题刚出现时立即确定处理方案造成的。

“下一步行动”技巧的巨大价值

有几位经验丰富的高级主管人员曾经告诉我，在他们的机构把“下一步行动是什么”作为一个行为标准而建立起来以后，很快收到了明显的效果。这一做法对机构的文化产生了深远影响，并对机构的发展起到了良性推动作用。

为什么呢？因为这个简单的问题，能帮助你在处理事务的过程中，澄清问题、明确责任、提高效率，同时还能提升自身的能力。

澄清问题

现实中有太多的讨论没有得到一个明确的行动方案，得到的可能仅仅是模糊不清的意向。我们对下一步行动没有明确的结论，不知道要做什么，也不知道该由谁来负责，整个问题基本上还是处于悬而未决的状态。

> 光说不练假把式。
>
> ——中国谚语

我经常受邀参加各种会议，与会者希望我能帮助他们提升会议效率。而我在此过程中也学到了百试不爽的一招儿：无论会议讨论进行到什么状况，在会议结束之前20分钟，都提出一个问题——“那么，目前需要采取的下一步行动是什么呢？” 根据我的经验，人们往往需要花费20分钟进行思考（有时甚至是痛下决心），才能对此问题给出一个答案。

这种做法通常都会迫使参会人员讨论和思考更深层次的问题，而不是在问题的表面上浪费时间。“我们真要这么做吗？”“我们真的知道自己在做什么吗？”“我们真的准备好为此付出宝贵的时间和资源了吗？”这些一针见血的问题，通常会被我们无意识地忽略掉。而防止出现这种状况的最有效办法，就是迫使自己去决定下一步的具体行动。这会自然而然地将会议引入更深层次的讨论、探究、斟酌和磋商。问题和事务通常太过复杂和不可预期，以至于我们很难设想结果。我们的责任是，把问题向更加清晰的方向推进。

你需要具备一些实际经验，才会了解我的意思。如果你有过类似的经历，你肯定会同意我的观点；如果你对我所讲的不太理解，我建议你这样做：在下次开会的时候，尝试在最后提出，“那么，我们下面要具体做什么呢？”然后注意观察就行了。

明确责任

“团队协作”的一个可能的不良后果，就是没人负责。在许多组织中，根本分不清一件事到底应该由谁完成、由谁负责。可能我这么说会让一些读者觉得不快：“大家共同参与此事，也都为此事负责！”但是在实际工作中，这种观点并不可取。要知道，多人负责就等于无人负责。许多会议结束后，相关人员会意识到“我们该做些什么”。但同时，他们又暗自希望这个任务千万不要落在自己头上。

在我看来，真正会令人不快的是：任务没有布置清楚就让会议结束。所谓“团队协作”，应该是成员共同讨论，确定具体行动方案，然后由特定的人负责执行，这样才能使大家从“悬而未决”的折磨中解脱出来。

再重复一次，如果你有类似的经历，你就能理解我的意思。如果你没有类似的经历，也可以主动尝试一下：在下一次召开的员工会议上或者在饭桌旁举行的“家庭畅谈”中，在每一次讨论结束时问上一句，“那么，这个问题的下一步行动是什么呢？”

提高效率

如果一个组织机构在各个环节都采用“确定下一步行动”的思考方式，那么它的效率必然会大幅度提升。由于以上所提到的各种原因，一旦人们在明确目标之后，立即分配人力物力投入工作，必然会事半功倍。

> 每个行动计划都意味着风险和代价，但是比起懒散懈怠和延长行动时间所带来的风险和代价来说，前者要少得多。
>
> ——约翰·肯尼迪

我们内心的思维定式会严重阻碍我们的创造性思维，学会如何突破思维定式是非常高深的技能。近十几年来，“效率”一直是各个组织机构最为关心的，人们采用任何可能的方法来使其得到提高。但是在当前的信息时代，电脑的出现、通信技术的发展以及管理理论的成熟，已经使个人事务处理能力和响应时间成为提升效率的最后瓶颈。所有需要你处理的事务都早早地落入你的视野中（然后可能就是堆积），没有人会真正“无事可做”。①

> 只有在提升个人的响应效率之后，才能使团队的效率得到提升。在“知识工作”中，这意味着在前期阶段判定行动方案，而不是拖到后期。

提升自己的能力

也许，采纳“下一步行动”方法的最大好处在于：可以显著提高你推动事务发展的能力，同时增强你的自信心和前瞻能力。

> 从必须做的事情入手，然后做可能的事情，你会突然发现自己在做不可能的事情。
>
> ——阿西西的圣方济各

人们一直忙碌于处理各种各样的事情，但通常是在那些事情不得不完成的时候才着手处理。他们体验不到成功，也体验不到自己的控制力，更体验不到自己和世界同步运转的快感，而人人都应该尝试体验这些感受。

我们惯常使用的对未完成事务的定义，以及对这些事务的处

---

① 我在某些机构中观察到，他们在提升效率方面的最大缺陷之一，就是缺乏针对长期项目的下一步行动决策。这里说的“长期”可不等同于“将来/也许”。这些项目虽然目标长远，但是依然有些工作是需要尽快完成的；“长期”只说明“为了达成目标需要完成更多的步骤”，而不是“任务截止日期还很远，用不着立即确定下一步行动”。如果一个机构中的所有项目和未尽事宜都获得监控，那将是一个全新的境界。

理方式，都需要做出改变。对待事务时，你应该主动将其纳入你的系统，让它们服从你的节奏，而不是在问题爆发的时候，再四处救火、疲于奔命。面对事务要始终处于主动地位，这会使你的人生发生巨变。如果把生命比作航船，那你就是自己的船长，你看得越远、想得越超前，对你的航程就越有好处。

提出“下一步行动是什么”这个问题，可以帮助你摆脱困境。它告诉我们，如果情况是可以改变的，你就可以通过采取行动来促成变化的发生。这其实也是一种“正向假定”的心理暗示。而这类暗示更能够从根本上发挥作用，帮你建立起一个积极的自我形象。这比单纯地重复“我是最棒的”、“我非常有能力”、“我能实现自己的愿望”有效得多。

> 人们总是把自己的困境归咎于外在条件，但我不相信外在条件会决定一切。这个世界上所有的成功者，都是那些勇于站出来寻找合适机会的人。如果找不到，他们就自己创造机会。
>
> ——**萧伯纳**

你是否经常听到别人的抱怨？下次再听到别人为了什么事情而抱怨的时候，你可以尝试问一下“那么接下来你要怎么做呢？”。人们只会对那些本应该做得更好的事务心生抱怨，而这个关于“行动”的问题会改变他们的视角。如果情况可以改善，那么就一定可以通过某些行动使其获得改善。如果情况不能改善，那这必定是为了更宏观的大局而做出的牺牲或让步（这也就没什么可抱怨的了）。抱怨可能意味着某人不愿意为改善状况付出努力、承担风险；也可能意味着某人不愿承认客观环境的不可变性。抱怨实际上就是自我认知缺失的一种表现。

这种方式已经成为我和同事的习惯，所以我们就无须有意识地用它来促进我们的工作。但是我注意到当人们学会运用“下一步行动”技巧时，他们就会赋予自己更大的力量。他们双眼有神，步履轻盈，举手投足间流露出信心和智慧。虽然每个人都很有能力，但是若能有效地管理那些推动事务发展的具体行动，则会进一步激发更大的能力，并使其开始发挥作用。

当你开始着手处理事务的时候，你内心其实就已经相信你能够做到这一点了，而这恰恰又进一步推进了事情的进展。

第 13 章
原则三：学会关注结果

关于思维和想象力对实际行动的积极作用，人们已经在多个领域从不同角度进行了大量研究——早期有“正向思考”的书籍，现在有高级神经生理学方面的全新发现。

对此我更偏向于实际应用：它能帮助我们把事情做好吗？如果可以，我们如何才能在管理工作和生活的过程中有效地利用它呢？它能帮助我们做到事半功倍吗？答案是肯定的。

集中精力，让自己驶入快车道

在过去的几年里，我见证了很多人通过在日常生活中应用本书中的方法而获得成功。随着你将这种方法变成习惯，并把它应用到生活和工作的方方面面——从处理电子邮件到管理企业，从外出购物到收购公司，从安排会议到与孩子交流——你个人效率的提升会远远超出你的预期。

我接触过的许多职场人士都已成功地应用了这套方法，现在，他们有的体验到了焕然一新的感觉，有的甚至由此为事业开创了全新的局面。这套方法确实在工作中的方方面面都是行之有效的。如果你曾经尝试过这套方法，并且亲身感受过它所带来的好处，那你肯定不会愿意再采用原来的方法。实际上，热衷于将本书介绍的方法付诸实践的人通常是那些渴望自我提升的人，他们一般都在努力地提升自己、改变现状，他们可不希望明年的自己和现在一模一样。请放心，本书中的方法会让你更快地实现自己的目标。一个很有趣的现象是，对这种方法需求最少的人通常应用得最快，也应用得最多。这个现象暂时困扰了我，直到我意识到：实施这种方法的一个最重要结果是可以减少阻力（比如“阻滞力”）。谁对这个最感兴趣？那些最投入的人，他们无疑正在快速推动自身进步。

而在这套方法中，处理日常事务时一个重要的技巧就是：学会在脑海中对结果做出正面的预期，并以此影响实践。说实话，在对此技巧的学习和传播中，我自己也获益匪浅。

上面标题中的“快车道”一词可能并不恰当。因为人们在成功使用这套方法之后，通常的感觉是自己的节奏变慢了，摆脱了原来疲于奔命的状态，并掌握了主控权。[①]至少，这套方法会让

① 我不止一次注意到的一个有趣现象是：对于一些精力充沛的人来说，采取“搞定”心态会将其忙碌的创造性生活方式推进到一个新的不适层面（“现在我真的能以更快的速度做更多的事情！”），然后，他们会乘机对其现实重要性进行健康自查，而不审查与提高生活质量有关的预期成果。

你变得思路清晰、精力集中，无论你想做什么，都会更容易执行并最终实现目标。

“想出一个方法，好让我能多抽出一些时间来陪女儿。”这是一个明确具体的目标，并且会迫使你去确定具体的下一步行动。而与之相对，如果你写成“我该为改善父女关系做点什么”，这样的语句含糊不清，没有实际的可操作性，只会白白消耗精力。我所教授的学员们，会积极地承认目前生活中的很多事情都“不完善”，他们把这些事情记录下来，明确了问题的实质，确立“项目”，确定下一步行动并付诸实施，直到最终目标达成。这才是效率，这才是工作效率提升的终极体验。

“预想结果”的重要性

这里我想强调的是，使用本书介绍的方法处理工作并将这套方法贯彻始终会如何对自己和他人产生深远影响。

> 判明事务的目标，确定下一步行动，这才能最大限度地提高工作效率。

我曾经说过，运用“明确下一步行动”的方法，你可以在处理事务的过程中，澄清问题、明确责任、提高效率，同时还能提升自身的能力。而当你能认定目标、明确项目时，也可以获得上述效果。

结果和行动是紧密联系、相互影响的。只有当你对预期结果一清二楚时，才有可能找出恰当的行动，只有你知道该如何行动的时候，结果和现状才能联系起来。你可以而且必须同时从这两方面入手来解决问题。

我的好友史蒂文·施耐德是大脑认知领域的一位专家，他提出这样的观点——“生活中只存在两个问题：（1）你知道你想要达到的目标，但你不知道如何达成它；（2）你不知道你的目标到底是什么。”如果这种说法是正确的（我认为是的），那么，也就只存在两种解决方法：

- 找到你的目标（结果）
- 找到具体的办法（行动）

这可以通过阴/阳、右脑/左脑、破/立或者其他类似的对立模型进行分析。事实上，人类发展的过程处处可以印证二元论和目的论：人们总是在尝试发现新的事物或现象；当我们发现的时候，又会尝试将其纳入已有的知识体系去解释它，或者由此对原有的知识体系进行修正和完善。

> 人类一直在不断地发现问题、解决问题。

任何吸引你注意力的事务都需要你对其给予关注。“这件事对我意味着什么呢？”“为什么会出现在这里呢？”“我希望哪些成为现实呢？”（“成功的结果是什么呢？”），你所体验到的任何一个“不完善”，都必定以一个“完善”作为参照。

一旦你决定要改变某个事务的状态时，你就要问自己：“我现在如何做才能促成它发生改变？”或者，“我需要调用哪些资源来确保改变的发生？”（“下一步行动是什么？”）

在这个问题上，你或许会注意到，“搞定”并非关乎某种新技术或新发明——它只是澄清一些我们不够明确的工作原则。一旦有了清醒的认识，你就可以有意识地利用这些原则，去实现更好的结果。

你的生活和工作是由你或多或少有意识参与的结果和行动所构成的。这些行动仅仅是对你所处环境的无意识反应，还是你有意识关注对象的结果，这取决于你如何选择。如果你有一丁点儿的意愿去积累经验，丰富你的表达，而不甘心被自己所面对的世界摆布，那么学习、发展，并掌握“搞定”的艺术将是一个良机。掌握该艺术的两个基本要素将始终是个挑战：定义结果，确定行动。这并不容易，尤其是在处理某些更微妙，或更宏观的生活领域的事宜的时候；但是，如果没有挑战，你将永远无法进步，不能成长。

> 人生的最大乐趣莫过于克服困难、坚定脚步，目睹自己将目标一一实现。
>
> **——塞缪尔·约翰逊**

好消息是，当你日复一日地以此为动力来组织整理一切事务时，这将成为习惯，融入你的血液，你看得更透彻、想得更深远、得到更多、效率更高。你不断地发现问题、解决问题，不断地设定目标、达成目标，不断地预想结果、付诸行动。

智慧不在于知晓最终行动，而在于知晓下一步行动。

——赫伯特·胡佛

精通日常琐事的魔力

人们经常对此难以置信：当他们花了几个小时清理办公桌的抽屉，痛苦地搜索着积聚在身边的和大脑中的细小琐事时，我竟然能一直安稳地坐在他们的办公室里。他们认为我肯定早就烦得要死了。然而恰恰相反，我发现这是最令我陶醉的一种与人共同工作的方式了。因为我知道，解脱和自由的感觉很快就会在处理完这些琐事之后出现；因为我明白，在他们建立起内在的行为准则、习惯于所需的行为模式之前，需要不断地实践，需要别人的帮助，需要精神高度集中才能够实现目标。每次我看到某个客户在确认自己的所处环境或者自己头脑中某个关注事项，然后又默不作声地埋头处理，我就知道他是在深化某种极为重要的行为模式。我清楚这些人将在随后的几个小时、几天和几年的时间中，体验到他们与老板、合作伙伴、配偶、孩子以及他们自己之间的关系所发生的重大变化。

这一点儿都不让人感觉厌烦，这是我最喜欢的工作。

在多个层面上“关注结果”

我目前从事着一个热门行业。作为一名管理顾问和培训教练，只要我开口问一些简单的问题，就常常引发别人（有时甚至是自己）富有创意的思考和回答，而这又通常会为当前的形势和工作增添价值。人们并不会因为参加我的课程而变得更聪明——他们只是学会了更合理有效地使用自己的智慧和资源。

最难做到的事情就是，把远大的理想融入平凡的日常活动中去，但其实二者在思维层面上的要求是相同的。

本书的思想在实践方面的独特之处是，将效果和效率结合在一起，给你生活的每个层面都带来改变。它会在你思索“人生观”、“价值观”的时候带给你灵感，也会在你处理日常琐碎事务的时候发挥作用。人们很希望对生活的两极给予同样的关注，而本书给了你这个机会，并将它们联系了起来。

理想主义者认为，短期的问题无关紧要；愤世嫉俗之人相信，长期的目标没有什么了不起；而现实主义者认定，短期问题的处理，决定了长期目标的实现。

——悉尼·J·哈里斯

“这对于我意味着什么呢？”“我希望哪些成为现实呢？”“促成这件事的下一步措施是什么呢？”这些无疑都是我们必须回答的基本问题。这一思考过程以及相关思维方式，将为你带来意想不到的收获。

自然计划法的神奇力量

自然计划法的价值在于，它提供了一种综合完整、灵活可变、连贯一致、广泛适用的思维模式。收集、理清、组织、回顾和执行这五个清晰步骤可以实现你整个生活领域的稳定性，而自然计划法可以使你在更具体的领域实现轻松而集中的控制。

追问你要做的事的目的，是健康而成熟的表现。在具体方法明确之前，想象成功的场景，是一种需要强化的重要能力。愿意构思想法，无论好坏，并不加批判地表达和收集它们，是全面发挥创新能力的关键。为了获得特定的结果，仔细分析多重想法和各类信息，将它们组织、排序、区分其重要性，是一项必须进行的心智训练。而决定并执行下一步行动——在现实世界推进某事的发展——是高效行动的核心本质。

> 我尊重深知自己追求目标的人。世界上的大部分伤害，都源于对自身目标的认识不足。人们承诺建造一座塔，但他们在打地基时付出的劳动不足以搭起一间小屋。
>
> ——约翰·沃尔夫冈·冯·歌德

将大量的信息、观点、主意结合在一起，并进行合理的统筹安排，是新世纪人才的一项重要能力。但目前，这还远没有成为职场人士的行为标准。将这种行为方式应用到个人生活的方方面面确实很难做到。自然计划模式是自然而然的，但在许多情况下不能自动运行。

但是，仅仅尝试将这个方法应用到生活的某一方面，你就会看到立竿见影的效果。在我多年从事咨询、教学和培训的生涯中，我所收到的有关该模式的反馈信息证明：即使人们仅仅是稍稍地将自然计划法应用到实际中，他们的工作也会获得不同凡响的重大改进。看到越来越多的人开动脑筋、集思广益，并使之成为一种标准的工作方法，真是令我感到振奋不已。这一切再次证实，顺其自然的思维模式正是我们处理问题时最适宜的思维方式，我们应该将其广泛地加以利用。

这个思维模式是我们确定工作的预期结果和具体行动的基本指导原则。当这一原则成为我们日常生活中的行动准则时，我们的效率也将得到显著的提高。此外，头脑风暴——表达和捕捉各种各样富有创造性的想法、观点和细节——也有助于让人们找到最佳的模式、最好的办法，帮助人们轻松地完成任何事情。

让整个机构变得积极向上

提高一个机构的整体效率，并不是意味着要大动干戈。我不断地收到这样的反馈：只要将本书中的方法稍加推行，就可以让整个机构运作得更加高效、流畅。

在我所熟知的每一个企业中，参照目标和预期成果对日常的各种行动、资产分配、交流沟通、政策方针以及操作程序进行富有建设性的评估和测定，变得日益重要了。近年来，随着全球化进程不断地向前推进，竞争变得日益残酷，技术革新的步伐不断加快，市场变化无常，经济异常波动，业绩和生产的标准也随之大大提高，各方面的压力导致企业面临日益艰巨的挑战，从而使结果/行动思考成为21世纪必备的行为模式。

“我们希望这次会议达成什么样的决议？”“这个表格的目的何在？”“这项工作的理想人选应该具有什么样的能力？”“我们希望通过使用这种软件取得何种成果？”在大多数情况下，我们听不到这样深刻的问题。在重大会议上，我们确实会听到很多不错的意见，但学会在日常工作中不断问自己“为什么要做这件事？”“做成这件事会怎样？”才是最关键的——这会对你产生极为深远的影响。

通常情况下，我们合作公司的高层所表现出来的工作效率问题集中在电子邮件和会见上——邮件和会见过多，需要花费过多时间处理似乎不具战略意义的内容。这些沟通媒介很容易变成无谓的旋涡，耗尽人们的精力。目的不明确的会见会产生不必要的电子邮件，进而导致需要对会见情况进行澄清，从而产生更多电子邮件，依此类推。电子邮件和会见对于组织生活都很重要，但它们往往沦为不可避免的祸端，这主要是因为在思考其目的和期望结果时缺乏严谨性。

只有远大目标而没有具体行动就是在白日做梦；只有具体行动而没有明确目标则是无用的劳作；只有同时拥有目标和行动，世界才有希望。

——英格兰苏塞克斯的一所教堂，1730年

当人们把自己的角色从抱怨者和受害者转换成主宰者时，权力感就产生了。当这种感觉在一个机构内广泛出现的时候，整个工作氛围也会改观。每个机构都有更重要的事情需要关注，不应该让消极情绪成为机构运作和发展的绊脚石。

企业中，每个个体成员处理日常事务（工作篮、电子邮件等）的方式，在宏观上就形成了企业文化。如果企业内信息流通不畅、行动执行不力、责任不明确，这些缺陷带来的不良影响就会迅速扩散，最后的结果就是大家都忙于处于紧急事务，人人觉得不堪重负。相反，如果每个人都能切实推行本书所阐述的原则，那么整个企业运作必然达到一个全新的境界。当然，各种问题和矛盾冲突不会就此消失——只要试图改变（或者维持）世界上某一事物的状态，它们都将随之出现。然而，本书中提到的行为方式将会帮助你轻松解决这些问题。

我经常被问到："这个方法如何用于完善组织？"事实上，我提出的所有原则都适用于企业。收集组织关心的事项，理清期待的结果和必要行动，定期回顾其状况并纳入新事务，不断重新调整和分配资源——对于任何团队或公司来说，这些都是很关键的最佳做法。但是，就像你不能去教一个组织阅读，你也不能指望利用"搞定"方法本身去"完善一个组织"。为了在知识经济中充分发挥作用，大多数组织都需要阅读型员工，这种文化能提供训练和支持，以确保员工有能力承担责任。这些组织还需要有效掌握"搞定术"的员工，以便在符合21世纪要求的新高度开展行动，一旦通过公司自上而下的预测、培训和模拟实现了这个目标，组织将取得意义深远的成果。

第 14 章
GTD和认知科学

自《搞定》首版以来，GTD多项原则的有效性已被社会认知心理学领域的重大研究证实并确认。之前，这些做法还只能以经验或轶事的方式加以证实。只要曾经利用GTD技巧去收集、理清、组织、回顾所创建的清单，任何人都会认同这样的结果：清晰度、控制力和关注度得以增强，进而实现这种体验带来的全部个人和组织利益。对于我迄今提出的这些做法，如果你已经在某种程度上着手执行，你一定会注意到你的自身行为有所完善。

认知科学领域的专家进行了严谨的研究，其研究范围涵盖从个人到组织的各个方面。这些研究已经得出相关数据，可以为本方法提供基础支持，并说明这套方法为何有效。在某种意义上，这类似于有人要证明重力的存在，尽管我们自有意识以来一直在体验重力并置身其中。但从另一个角度来看，它也为我在此提出的掌控工作流程建议提供了或许必要的佐证，还说明了为何《搞定》述及的看似简单的程序和行为会有如此惊人的结果。

支持性研究已在以下几个框架和类别中进行：

- 积极心理学
- 分布式认知：外脑的价值
- 减轻未解决的认知负荷
- 沉浸理论
- 自我领导理论
- 经由执行意向的目标追求
- 心理资本（PsyCap）

GTD与积极心理学

2000年，马丁·塞利格曼就任美国心理协会主席。在当选致辞中，他要求同行将心理学的重点做出调整，从简单描述、研究、诊断人类状态的消极方面，转而更多关注对人类而言有积极意义的内容。当然，他所传达的信息只是亚伯拉罕·马斯洛思想相对主流的呈现，后者出现于20世纪中叶，当时心理学界视个体的自我实现为最丰富的研究领域。不过，自塞利格曼的呼吁行动以来，积极心理学已经发展为一个全面成熟的领域。

由这种观点变化引发的研究已经在基础和应用层面同时展开。我们通过这些研究深入了解了各种心理结构，并用于改善了许多人的生活。积极心理学是一个内容庞大的学科，其内容包括幸福、心理健康、沉浸/优化体验、意义、激情、目的、可靠领导力、优势、价值、性格和美德。这些领域的研究生教育项目已在世界各地展开，并在持续扩展。

这和“搞定”有何关联？GTD不仅是一种管理任务和项目的做法。在许多方面，它侧重于有意义的工作、有思想的生活，以及心理的健康，而不只是提供高效率的工作方法。GTD所强调的结果型思维，要求我们考虑生活事务，并学会有效地捕捉、理清、组织整理事务，以及评估结果，以便我们能更清晰地思考，无疑能真正改善我们的生活体验。

尽管这么说（以及鉴于这方面的体会，如果你有的话！），了解关于心理、健康及行为效果间关系的理论和研究仍然相当有趣，因为所有这些都和“搞定”的原则和做法密切相关。

分布式认知：外脑的价值

2008年，比利时的两位研究者在一本专业期刊上发表了一篇引人入胜的论文——《搞定：无压工作效率背后的科学》，他们从可验证数据和认知科学工作原理的角度具体分析了我的方法。[①]我

① 弗朗西斯·海拉恩（Francis Heylighen）和克莱门特·维达尔（Clément Vidal），“搞定：无压工作效率背后的科学”（*Getting Things Done: The Science Behind Stress-Free Productivity*），《长期规划》（*Long Range Planning*）41，no. 6 (2008): 585–605.

在此无法公正评判他们所做的精彩、详细的评价和结论（该文值得反复阅读），但可以肯定地说，其论点非常深刻：你的大脑是用来在思考模式的基础上产生想法的，而不是为了记住更多东西！

> 你的大脑是用来获得想法的，而不是用来保存想法。

思维的展开方式决定了它擅长识别，而不擅长回忆。扫视一眼今天的日历表，你可以在几秒钟内获得有关全天工作内容和情境的相关认识，而当你试图仅凭记忆回想未来14天的日历表内容时，你会感到很吃力。

丹尼尔·列维京在《有条不紊的思路》一书中对认知科学领域的新发现进行了精彩阐述，涉及我们在信息时代管理并跟进相关数据的有限能力，以及创建并利用某种“外脑”的必要性。①

一旦你把自己的记忆当作个人组织整理系统（这个世界上的大多数人仍在这么做，以此处理那些管控自己生活的行为），你的大脑必定变得不知所措、不堪重负，因为你要它迫切处理的是它尚未完全掌握的东西

然而，你能以适当、有效的方式转移大脑的注意力，形成针对未来思考和行动的最佳诱因（比如阅读一封电子邮件，然后在日历表上写下一次会面计划，进而处理这个问题，或者利用此次机会），

① 《有条不紊的思路：信息超载时代的清晰思考》（*The Organized Mind: Thinking Straight in the Age of Information Overload*），丹尼尔·J·列维京（Daniel J.Levitin），纽约：达顿出版公司，2014。

然后你的大脑就可以进入放松状态。一旦在适当的情景中出现了你所关注的特定情形，大脑就可以凭借诱发因素自发地进行思考。你相信你会及时看见日历表上的安排，并能做出足够的准备。

GTD为你确认需要重点关注的事情提供了方法，从而使你可以提前付诸有效行动，并为在适当时机进行适当思考组织一套提醒方法。这两位比利时研究者阐述了在有效地利用大脑优势或劣势背后所蕴含的科学原理，为我们以最少的思考更有效地取得意义深远的成果提供了一个框架！①

减轻未解决事项的认知负荷

本世纪初，罗伊 · 鲍迈斯特博士等人做了大量卓有成效的工作，他们确认了有关已承诺的未完成项目——目标、项目、结果等——对意识产生的影响。他的结论直接证实了我数十年的体会：未完成任务占据了大脑空间，从而令大脑的清晰度和注意力打了折扣。②

① 海拉恩的知识背景和经验是分析昆虫行为——相对愚笨的动物如何实现颇为有效的结果。他以“搞定”为主要平台，为人类的类似行为举了一个有趣的例子。

② 罗伊 · F · 鲍迈斯特和E · J · 马西坎波，“未实现的目标会干扰需要具备执行功能的任务”（*Unfulfilled Goals Interfere with Tasks That Require Executive Functions*），《应用心理学研究》（*Journal of Experimental Social Psychology*），47, no. 2 (2011):300–11.

不过有趣的是，鲍迈斯特还证明无须为了减轻心理负担而完成此类项目，这和“GTD”做法相呼应。这里需要的是一个可以确保项目在未来得以执行的可靠计划。[①]

在鲍迈斯特的模型中，仅仅确认履行某个承诺的下一步行动，就足以成为一个最终“规划”结果——只要触发因素或提示内容保存在某个可靠位置，我们就能在一个合理的期限内对这些因素和内容进行回顾。他在自己的著作《意志力》中大量引用了我的思路和模式，即把触发因素或提示内容置于对我们不断调用（尤其是在知识工作方面）的心理“肌肉”实施管理的丰富背景之下。[②]

沉浸理论

这个领域有一个和GTD有关的流行概念，那就是“沉浸”，即最好的表现和参与状态。运动员将“沉浸”称为“巅峰状态”，它也可以和我在第1章介绍的“心如止水”境界建立密切的关联。

沉浸状态由各种不同的因素组成，其中一些因素已经通过

① 罗伊·F·鲍迈斯特和E·J·马西坎波，“视为搞定！规划可以消除有关未实现目标的认知效应”（*Consider It Done! Plan Making Can Eliminate the Cognitive Effects of Unfulfilled Goals*），《人格与社会心理学杂志》（*Personality and Social Psychology*）101，4 (2011): 667–83.

② 罗伊·F·鲍迈斯特和约翰·蒂尔尼（John Tierney），《意志力：发现最伟大的人类力量》（*Willpower: Discovering the Greatest Human Strength*），纽约：企鹅出版公司，2011。

GTD方法实现。为了体验沉浸状态，你需要具备的特定任务技能需要和你所面临的挑战相匹配。如果挑战难度超出了你的必要技能水平，你就会感到焦虑；如果你的技能水平超出了挑战难度，你很可能会觉得行动无聊。①沉浸通常伴随对特定任务的全身心关注，而且你通常会有掌控感，感到目标清晰。处于沉浸状态的个人通常明白接下来会发生什么事情，并能在执行整个任务的过程中得到及时反馈。他们还能体验到行动和意识的融合，并在此过程中丧失其自我意识和时间感。他们通常有其内在动机，会基于行为本身而不是外界激励采取行动。处于沉浸状态的人往往有最佳表现，会完全投入眼前的行动。一旦人们进入沉浸状态，他们往往会不自觉地重复让他们获得这种体验的行动。

尽管“沉浸”的概念最初是通过调查休闲行为（如攀岩、绘画等）而形成的，但契克森米哈和勒费夫尔②发现，相比休闲行为（18%），人们往往会在工作（54%）时采取技术性强、挑战性大的行动。契克森米哈解释说，很多工作本身就包含了目标和反馈结构的类型，从而允许人们在工作中体验沉浸状态，这种现象

① M · 契克森米哈（Mihaly Csikszentmihalyi），《沉浸：关于最佳体验的心理学》（*Flow: The Psychology of Optimal Experience*），纽约：哈珀出版集团，1990。

② M · 契克森米哈和J · 勒费夫尔（J. LeFevre）“工作和休闲的最佳体验”（*Optimal Experience in Work and Leisure*），《人格与社会心理学杂志》56, 5 (1989): 815–22.

> 你每次只能有意识地关注一件事情。如果那是唯一吸引你注意的事情，你就处于沉浸状态。

与较高水平的主观幸福感有关。[①]

GTD方法中包含几个沉浸体验条件，即有明确的目标并能获得反馈。GTD的重点在于一次专注于一项任务，这与沉浸体验的核心内容密切相关：专注于某个刺激场有限的特定行动。通过采用GTD方法人们发现，自己很容易在工作和个人生活中进入沉浸状态。人们把任务清出大脑，转而将其置于一个外部系统，会更易于观察并跟踪任务进展情况（一种反馈形式）。完整描绘出一个人在工作和生活中应承担的责任，有助于人们就需要随时予以关注的事情做出更好的决定，从而使自己全力以赴地投入现有工作，提高获得沉浸体验的可能性。

自我领导理论

自我领导理论可以追溯到20世纪80年代，它是自我管理概念的扩展。根据克里斯托弗·P·内克和查尔斯·C·曼兹的观

① 克莱夫·富拉格（Clive Fullagar）和E·凯文·凯洛威（E. Kevin Kelloway），“与工作相关的沉浸状态”（*Work-Related Flow*），《一个快乐工作者的普通一天》（*A Day in the Life of a Happy Worker*），编辑：阿诺德·B·贝克尔和凯文·丹尼尔斯（Kevin Daniels），纽约：心理学出版社，2013，41–57.

点，[①]自我领导是人们借以控制其自身行为的过程，通过采取特定行为和认知策略，人们可以影响自身。自我领导理论的人气之所以飙升，是因为实务性书籍、理论性和实证性期刊、管理及领导力教科书上的相关内容大量出现，自我领导培训项目也不断增多。

包含自我领导理论的策略通常分为三类：行为导向、自然激励和建设性思维模式。

行为导向型策略通常侧重于提高个人对于促进行为管理目标的认识。在工作情形下，这些策略通常侧重于执行有必要但不愿着手的任务。这个系列的策略包括自我观察、自我目标设定、自我激励、自我惩罚、自我提示。

自然激励策略旨在创造一种可以通过行动本身给予某人刺激或奖励的情形。这些策略适用于重新设定那些令人不快的任务或行动，以提高人们对于行动的满意度，并有意识突出这些行动的内在激励因素。

建设性思维模式策略直接涉及创建可积极影响执行情况的思维方式。这些策略的例子包括自我对话、心理意象，以及替换不适用的看法和假设。

GTD的某些内容与这三大类自我领导策略逐一关联。最明显

---

① 克里斯托弗·P·内克（Christopher P. Neck）和查尔斯·C·曼兹（Charles C. Manz），《精通自我领导：自我授权，追求卓越》（*Mastering Self-Leadership: Empowering Yourself for Personal Excellence*），第6版，Upper Saddle River小镇，新泽西州：培生出版公司，2012, 192.

> 为自己提供有关事情的适当线索，以便自己在适当的时间予以关注，这是无压力工作效率的核心做法。

的内容是“自我提示”这个概念。一个结构完善的GTD系统，可以提供某种刺激未来行动的实质性材料。GTD方法也包含有自然激励策略的相关内容。确认规模虽小但影响甚大的任务并进行慎重处理——一次彻底的心理RAM（随机存取存储器）转储加上一点空闲时间足矣——会让人获得愉悦感。最后，GTD的一个关键心理要素是，别把你的工作简单看作系列性的大项目，而要直接当作下一步具体行动。从失败/不知所措状态转向激情状态有利于你推动执行此类任务，这是一个以积极方式转变心态的好例子。

事实证明，采用自我领导策略可以增强人们的自我效能感，而自我效能是组织心理学理论体系中研究最深入的领域。对于传统意义的雇员和企业家来说，自我领导关系到工作满意度、工作绩效等积极的组织行为。

经由执行意向的奋斗目标/成就

目标（预期结果）是一个至关重要的生活构成部分，而GTD可以同时促进个人目标和职业目标。皮特·M·高尔威泽和加布里埃尔·欧廷根曾就目标实现问题进行过一系列重大研究，并在其中引入了“执行意图”的概念。[1]他们认为，总体上确保实现目标（针对既定目标采取行动）的最佳方式是，就何时采取特定行动在大脑中形成因果关系。当你提前制订计划（执行意图）并确定在相关情形下要采取的行动时，正确的行为应该是近乎自动地完成，而不需要动用你有限的意志力储备。换句话说，如果你确信自己或多或少会自动采取的行动足以引导并支持你实现目标，你可以等到必要的情况下再去动用既有支持力量，它也不会因为你不停担忧或考虑应在何时采取何种行动而消耗殆尽。

通过把系统作为采取结果型导向行动的触发或者提示因素，GTD可以实现和执行意图的关联。例如，你可以设定执行意图：“当我在办公室里，有超过一个小时的空闲时间，而且精力充沛，我要查看我的任务清单，选择具有挑战性的重要事项进行处理。”或者，“等到了周日下午，我要进行一次每周回顾。”或者，“当我感到心烦意乱、不知所措，我要进行一次心理RAM转储。”这样的潜在执行意图实在是数不胜数。

---

① 皮特·M·高尔威泽（Peter M. Gollwitzer）和加布里埃尔·欧廷根（Gabrielle Oettingen），“规划促进目标追求”（*Planning Promotes Goal Striving*），编辑：凯瑟琳·D·菲斯和罗伊·F·鲍迈斯特，《自我调节手册：研究、理论和应用》（*Handbook of Self-Regulation: Research,Theory, and Applications*），第2版，纽约：吉尔福德，2011，162–85.

心理资本

心理资本（PsyCap）是一个相对新颖的框架，组织心理学家借此着手评估员工的整体资源状态及其效果。它包括四项可定义内容：自我效能、乐观、希望和韧性。

- 自我效能是付诸行动并投入必要努力以成功应对挑战性任务的信心。
- 乐观是关于现在和未来获得成功的积极因素。
- 希望意味着坚持目标，并在必要时重新定向实现这些目标的路径。
- 韧性是指在摆脱困境或解决问题之后恢复乃至于改善——原始状态。

这些变量都可以在一定程度上独立预测不同的结果。例如，某人的乐观程度与特定结果或行为明显相关。然后，当这四个组成部分作为心理学家所谓的心理资本被一并考虑时，你能预测到的远不止其组成元素的共同效应。心理资本概念的存在历史相对短暂，但它已经和许多个人和组织的积极结果（如工作绩效[①②]和心理健康[③]）建立了关联。

心理资本是对某种状态而不是某种特性本身的描述，也就是说，心理资本可以像人们的情绪一样，几乎每分钟都经历主动改变或被动改变，乃至于被削弱。在通常情形下，它会区分并反映出你这一天过得好与不好，你觉得自己占了上风还是一败涂地。好消息是，这类状态具有可塑性，你可以采取行动改变或者完善它们，而不必改变你自己的本性。

"搞定"与高水平心理资本的所有四个组成部分及其预期结果直接相关。"搞定"能让人们创建并维护一个有关他们对自己和他人所做承诺的完整图景，从而能在任何给定时刻就是否行动做出适当决定，进而自动建立起自信和控制感（自我效能）。简单识别所有悬而未决的问题，将其从记忆库转移到外脑，同时有条不

---

① F · 卢桑斯，B · J · 阿维罗，J · B · 埃维（F. Luthans, B. J. Avolio, J. B. Avey）和S · M · 诺曼（S. M. Norman），"积极心理资本：测量及执行力与满意度的关系"（*Positive Psychological Capital: Measurement and Relationship with Performance and Satisfaction*），《人事心理学》（*Personnel Psychology*）60, no. 3 (2007): 541–72.

② T. Sun, X. W. Zhao, L. B. Yang 和 L. H. Fan，"心理资本对护士工作嵌入和工作绩效的影响"（*The Impact of Psychological Capital on Job Embeddedness and Job Performance Among Nurses: A Structural Equation Approach*），《高级护理杂志》（*Advanced Nursing*）68, no. 1 (2012): 69–79, doi:10.1111/ j.1365 -2648.2011.05715.x.

③ J · B · 埃维，F · 卢桑斯，R · M · 史密斯和N · F · 帕勒姆"积极心理资本对员工福祉的长期影响"（*Impact of Positive Psychological Capital on Employee Well-being Over Time*），《职业健康心理学杂志》（*Occupational Health Psychology*）15, no. 1 (2010): 17–28, doi:10.1037/ a0016998.

紊地确认具体、可行的下一步行动，是一种自我控制和导向行为。鉴于可用时间、精力和情境制约方面的限制，采用GTD方法能让人确切了解需要完成的项目，以及自己为了实现目标可以采取的具体行动。

采用GTD方法能让人更加乐观，因为它能让人把握项目成功及其自身针对性努力之间的关系。个人确认有意义的项目，设计完成项目所需的下一步行动，然后完美跟进整个过程，直到项目完成。这样积小胜为大胜，就可以生成更大的能力，做出更积极的承诺。

此外，在采用GTD方法的过程中重视前端决策——用“工作定义工作”——可以视为一种全面的前瞻性做法（设定目标，并确认实现这些目标的途径）。在这个前端决策过程中，个人设定目标（“‘搞定’是什么样子的？”），然后确认实现这些目标所需完成的任务（“下一步行动是什么？”）。

关于GTD方法应用者更容易从失败中恢复（即韧性）的观点，还没有相关实证数据，但对于我来说，这个星球上显然已经有数十名最优秀、最聪明的人为我提供了轶事证据。在处理重大家庭变故或者工作及职业生涯的剧变方面，人们已经获得了丰富的证据，足以证明采用GTD方法能让他们保持理智、坚定，富有工作效率。这种方法赋予个人面对困境时的冷静和掌控感，从而能让他们理性解决手头的任务，在必要时及时调整多重向量。在遭遇压力或其他不幸时，思维最清晰、处理结果最有效的人与其他人相比，更有可能以良好姿态冲破压力的包围。

心理资本模式还提供了一个框架，有助于了解那些将GTD方法整合为文化标准的群体何以明显做到了“沿食物链上移”，也有助于理解其相应的组织应对方式、互动和结果生成方式。无论心理资本能否在组织心理学领域进一步发展为一个可定义、可验证的发展领域，对GTD方法应用在心理、情感、反应甚至物质方面带来的利益进行描述都不无裨益。

毫无疑问，我们将在未来几年源源不断地发现新的科学数据，可以证明我从体验本模型事件之日起获得并和无数人分享的认识是正确的：当具有潜在意义的一切东西都被收集、理清、组织和回顾，我们才有可能真正展示自己更成熟、更优雅、更聪明的一面。由此生成的经验和结果是不可或缺的。

第 15 章 GTD精进之路

GTD方法实际上是一种涵盖多层次精通程度的终身实践。它和拉小提琴、打网球、下象棋非常相似。它还类似于算术、陶艺、艺术史，甚至包括抚养子女。所有这些努力都涉及学习特定的动作和技巧并付诸应用，而你的擅长程度和探究细节则永无止境。

GTD方法是处理日常工作并采取行动的艺术，它本身也随着我们大家所处的年龄或阶段不断演变。它可以带来信心和沉浸状态，确认并引导你的承诺和兴趣。随着时间的推移，你的工作和重点往往会发生显著变化。但精通GTD方法是一种非常明确的做法，需要终身学习并加以完善。

精通不是指某种尘埃落定的状态，犹如置身高山之巅时的禅定和开示（尽管这或许是很贴切的表达）。相反，它是一种业经证明的能力，可借以从事富有成效的行为，并能在面临任何挑战时表现出必要的明晰度、稳定性和侧重性。

在你的世界里，任何改变都有可能导致不明晰、不稳定和分散现象，这是自然常态，当你面临这些事情时，你的精通程度将接受考验。“心如止水”的观点并不是假设水面永远平滑如镜。相反，水会在干扰中处之泰然，而不是与之相争。在人的一生中，这种干扰无处不在，从写你的六年级作业，到你的新工作要求，再到你面临退休时的茫然失措。

GTD精进是指学习并融合各种最佳做法，然后予以整合，这会促进积累更加动态的经验，而不只是内容的累加。当你学习打网球时，你会关注网球动作的具体细节，比如反手、正手、挑高球、发球。一旦你真的参加网球比赛，你就会把它们组合在一起。随着你的精通程度提高，你的注意力会随之成熟，直至能够整合成一个宏观战略。同样，精通GTD也是从初步熟悉它的环节、技巧和工具开始的，熟练后才能在你处理人生和工作大事时综合运用。精通的体现是：你能不假思索地运用优化整合的系统和方法。

精通的三个层次

多年来，我接触过GTD方法的许多使用者，我注意到他们往往在应用这个模式的过程中表现出3个阶段的精通水平：

1. 采用最基本的工作流程管理；
2. 执行一个较为高级和综合的全方位生活管理系统；
3. 利用技能创造明确的空间，完成任务，并且使你的表现越来越得体。

这方面的一个很贴切的类比是学习开车的体验。第一阶段是掌握基本要领，以便你在不伤害自己和他人的情况下驾驶车辆。你会笨手笨脚，还会感到有悖于觉。但是，一旦你的水平足以拿到驾照，你的世界就会豁然开朗，因为你现在可以去你以前不能去的地方，做你以前不能做的事情。然后，或许你能在公路上信马游缰，驾车成了你生活中必不可少的一部分。最后，你决定再上一个台阶，驾驶真正高性能的车辆，你为此面临的主要挑战和机遇是：你的预判性如何，你能否和你的车融为一体，从而在驾驶方面获得较高的满意度和成就感。

这些阶段分别体现了你的关注范围，以及对特定技术的应用水平。你先执行看似细微的生涩动作，但真正流畅的动作往往局限在有限的范围内。然后，当你适应了这个流程，你会扩展自己的关注范围，去关注下一个街角或是高速公路出口。接下来，你会在更多的层面上做出更有意识和针对性的关注，在可以察觉总体路况的情况下，开车招摇过市。同样，随着“搞定”技术日益成为第二本能，你会将注意力从系统运行机制转向它所产生的结果。

掌握基本要领

正如第一眼看到的那样，熟悉“搞定”的基本构成（基本要领）需要一点时间。理解并认同其概念和原理很容易，但要将它们完全付诸实践的话，这个过程并不一定顺利，且未必能够自动完成。任何复杂的实践——开车、空手道出拳或者吹长笛——莫不如此，最初的动作都不熟练，也不舒服。不过，一旦你操作过上千次，你就能表现得非常得体、强大和流畅，除此之外别无他法。学习GTD同样如此。

例如，要捕获具有潜在意义的一切东西，将其纳入可靠的外部存储设备，以免对你的大脑造成影响，执行这一行动的难度相当于学习手动驾车转向。就GTD模式的大部分情形而言，记录事项本身并不是一种新技能，而是一种看似能轻易完成的实践（如果不是完全有悖于直觉的话）。（“如果它现在并不重要，我为什么要自寻烦恼呢？”）保持对表达思想这一需求的敏感性，养成利用唾手可得的工具切实执行必要行动的习惯，这才是真正的挑战。

还有一些基本做法即使能够初步执行，也很容易陷入不完善和不合时宜的状态，进而失效，这些做法包括：

- 基于“待执行事项”决定下一步行动；
- 充分利用“等待”类型清单，以便能在适当的时机保存他人交付的预期可交付项目，并审查其后续状况；
- 利用“日程”清单收集与他人的沟通信息，并加以管理；
- 维护一个简单、易于访问的归档和参考系统；

- 将日历表作为纯粹的“硬质景观”加以保存，不要让不相干的新事务破坏其可信度；
- 进行“每周回顾”，以保证某个系统的功能正常化，且持续更新。

脱离轨道很容易……

如果你真心真要执行“搞定”方法，其实不难上手，我在本书的前面章节已经做了说明，目的就是让你确信这一点。在某些时候，你的其他待办事项必然会占用你的全部精力，如果新的行为方式还来不及在你的行为模式中扎根，当然很容易偏离轨道。

大多数人都习惯依靠大脑存储信息，以至于很容易回归惯常模式。确定下一步行动需要认知性努力的积极推动，如果特定情形背离了某种关键模式，那它显然是可以避免的。要为“每周回顾”安排时间，如果尚未养成习惯，就会面临巨大的挑战。所有这些都会使个人管理系统变得不完善和不合时宜——你再也无法相信你的清单可以给你提供全部信息，而且由于管理系统不能真正减轻你的压力，你会认为没必要继续与系统保持同步了，然后你或许会将信息重新转移到大脑中。在这种情况下，有人会以极快的速度偏离轨道也就不足为奇了。

……重新步入正轨也很容易

好消息是，重归你富有成效的老路或许和你当初背弃它一样容易。要想重新步入正轨，只需要重演基本套路：拿起纸和笔，再次清空你的大脑；清理你的行动和项目清单；确认并添加新的项目和下一步行动，从而更新你的清单；清理系统遗漏的内容。

这种脱轨又回归的循环在每个人身上都发生过，尤其是在熟悉游戏基本要领的初级阶段。就我的经验来说，最少也要花费两年时间，才能最终将这个实践阶段完全纳入个人的生活和工作循环体系，并持续进行维护。

另一个好消息是，即使某人只从这些材料中收集了很少几个概念，或者未能定期执行这个系统，这么做也会带来明显改善。如果你只是“搞定”了两分钟规则，那也是很有价值的收获。如果你把大脑中的事情记录下来，数量上只比以前略多，你也会睡得更安稳。如果你隔段时间就把电子邮件清零，你就有理由庆祝一番。如果你只需问自己或别人：“下一步行动是什么？”而此时心无旁骛，就能提高你的无压力工作效率。

当然，这些技术越是作为一个系统化和连续性整体共同发挥作用，松散型集中控制方面的经验增长就会越显著。对于大多数人来说，掌握基本要领可以起到转化作用。如果你达到了这个阶段，你就能更快、更轻松地搞定更多事情，处理生活细节的信心显著增强，并满怀信心地开展行动。在精通GTD的第一层面上，你往往要让自己每个小时、每一天都受到控制和关注。

高级层面——集成生活管理

此时，你已经准备好上升到下一层面——每周、每月（甚至更长时间）都亲自掌控自己的生活。这要求你具有更加微妙的认识和实践水平。正如我此前提到的，随着你的驾车技术越来越好，你就能扩展你的视野，从而使动作更流畅，你也能更多地关注你的前进目标，而不是关注可以带你抵达目的地的机械装置。当你对GTD方法精通到一定程度时，为了实现较为长期和更大范围的控制和关注，你就不会像关注你的可靠工具那样关注系统本身或关注你的系统执行方式，但你会以更灵活、更个性化的方式对系统加以利用。

初级层面的精通涉及工作篮、会议、电子邮件、电话、议程、待办事宜、参考系统、清单管理、获得适用工具，等等。高级层面涉及的则是谨慎对待产生初级层面内容的那些重大问题。这些具体行动和信息之所以存在，是因为它们关系到比其自身更加重大的事项，即我们必须完成的项目，我们需要解决的问题，我们在复杂生活中的关注和兴趣领域。你为什么收到那封电子邮件？这次会议的目的是什么，你为什么必须参加？下一季度会发生什么事情，要求你必须从现在起着手解决？鉴于出现了某种重大变化，哪些项目需要修改为“将来/也许”项目（反之亦然）？

掌握基本要领能为有效和高效地执行项目提供依据，还能为探讨较高层面的控制和关注内容——项目，项目的确认、管理以及对其彼此关系的理解，直至我们借以开展行动的更大体系——储备能力和空间。适应某种形式的外脑，可以使人的认知能力得以释放和利用，为应用更具创造性和效率的集成性自我管理系统铺平道路。

高级层面“搞定”精通水平的标志是：

- 一个完整、最新、清晰的项目清单；
- 一张角色、职责、兴趣（个人和职业）的地图；
- 一个集成化的全面生活管理系统，这个系统是基于某人的当前需求和发展方向定制的，用于动态监控日常工作以外的行为；
- 面临的挑战和意外状况将驱使你采用（而不是弃用）这个方法。

当项目变成你操作系统的中心

沿着精通此术的道路继续前进，你将抵达这样一个阶段：你的“项目”清单会变成你“下一步行动”清单的推动力，而不是其映射，而你的项目本身将真实地反映你的角色、关注领域和兴趣。此时，你的自我管理系统的重心将从地面视野转移到“1楼视野”和“2楼视野”的中间位置（参见第2章）。

尽管对于无压力工作效率的持续体验而言非常重要，但很少有人——甚至包括那些执行“搞定”方法多年的人——真正围绕一份完整的项目清单开展工作，并定期进行客观回顾。不过，真正到达这个层面的人已经逐渐认识到项目清单的力量，并将其作为借以开展行动的基本列表。

鉴于我对项目的宽泛定义（你在一年之内按要求采用多个步骤努力实现的任何结果），即便它们足够明确（“买新轮胎”、“修理打印机”、“找一个新保姆”，等等），你也很难对其进行全面描述。但真正重要的是，将更多更微妙的想要的结果转化为可执行的任务（“明确弗兰科在团队中的新角色”、“研究提高贝蒂娜数学成绩的方案”、“解决与邻居间的地界问题”，等等）。在这个阶段，精通GTD（事实上是精于生活！）的标志是，一个人正视所有他/她关注的对象（担心、忧虑、难题、问题和紧张因素），并将其转化为可实现结果（项目），以便通过具体的下一步行动进行处理。大多数人拒绝确认各种问题和机会，直到他们认为有把握应对。他们没有意识到的是，鉴于没有任何解决方案，探索、寻找或以某种方式接受/安顿某事本身就是一个适当的结果（项目）。通过确认固有项目并采取措施加以解决，由此妥善处理与你邻居的地界纠纷、提高你女儿的数学成绩或者明确某个新团队成员的角色（无论实现每个目标的实际途径有多模糊），这是一种相当独特和成熟的自我管理实践。

基于你的关注领域评估并填写项目列表

我们所做的一切事情，都是为了服务我们所承担的某种角色和职责，或是为了服务我们生活中的某个关注和参与领域。我给我的弟弟打电话，只是为了听听情况，打个招呼，因为我很在乎“家庭关系”。我买食品，因为我认为“健康与活力”很重要。我为董事会制定了一个会议议程，因为我需要维护我在公司里的“企业监督”职责。

每当人们真的基于这种眼界——他们确定精通的个人关注领域——编制了一个清单，他们总会意识到需要添加更多的项目。他们还会意识到，自己并未适当关注工作和或个人生活的某些方面，进而促使他们将“项目”清单编制得更加平衡和完整。

综合的全面生活管理系统

精通阶段的第三项内容是，你的管理系统不再只是汇聚各种清单、信息、应用程序和工具，而是变成一个综合性的“控制室”，它的所有组件一起工作，有效应对发生的任何情况。你将获得定制你的清单、类别，以及应用方式的能力，以此应对你所处环境发生的变化，以及伴随着各种可能性而日益增强的自身复杂性。

这是有关GTD功能意识的一种反映。你理解管理模式各部分的本质并认可其价值，因此得以自由定制其执行方式，以最大限度地为你的需求服务。如果必要的话，你可以从零开始，用你的现有工具创建属于自己的GTD系统应用程序。你的指导原则是：创建并参与必要的定位“地图”，以确保你根据特定情形的需要给予适当关注。

你不会因为处理任何事情而感到茫然，比如：一次午餐会上收集到的名片，今天早上醒来时冒出的有关待启动项目的草率想法，意外收到参加盛会的私人邀请，或者上次体验的血液检测报告。你可以为具有潜在意义的各种数据创建适当的占位符。你还可以很方便地了解有关近期旅行的重要事项；你已经把下次网络研讨会所需的全部材料准备就绪；你不费吹灰之力地为你供职的银行编制了公司概况；你可以为未来两年的家族会谈计划快速构建一个丰富的语境。你有一个动态操作盘，几乎可以确保在任何情形下实现无缝和精确定位。

压力增大而不是减小了此类方法的应用频率

我从认同GTD流程但进展缓慢的人那里经常听到的一个说法是，他们之所以放弃GTD，或是因为他们马不停蹄地出差，流感长期不愈，某个大客户发生了意外，或是除了日常工作还要负责运行一个重大项目，抑或是……在等待。

而精通该方法提高并具备相关经验的人给出的说法通常是，适用“搞定”方法刚好可以让他们提高效率，缓解处理紧张状况时的压力。

所以，本阶段精进之路的一个显著进展标志恰好是一个过渡点。此时，问题和机会可以激励用户尝试GTD做法，而不会导致用户抛弃这种方法。当工作中出现新问题时，你可以再次清理大脑，以此迅速恢复对局面的控制，而不是把所有问题重新塞回你的大脑。一旦你能够做到这一点，你就能确认预期的结果、项目，以及有关这种情形的下一步行动，而不必担心将会发生什么。你在每周过半的时候的确要执行一次“每周回顾”，因为你需要通过关注升级来重新校准你的工作，而不是仍然把“先来后到”当作你的优先处理准则。

在GTD精通层面进行实时操作是可以实现的，也确实很得体。对于真正进行GTD操作的人来说，经验在于“确立活跃条件”。在一位24岁的摇滚音乐家和一位有三个孩子的54岁律师眼里，“活跃”的含义和景象大不相同，但是，GTD应用方面的扩展经验和实现流程却毫无二致。

更高级：关注、方向和创造力

一旦你纳入了“搞定”方法的基本要素，整合了有关生活和的承担工作中的更重要的内容，并且采用一种可靠的、可以个性化定制的系统方法，新的领域就会豁然开朗：清空你的大脑，以此改善你的体验，如此循环往复。

这种精通程度涉及两个关键点：

- 利用你得以释放的注意力，探索更加重要的工作内容和价值；

• 利用你的外脑，创造新的价值。

自由参与最有意义的事情

一旦你真正了解并相信你能够有效执行你工作篮中的任何事项，你可以随心所欲地将所有事务投入工作篮，无论是下一个疯狂构想、一项有待研究的潜在新技术、你想写的一本书，还是出于同情你想给予非政府组织网站一些赞助。①

我希望我已经在本书中明确了下述内容：将你的注意力放在你生活和工作的更微妙和更高层次，这种能力在很大程度上取决于你能否“安顿好”更具操作性和必要性的一般内容，如果你不进行适当管理，这些内容很容易干扰并消耗你所关注的创造性内容。

我欣赏那些能够充分分配注意力的人，他们可以起草电影脚本，为所在的非政府组织编写愿景陈述，或者为自己的婚礼宣誓写出完美诗歌，但同时所有事情都还在冲击他们的内心：未回复的电子邮件、崩溃的电脑、待报的税项、岳母对婚礼程序的抱怨、必要的银行授信。我的确知道，如果这些问题能从GTD角度得到适当缓解，从事更多创造性活动的空间和灵感就会大大增多。现

---

① 我最喜欢的一句谚语是：“你得到的越好，你越想得到！”你越是相信自己的确可以证明你面前的东西包含你可能需要的所有知识和资源，你就越有可能被你自己设定的种种可能性淹没。所以，GTD方法认可的清晰度和可信度还要同时满足可持续利用这一要求。

在已有记录表明，这种未尽事宜的认知负荷会给关注和执行行为造成负面影响。许多人证明他们有能力在工作时抛弃一切手头事务，去关注他们感兴趣的创造性追求，但以我的经验来看，他们只是缺少一个可以作为依据的参考点，从而不知道自己的生活在无压力情况下会是什么样。

由于对日常生活细节不再感到焦虑，你更容易将注意力集中于真正重要的目标和体验的优势。正如我在第 2 章指出的，较高层面的关注视野——目标、愿景、目的和原则——是你界定优先事项的标准。但是，大多数人都发现，关注并有效执行优先事项的能力，往好了说，它难以捉摸；往坏了说，它会失效（并令人感到内疚！）。不受干扰的大脑无法想象未来五年你大获全胜时的情景——你仍需有意识地采取行动，将你的注意力转移到此类事项上——但它的确能为有效执行此类行动提供极大的便利。

利用你的外脑

一旦你对管理系统的应用精通到这种程度，“搞定”的实施重点就会发生转移，从以最有效的方式处理新事务和日常生活中的内在需求，转移到充分利用自设情境和触发因素的优势产生富有创造力的想法、观点，激发通常情况下不会采取的行动。

例如，如果你需要清理联系人管理工具并保存一些最新信息，当你审查陈旧并有可能过时的人员和企业目录时，你往往会遇到一些不由得让你自言自语的项目：“鉴于我现在所从事的业务，我

> 不必苦思冥想你需要思考什么，岂不快哉！

真的应该再次联系她。”如果这种触发想法可以成为某种有价值的结果，那么你至少曾经尝试过这种可以反复使用的方法。如果我们只是有意识地关注那些正确的东西，并有能力捕捉可能显现的信息，那么我们今天能产生多少想法，进而能为我们的人际关系、工作和创造性表达增添多少价值？

当你扫视日程表上的过去和未来项目（“哦，这倒提醒了我……！）以及更新你的“项目”和“下一步行动”清单（“啊……现在我需要……！”）时，这种极富创造性和成效的反思行为就会自动产生，有点像是“每周回顾”。定期评估你的“将来/也许”清单内容，能够为你提供更加广泛的选择空间（“我想我真的要参加一个绘画班了！”）。但是，利用同样的回顾触发因素，可以在其他方面多大程度上完善你的经验和人际关系？在经审查具有某种一致性的其他内容中，哪些内容有可能呈现有价值的想法？采取需要定期跟踪的行为具有很大的挑战性，但有无限的可能性可以战胜它们。

这是GTD精进之路的成熟阶段，涉及清单的简单思路在其中发挥着重要作用。正如认知科学家已经证实的，你的大脑不擅长突如其来的回忆，却很擅长富有创造力地思考其直接面对的评估对象。一旦摆脱了记忆功能，大脑就成为一个可以发挥惊人作用的装置，它把事情放到“门前”，让你不必苦思冥想思考的内容。

你希望多久一次得到提醒，以便想起你的重要家庭成员？具体而言，当你想到的是你的伴侣、儿子、妹妹时，哪些提醒方式比较合适？你认为谁应被列入你的专业网络A级清单（涵盖对象的影响力和互动性最具价值）？你应该多久审查一次该清单？什么样的肯定和激励性书面内容能让你重新与之建立联系，间隔多久？

适当的管理结构，可以缓解我们工作执行不力的心理压力，还可以发挥出色业绩的影响力，随着适当的管理系统的建立，每个人都有无数机会可以为我们的世界创造价值。但是这种情况并不会自然发生。你意识到这种动态现象并对其加以巧妙利用，这是在高级层面精通GTD的标志。它可以不受任何限制地自由生成并发展各种构想，然后利用处理手段，对那些笔记和想法进行适当的组织整理。最聪明的人可以意识到，他们的“聪明”和灵感状态只是随机存在的。这些人精心打造各种系统和流程，以利用往往在愚钝背后沉睡的聪明才智来处理我们所栖身的狂野世界。

这条GTD精进之路纳入了基本原理，利用了高层次集成性系统，还借助了具有创造力和针对性的重点关注，因此，它其实并不像我曾经阐述的那样有很大的局限性。大多数人都在其自身实践中部分呈现了这些层面，我也经常遇到某个领域的新手有一些极高层面的举动。但以我的经验来看，一旦考虑到整体意义上的无压力工作效率，就需要一个扎实的发展过程，而不能走捷径。如果你的电子邮件陷于混乱，你无法真正保持一种每周都在控制之中的感觉。如果你没有掌握 75 个项目的实际现状，你就无法真正自由地实施你的长远规划或者愿景设计。

你可以自觉不自觉、或明或暗地继续参与所有层面的工作。你有各种约会、项目、行动、目标、价值观，而作为一个专业人员，你会发现你的工作都有属于它自己的一系列义务，你必须进行处理。你对“搞定”的精通反映出你具有一种高雅的平静，你正要凭着这份平静去搞定所有事情。涉及紧急状况的意外电子邮件，本周玛莎阿姨的生日，公司策略的潜在变化，以及你认为自己需要添置的新炊具——每件事情都要在适当的情形下得到快速、圆满的处理，除了当下的事务，让你的大脑空空如也。

gtd

结 语

我希望这本书对你有所帮助——你开始体验到事半功倍的感觉，同时还减轻了精神上的压力。我真心希望你通过运用这些技巧能体会到“心如止水”的境界，并施展出你的创造才能。着手实施本方法的人总能发现更加丰富多彩的内容。也许你走得更远，已经开始着手调整这个方法，让它更加适合自己。

我很愿意相信，本书印证了许多你早就熟知的道理，证明了一些你长期以来坚持的行事方法，也许这会让你在这个日益复杂、令人紧张烦躁的世界里，更加游刃有余。

今天，到处都能看到关于成功理论（或模式）的书，而我写这本书的意图，并不是讲述成功学。相反，这本书的核心方法不会随着时代的变化而发生改变，而且每当人们使用这些方法时，总能够收到良好的效果。当你理解了这个原则，无论做什么事情，你都可以大大提高行动的效率。也许这就是所谓的返璞归真。

《搞定》就是这样一本指南，它帮助我们进入精力集中同时又放松自如的状态，这恰恰就是获得最高效率时的状态。你也可以把它当作一个工具，当你需要时让它帮你恢复到积极的状态。

这里有一些推动你实施这一方法的小提示：

• 建立起用于个人组织整理的设施。

• 安排整理你的工作区。

• 准备几个工作篮。

• 创建一个可行和易于访问的个人参考系统（工作和家用）。

• 准备一个好用的计划手册，上面应该有完整的管理项目的清单。

• 允许自己做出旨在改善工作环境的任何改变。挂图片，买钢笔，扔东西，重新安排你的工作区。为你重新启程提供支持。

• 预留出一些时间，让你可以整理办公室中某一个完整的区域，然后是家中的各个角落。把收集到的一切纳入你的系统当中，并采用本书介绍的方法进行处理。

• 同别人分享你从书中获得的知识、你的实践经验以及感受（这是最快的学习方法）。

• 3~6 个月后，再回顾本书的内容，你会发现很多第一次阅读时漏掉的东西。只要你认真阅读，你的收获会比第一次更多。

• 与推广和使用本书方法的人保持联系，参与他们的讨论和实践。①

愿你拥有更加精彩的人生！

① 随时访问我们的网站：www.gettingthingsdone.com。你可以获得大量免费的辅助材料，还有来自读者（包括你）的最佳实践对话和故事，以及有关支持产品和服务的最新消息，并可访问我们关于本方法的全球共享网络。

致谢

> 生命中最重要的不是我们拥有什么，而是我们拥有谁。
>
> ——J·M·劳伦斯

过去几十年里，有许多导师、合作伙伴、同事、员工、客户、朋友和世界各地的GTD方法采纳者帮我理解并发展了这些原则，要挑出某些人表示谢意既有必要，又不公平。所以，我要向这个群体中的许多无名英雄（你懂的！）表示感激和歉意。

20世纪80年代初，迪恩·艾奇逊和罗素·毕晓普提供的初步框架启发我去认识这一强大方法，进而形成世界知名的GTD主张。在过去几年里，无数伙伴和同事加入了这个工作团队及所属组织，其中，我要特别感谢玛丽安·贝特曼、梅格·爱德华兹、安娜·玛丽亚·冈萨雷斯、安妮·晋内特、莱斯利·博耶尔、凯利·福里斯特、约翰·福里斯特、韦恩·佩珀、弗兰科·萨帕、玛吉·魏斯和迈克·威廉姆斯。

此外，好几万名客户和研讨会的参与者，也帮我对本书中的模式进行了验证和微调。我要特别感谢从事人力资源工作的资深人士，他们在早期阶段就认识到，本书在企业文化的必要变革中将发挥重要作用。正是他们为我提供了实践的机会，要特别感谢：迈克尔·温斯顿、本·卡农、苏珊·瓦拉斯科维奇、帕特里克·卡莱尔、曼妮·伯杰、卡罗拉·恩迪克特、克拉拉·斯图奇斯基和艾力特·凯尔曼。

本书如果缺少了汤姆·哈根、约翰和劳拉·麦克布莱德、斯蒂文·刘易斯、格雷格·斯蒂凯莱格、山姆·斯普林、斯蒂文·沙尔和多伊·库维（本人的激情代理人）所投入的艰辛努力和独特的视角，也不可能如愿成稿。我还特别希望感谢我的首版编辑珍妮特·戈尔茨坦和新版本的后续编辑里克·考特，他们都在写作技巧方面为我提供了极大（和耐心）的帮助。

最后，我最诚挚地感谢给予我精神指导的J-R，他始终如一地提醒着我，要注意那些真正重要的事物；还有我的妻子凯瑟琳，感谢她对我的信任、关爱，她的辛苦劳动、陪伴，以及她带给我的精彩生活。

GTD术语表

以下是在阐述“搞定”方法过程中使用的术语:

可执行——描述一个人有意采取的某项行动。

行动支持——与下一步行动相关的一类有形或数字材料。可作为采取此类行动的参考资料，而不是行动提示。

适当参与——适应某种现状从而摆脱它的牵绊。

积压——堆积在一个人的大脑和物理环境中尚未处理的待办事宜。

捕获——搜集（有时生成）被认为具有潜在意义且某人有意就其做出决定或采取行动的项目和想法。又见“收集”。

类别——内容相似的项目分组，通常位于一个列表、文件夹或文件中，或者位于一个独立的物理位置。

清单——用来提示或评估可选择步骤、应遵循程序和/或行动要素的所有列表（如：旅行清单；电脑备份程序；孩子们的入学筹备任务）。

理清——确认在某个环境中出现并存在的来自捕获阶段的事项的意义（如："我现在是否需要为此做些什么，如果是，做些什么呢？它是不是可作参考？它是不是垃圾？是否可以留待以后回顾？"）。又见"程序"。

收集——归拢需要给出某种评估、决定或采取某项行动的项目和想法。又见"捕获"。

背景——最有效存储提示内容和信息，以便进行评估的物理或心理环境（如：在家时、开员工会议时、出差时、在电脑旁、有创意时、靠近电话时、与某个合作伙伴对话时，等等）。

控制——自我和组织管理的两个关键因素之一（另一个是洞察力），是指让某事处于稳定状态和"掌控下"，而不是试图操纵（如：将一辆车、一次会见或是后厨置于掌控之下）。

搞定——通常情况下指本书描述的方法，这方面的情形比如："玛丽亚在执行'搞定'任务方面只是一个新手。"

GTD——"搞定"的首字母缩略词；本方法的缩写。

关注视野——我们以个人和/或组织形式做出的不同层次的承诺，以及拥有的想法。

地面视野：下一步行动——我们在有形和可见层面处理的事项，如电子邮件、电话、对话、出差和会见。

1楼视野：项目——我们承诺在明年内完成、要求采取一个以上具体步骤的任何事项。包括拟实现的"修理刹车灯"等短期结果和"重组西部区域办事处"等较大规模的项目。它是"每周回顾”的关键待办事项。又见“项目”。

2楼视野：重点及责任范围——我们需要维持的生活和工作内容，旨在确保我们自身和我们企业的稳定和健康（如：健康、财务、客户服务、战略规划、家庭、事业）。

3楼视野：目标——拟实现的中期至长期结果（通常在3~24个月内）；如：“完成收购Acme咨询公司”、“为我们的领导力培训课程创建可盈利的在线版本”、“完成玛丽亚的大学规划”。

4楼视野：展望——长期预期结果；理想的完胜方案（如：“出版我的回忆录”、“实现公司上市”、“在普罗旺斯搞个度假屋”）。

5楼视野：目的和原则——一个人或一个企业的终极目标、存在理由和核心价值（如：“为绝大多数市民持续提供最好的商品，服务于社区发展”）。

横向思维——对处于某一同等水平的内容实施评估和管理（如：回顾某人的所有个人和职业项目）。

孵化——允许某事项在系统中留存，无须承诺采取行动，但此后要接受重新评估。提示内容通常保存在“将来/也许”清单、记事本文件夹或随后启动日历表项目中。

集成化生活管理系统——是指用于合理应对某人所处环境的各种工具、结构、内容和做法的集合。它是涵盖某人各方面工作和生活内容的工作流程和组织、审查程序，可以确保有关承诺、提示和信息得以持续更新，用于随时随地对工作和生活实现最佳控制和关注。

工作篮——一个物理或数字形式的保存容器，盛放有待处理的新事务。

地图——用于确定行动重点和方向的所有工具（如：日历表、行动和项目列表、会议议程、战略计划、职位描述、旅行清单、“每周回顾”清单）。又见“回顾”。

自然规划模式——我们的大脑在实现所有预期结果时所遵循的五个阶段的本能思维过程。

下一步行动——推动完成某个事项的下一步有形及可见的行为。它非常具体，足以让你明白其实施时间、适用工具（如果有的话）以及可能的“执行”情形。

悬而未决——尚未完成的所有事项，如果不加适当管理，会持续影响大脑的工作效率。

组织整理——以物理、可见或数字方式，将意义类似的事项划分至各自独立的类别和位置（如：列表上要打的电话，书架上想读的书，清单上要完成的项目）。

条理化——使某事项和它对你而言的意义相匹配。

定位地图——有助于合理应对某人所处情形的自定义列表或参考文件（如：会议议程、日历表、清单、行动和项目列表）。

结果——任何层面的最终结果。常指“预期结果”，即特定的成功结局。

GTD精进之路——在管理个人的生活和工作方面做到终身学习、完善并适应。开发、应用一个完全集成的生活管理系统，实施动态控制，为个人余生面临的所有情境指明最佳方向。

洞察力——自我和组织管理的两个关键要素（另一个是控制）。指观点、侧重点、视野高度。

预定义工作——一个人预先确定的行动和项目，反映在一组表格和提示内容中，可供回顾和评估，以避免出现未规划的意外选项。

处理——准确判定某个已捕获或已收集项目的意义、其衍生物的性质，以及你打算对结果如何处理。又见“理清”。

高效体验——控制、放松、关注、用心参与和充分表现的状态。执行和体验的最佳状态。

工作效率生态系统——所有具有潜在意义、有可能触发一个人注意力和关注方向的信息、关系和新事务。

项目——任何可在一年内完成的多步骤结果。在此时间框架内，每周至少需要回顾一次的所有承诺事项。又见“关注视野：1楼视野”。

项目支持——与特定项目有关的任何附属材料和信息。可包括项目计划和任何潜在相关的参考内容。最好按项目、主题或话题组织。

反映——从更广阔的角度评估任何视野或类型的项目内容。又见“回顾”。

回顾——基于一致性或根据需要分析适当的规划，以便予以澄清和关注。又见“反映”、“地图”。

将来/也许——一个常见类别，用于组织某人仅承诺在未来执行的项目和行动。

材料——存在于某人的物理或心理环境中、需要就其做出决定，但尚未予以确定或组织的任何内容。

工作的三重性——我们每天要执行的工作类型：（1）我们预先定义的工作（预先确定的行动）；（2）未规划的行动；（3）定义我们的工作（处理新事务）。

记事本文件夹——一种物理或数字组织工具，提供与日期相关的提示内容，仅供在某个特定的未来日期或其之后进行评估（又称为“永久文件夹”、“前瞻文件夹”、“跟进文件夹”或“待解决文件夹”）。

总体生活生态系统——一个人自我意识范围内的内容。在这个领域，一个人的情景感知能力和相关行为或多或少会影响其生活广度，无论是在身体存活方面，还是充分的精神存在方面。

纵向思维——在特定范围内检查并创建多层次内容（如：基于预期目标通过下一步行动规划一个项目）。

等待——有待其他来源支持的预期项目类别。

每周回顾——每周一次在操作层面重新整理事务的最佳建议做法，通过保持清洁、明晰、即时和创造性，保持逐周控制和关注，进而实现“后卫前置”。

零碎时间——每天自动、随机出现的少量的自由时间，一个人往往可以加以有效利用，在此期间处理提示内容和适当材料。

工作——一个人承诺完成但尚未完成的任何事项。

工作流程——投入并履行承诺的一系列自始至终的全程行动。

gtd

|邀请函|

戴维·艾伦公司提供培训、辅导、评估和咨询项目，持续服务诸多全球财富500强公司、中小企业和世界各地的众多创意人士。我们团队是“搞定”方法最佳范例的发源地，也是一个全球专业人士论坛。通过经认证的全球培训师、教练和合作伙伴，我们可以确保教育品质始终如一。

- 你能否借助更加深入的个人和/或职业辅导和培训，去确立、执行、维护、利用“搞定”方法？
- 你是否有意融入、参与一个在个人和职业发展方面均体现并认同了“搞定”方法的全球性团队？
- 你所在的组织能否从这些做法中受益？
- 你只是希望获得快速提示和启发，以便用最少的付出实现更大的控制力和洞察力？

如果你对以上问题均做肯定回答，请到我们的网站了解范围广泛的各种产品和服务，你可以随时和我们直接沟通。

无论你选择参加哪一级培训，戴维 · 艾伦公司都欢迎你加入我们充满活力的全球GTD实践者团队。借助本书，你很容易改变自己和你所处的世界。

保持关注，保持联系。

gettingthingsdone.com

info@gettingthingsdone.com

GTD®是Getting Things Done®（搞定）商标缩写，即戴维·艾伦独创的工作–生活管理系统，旨在帮助人们从高压和不确定状态提升到无压高效的整体状态。

在管理承诺、信息和沟通方面，GTD®是一种高效的方法，集结了30年的经验，包括在全球范围内向数百万人提供咨询服务、私人指导、培训和组织项目。它在个人和组织效率领域被称为“黄金标准”，为众多寻求最大化效率和创造力、最小化压力的团队所使用。

ThrivinAsia 是戴维·艾伦公司（David Allen Company）在中国的唯一指定合作伙伴。我们的团队和专家致力于帮助您或您的组织在工作和生活中全面而高效地实施GTD方法。

我们提供由戴维·艾伦独创的国际认证GTD®精通工作流培训和教练项目，40%的世界500强公司、创业家和创业项目、政府和非政府组织、教育机构、高科技公司都在使用我们提供的方法。它不仅能够提升你的工作效率，还能释放你的创造力，并引领你走向无压的生活状态。

如需联系我们，了解GTD®在中国的最新活动信息，欢迎访问 www.gtd.asia